Kirchen, Klöster, Pilgerwege

DIRK KLINGNER

Kirchen
Klöster
Pilgerwege

299 versteckte Schönheiten

benno

Bibliografische Information der Deutschen Nationalbibliothek
Die Deutsche Nationalbibliothek verzeichnet diese Publikation
in der Deutschen Nationalbibliografie;
detaillierte bibliografische Informationen sind im Internet
über http://dnb.d-nb.de abrufbar.

Mit äußerster Sorgfalt wurden Daten und Fakten dieses Reiseführers geprüft und recherchiert.
Da insbesondere touristische Informationen häufig Veränderungen unterworfen sind, wird für die
Richtigkeit der Daten keine Gewähr übernommen. Für Hinweise und Verbesserungsvorschläge sind
Redaktion und Autor dankbar.

Besuchen Sie uns im Internet:
www.st-benno.de

ISBN 978-3-7462-3049-8

© St. Benno-Verlag GmbH
   Stammerstraße 11
   04159 Leipzig

Umschlaggestaltung: Ulrike Vetter, Leipzig
Umschlagabbildungen: © Bergfee/fotolia.de; © Oliver Raupach/fotolia.de;
Verlagsarchiv (von links nach rechts)
Gestaltung: Arnold & Domnick, Leipzig
Gesamtherstellung: Arnold & Domnick, Leipzig (A)

INHALT

Nordwestdeutschland 6
Hamburg und Schleswig-Holstein 8
Niedersachsen und Bremen 16

Nordostdeutschland 34
Mecklenburg-Vorpommern 36
Berlin und Brandenburg 51

Mitteldeutschland 66
Sachsen 68
Sachsen-Anhalt 84
Thüringen 96

Westdeutschland 106
Nordrhein-Westfalen 108
Rheinland-Pfalz und Saarland 130
Hessen 144

Süddeutschland 160
Baden-Württemberg 162
Bayern 184

Österreich und Südtirol 222
Österreich 224
Südtirol 248

Schweiz und Liechtenstein 252

Anhang
Übernachtungsmöglichkeiten 268
Karten 278
Bildnachweis 285

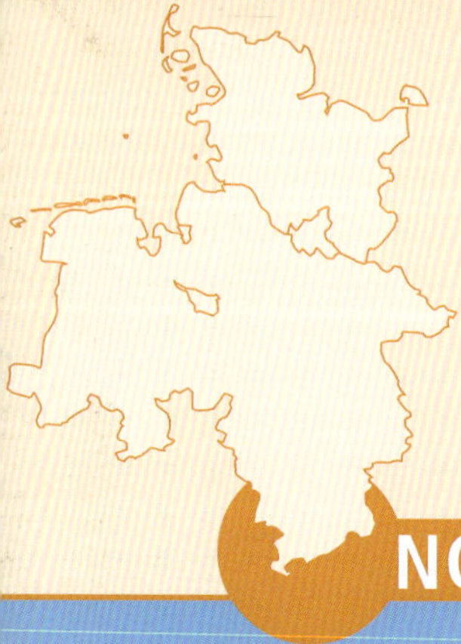

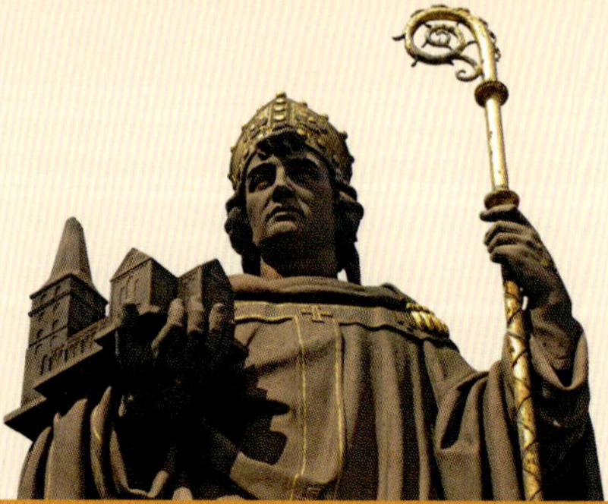

NORDWESTDEUTSCHLAND

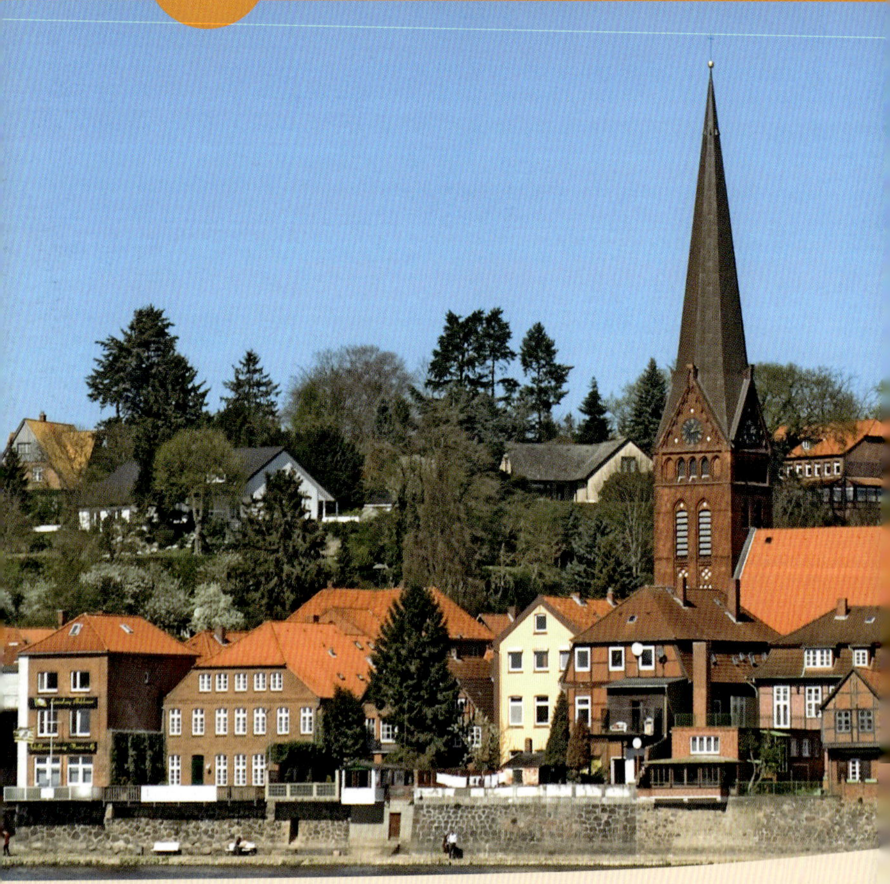

Hamburg und Schleswig-Holstein
Niedersachsen und Bremen

Hamburg und Schleswig-Holstein

St. Clemens in Amrum-Nebel

Prästerstigh 3, 25946 Nebel, Tel.: 04682/2389, www.amrum-kirche.de

Die kleine nordfriesische Insel Amrum ist der Westküste Schleswig-Holsteins direkt vorgelagert. Nicht einmal 2300 Einwohner leben auf der knapp 21 km² großen Insel.

Im Zentrum der Insel steht die im Jahre 1236 gegründete Kirche St. Clemens. Bis ins 16. Jahrhundert stand das Gotteshaus auf freiem Feld zwischen Norddorf und Süddorf. Erst dann entstand um die Kirche herum die kleine Siedlung Nebel, heute mit knapp 1000 Bewohnern größte Ortschaft der Insel.

St. Clemens präsentiert sich als einschiffiger romanischer Bau mit einem Reetdach. Den 36 Meter hohen Kirchturm fügte man erst 1908 an. Zu den wertvollen Ausstattungsstücken gehören eine angeblich bei einer Sturmflut angeschwemmte frühgotische Apostelgruppe und der romanische Taufstein aus rötlichem Granit und gelblichem Muschelkalk. Der Innenraum mit seiner Empore vermittelt den Eindruck eines Schiffskörpers. Zahlreiche Grabsteine aus der Zeit von 1670 bis 1830 machen auch den die Kirche umgebenden Friedhof sehenswert. Wertvollster Besitz der Gemeinde ist ein 1468 gedrucktes Messbuch, das Missale Slesvicense. Dieses nur noch in vier Exemplaren erhaltene älteste in Schleswig-Holstein gedruckte Buch befindet sich heute im Kirchenarchiv in Kiel.

Hauptkirche St. Katharinen in Hamburg

Katharinenkirchhof 1, 20457 Hamburg
Tel.: 040/30374730
www.katharinen-hamburg.de

St. Katharinen zählt zu den fünf Hauptkirchen Hamburgs. Die im Jahre 1256 erstmals erwähnte Kirche steht gegenüber der Speicherstadt. Nötig wurde die Gründung der Gemeinde, als durch Eindeichung der Stadt neue Stadtviertel entstanden. In der Geschichte spielte

St. Katharinen wiederholt eine wichtige Rolle. Hier wurde in Hamburg zuerst evangelisch gepredigt. Um 1600 wirkte Philipp Nicolai als Hauptpastor an St. Katharinen. Von ihm stammen bekannte Kirchenlieder wie »Wachet auf, ruft uns die Stimme« und »Wie schön leuchtet der Morgenstern«.

Der Bau des Langhauses der gotischen Pseudobasilika wurde um 1450 abgeschlossen. Mitte des 17. Jahrhunderts bekam der Turm seine barocke Gestalt. Bei einem Bombenangriff 1943 erlitt die Kirche schwere Zerstörungen. In den 1950er Jahren wurde das Äußere des Gotteshauses wiederhergestellt. Höhepunkte des neu gestalteten Inneren sind eine Kreuzigung Christi des Hamburger Malers Wilm Dedeke (um 1500), zwei süddeutsche Holzplastiken (14. Jahrhundert) und der Bilderzyklus »Weg ins Licht« (1984–1986) der Malerin Ingeborg zu Schleswig-Holstein. Seit 2007 erfolgt eine umfassende Sanierung von Kirche und Orgel, da St. Katharinen auch Pfarrkirche des neu entstehenden Stadtteils HafenCity wird.

Flussschifferkirche in Hamburg

Kirchenbüro: Förderverein der Flussschifferkirche, Hohe Brücke 2, 20459 Hamburg, Tel.: 040/783688
www.flussschifferkirche.de

Eine Besonderheit unter Hamburgs Kirchen stellt die Flussschifferkirche dar. Diese evangelische Kirche befindet sich auf einem 1906 gebauten Leichter.

aufbringen konnte, ging die Trägerschaft im Jahre 2007 auf einen privaten Verein über. Die Gottesdienste finden weiterhin jeden Sonntag statt, verschiedene Pfarrer und Diakone haben diese Aufgabe ehrenamtlich übernommen. Einmal im Monat wird der Gottesdienst in Plattdeutsch gehalten.

Ein Leichter ist ein Schiff ohne eigenen Antrieb, das hauptsächlich von der Binnenschifffahrt eingesetzt wird.

Das 26 Meter lange und 7 Meter breite Schiff wurde 1952 zur Kirche umgebaut und im gleichen Jahr eingeweiht. Wie jede andere Kirche verfügt die Flussschifferkirche über einen Glockenturm, eine Orgel, einen Altar, eine Kanzel und ein Taufbecken. Gottesdienste für bis zu 130 Besucher finden an Bord ebenso statt wie Taufen und Trauungen. Von 1961 bis 2007 war die Flussschifferkirche eigenständige Kirchgemeinde. Da der Kirchenkreis Alt-Hamburg den Unterhalt von jährlich 70.000 Euro nicht mehr

Erzbischof Ansgar von Hamburg

Trostbrücke, 20457 Hamburg

Im Zentrum der Hamburger Altstadt überspannt die Trostbrücke das Nikolaifleet. Früher verband diese Brücke die bischöfliche Altstadt um den Dom mit der Neustadt. Auf der Brücke stehen zwei 1883 von Engelbert Peiffer geschaffene Statuen. Eine zeigt Bischof Ansgar, der um 796 im heutigen Frankreich geboren wurde. Mit fünf Jahren kam er in das Kloster Corbie.

Von dort schickte man ihn 823 nach Westfalen in das neu gegründete Kloster Corvey.

Erste Missionsreisen führten Ansgar ab 826 nach Dänemark und Schweden. In Birka, einem bedeutenden Handelsplatz in Schweden, ließ er die erste Kirche Skandinaviens errichten. Kaiser Ludwig der Fromme rief ihn 831 zurück. Auf einer Synode wurde das Erzbistum Hamburg gegründet, Ansgar zum ersten Metropoliten geweiht. In der Hammaburg, dem späteren Hamburg, gründete Ansgar ein Kloster und ließ eine Holzkirche errichten. Doch 845 zerstörten die Wikinger Hammaburg, auch die Missionsstationen in Schweden gingen unter. König Ludwig der Deutsche ernannte Ansgar zum Bischof von Bremen, das günstiger lag als das zerstörte Hammaburg.

Ansgar missionierte weiter in Nordeuropa. Nachdem Hammaburg 864 erneut zerstört worden war, vereinigte man die Bistümer Hamburg und Bremen. Ein Jahr später starb Ansgar in Bremen. Wegen seiner Verdienste um die Mission in Nordeuropa nennt man Ansgar den »Apostel des Nordens«. Er ist Patron des heutigen, 1995 errichteten Erzbistums Hamburg.

Nikolaikirche in Kiel   5

Alter Markt, 24103 Kiel, Tel.: 0431/95098, www.st-nikolai-kiel.de

Die Nikolaikirche ist die Hauptkirche von Kiel, der Hauptstadt Schleswig-Holsteins. Um 1242 wurde St. Nikolai als gotische Hallenkirche errichtet. Etwa 100 Jahre später erfolgte der Umbau des Langhauses und der Neubau des Chores, orientiert an der Petrikirche in Lübeck. Heute präsentiert sich die Nikolaikirche als Backsteinhalle mit einer neogotischen Fassade (1877–1884). Nach den Kriegszerstörungen erfolgte 1950 der Wiederaufbau, zu großen Teilen in neuzeitlichen Formen und Konstruktionen.

Erhalten blieb die reiche spätmittelalterliche Ausstattung der Kirche. Dazu zählt der gewaltige, um 1460 geschaffene Flügelaltar, der drei Wandlungen erlaubt. Zu sehen sind Szenen aus dem Alten Testament und der Passions- und Ostergeschichte, aber auch Heilige und Propheten. Ein zweiter Flügelaltar (um 1490), der die Taufe Christi zeigt, steht in einer Nebenkapelle. Johann Apengeter schuf 1344 die auf vier aufgerichteten Löwen ruhende Bronzetaufe. Erhalten blieb auch das Triumphkreuz vom ehemaligen Lettner. Bedeutendstes nachreformatorisches Kunstwerk ist die von Theodor Allers im Jahre 1706 gefertigte Kanzel. Moses, die Zehn Gebote in den Händen haltend, trägt den Kanzelkorb, der auferstandene Christus mit der Siegesfahne bekrönt den Schalldeckel.

brecht von Sachsen-Lauenburg stiftete die Maria-Magdalenen-Kirche aus Dank für seinen Sieg über den dänischen König Waldemar II. am 22. Juli 1227, dem Festtag der Tagesheiligen.

Das als gotische Hallenkirche konzipierte Gotteshaus erhielt 1598 im Stil der Frührenaissance eine neue Apsis und zwei Portale, von denen das Südportal besonders aufwendig gestaltet wurde. Erst 1902 kam der heutige Turm in neogotischen Formen hinzu. Unter dem Chor befindet sich die von Franz II. nach 1598 errichtete Fürstengruft. Der Lübecker Werkstatt des berühmten Künstlers Bernt Notke schreibt man das Triumphkreuz (15. Jahrhundert) zu. Aus Lüneburg stammt die Bronzetaufe (2. Hälfte des 15. Jahrhunderts). Sehenswert sind auch der spätgotische Marienleuchter, das Weltzinsche Epitaph und ein um

St. Maria Magdalena in Lauenburg ⑥

Kirchplatz, 21481 Lauenburg, Tel.: 04153/2382, www.lauenburg-kirche. de/Maria-Magdalenen-Kirche.html

Lauenburg liegt an der Elbe, rund 40 Kilometer südöstlich von Hamburg. Gegründet wurde die Stadt wahrscheinlich Anfang des 13. Jahrhunderts. Herzog Al-

1470 entstandenes Tafelbild. Auf der Vorderseite ist ein kostbar gekleidetes junges Paar zu sehen. Die Rückseite zeigt die verwesenden Leichname der beiden, die sich beklagen, wegen ihrer Lust an der Welt nun den ewigen Tod erfahren zu müssen.

Jakobikirche in Lübeck   7

Jakobikirchhof 3, 23552 Lübeck
Tel.: 0451/30801-0
www.st-jakobi-luebeck.de

St. Jakobi zählt neben Dom, St. Marien, St. Petri und St. Aegidien zu den fünf Hauptkirchen der alten Hansestadt Lübeck. Erstmals erwähnt 1227, entstand Ende des 13. Jahrhunderts eine Stufenhallenkirche, d. h. die Seitenschiffe sind etwas niedriger als das Mittelschiff. Über alle Schiffe spannt sich ein einziges Dach. Der Rohbau der Kirche dürfte 1295 vollendet gewesen sein, die Weihe erfolgte 1334 nach Vollendung des Hochaltars. Im 14. Jahrhundert baute man die zweigeschossige Sakristei und Kapellen an. Mitte des 17. Jahrhunderts wurde der baufällige Turm erneuert und mit dem Helm mit den charakteristischen vier Kugeln bekrönt.
Im Zweiten Weltkrieg blieb St. Jakobi unversehrt. Erhalten blieben so die Malereien an den zehn weit gestellten Pfeilern des Mittelschiffs. Zu sehen sind die Apostel, Anna Selbdritt, der auferstandene Christus, Laurentius und Christophorus. Hieronymus Hassenberg schuf 1717 den barocken Hochaltar mit Darstellungen des letzten Abendmahles, einer Beweinungsgruppe und dem Auferstandenen. Die gleichfalls barocke Kanzel entstand 1698. Klaus Grude goss das eherne Taufbecken im Jahr 1466. Bürgermeister Heinrich Brömse stiftete 1515 den einzigen, bis heute erhaltenen mittelalterlichen Altar der Kirche.

St. Annen-Museum in Lübeck   **8**

St. Annen-Straße 15, 23552 Lübeck
Tel.: 0451/122-4137
www.die-luebecker-museen.de

Das Lübecker St. Annen-Museum steht in dem Ruf, zu Deutschlands schönsten Museen zu gehören. Spätgotische Klosterarchitektur und sakrale Kunstwerke vereinen sich zu einem harmonischen Zusammenklang. Untergebracht wurde das Museum im 1502 gegründeten St. Annen-Kloster, das Lübecker Kaufleute zur Unterbringung ihrer unverheirateten Töchter stifteten. Im Erdgeschoss kann man bis heute die nahezu unversehrte mittelalterliche Klosteranlage erkennen. Seit 1915 zeigt das St. Annen-Museum Werke christlicher Kunst vom 13. bis zum frühen 16. Jahrhundert. Herausragende Ausstattungsstücke sind die Niendorfer Madonna (um 1420), Sandsteinfiguren der törichten und der klugen Jungfrauen und der berühmte Passionsaltar der Familie Greverade von Hans Memling (1491). Berühmt ist das Museum auch für die größte Sammlung mittelalterlicher Schnitzaltäre in Deutschland. In der Paramentenkammer werden liturgische Geräte und Gewänder des Mittelalters gezeigt, so auch der »Danziger Paramentenschatz«.

Benediktinerkloster Nütschau   **9**

Schloßstr. 30, 23843 Travenbrück
Tel.: 04531/5004-0
www.kloster-nuetschau.de

In Travenbrück bei Bad Oldesloe, zwischen Hamburg und Lübeck gelegen, befindet sich Deutschlands nördlichstes Benediktinerkloster. Bischof Wilhelm Berning von Osnabrück erwarb das Gut Nütschau im Jahr 1951 mit der Absicht, hier ein Kloster nach der Regel des hl. Benedikt einzurichten.
Graf Heinrich Rantzau begann 1577 mit dem Ausbau des kleinen Gutes Nüt-

schau zu einem Wasserschloss. Mit seinen drei Giebeln ist das kleine Schloss heute das Wahrzeichen des Ortes. Nach 1951 richtete man hier zunächst ein Exerzitienhaus ein. Das Haus St. Ansgar (1954/59), die Klosterkirche (1974), das Haus St. Benedikt sowie ein großes Konventgebäude (1998) kamen nach und nach hinzu. Unscheinbar wirkt die Klosterkirche von außen. Architekt Eduard Frieling entwarf den Gesamtkomplex, Siegfried Assmann schuf die dreiseitige Farbverglasung sowie Altar, Ambo und Tabernakel.

Heute leben in Nütschau 17 Benediktiner. Es ist möglich, im Kloster mitzuleben, mitzubeten und mitzuarbeiten. Das Bildungs- und Tagungshaus St. Ansgar lädt zu zahlreichen Veranstaltungen ein, die zur Vertiefung des eigenen Glaubens helfen können. Pilger auf dem Jakobs- oder dem Mönchsweg bekommen für eine Nacht ein Quartier.

Alte Kirche auf Pellworm

Alte Kirche 8, 25849 Pellworm
Tel.: 04844/260

Im Kreis Nordfriesland liegt die rund 38 km² große und reichlich 1000 Einwohner zählende Insel Pellworm im Nationalpark Schleswig-Holsteinisches Wattenmeer. Im Westen der Insel befindet sich die Alte Kirche St. Salvator. Eine erste Kirche wurde an dieser Stelle wohl schon im 11. Jahrhundert aus Holz errichtet. Um 1200 begann man mit dem Bau einer einschiffigen Backsteinkirche. Der ursprünglich etwa 50 Meter hohe Westturm stürzte 1611 ein, wahrscheinlich fanden die Fundamente im Marschboden nicht mehr genügend Halt. Heute ragen die Reste des unverputzten Backsteinturmes als weithin sichtbare Landmarke noch rund 26 Meter in die Höhe. Bemerkenswert sind der Flügelaltar (15. Jahrhundert), die Bronzetaufe (1475) und die in den Jahren 1710/11 von Arp Schnitker geschaffene Orgel. Von den 24 Registern auf zwei Manualen und Pedal sind noch die Hälfte original erhalten.

Niedersachsen und Bremen

Kloster Amelungsborn   **11**

Kloster Amelungsborn, 37643 Negenborn, Tel.: 0511/1241632 (Verwaltung im Landeskirchenamt in Hannover)
www.kloster-amelungsborn.de

Mönche aus dem niederrheinischen Kloster Altenkamp gründeten das nördlich von Holzminden gelegene Kloster Amelungsborn, das 1135 bezogen werden konnte. Schnell blühte das Kloster auf, in dem am Ende des 13. Jahrhunderts 50 Mönche und 90 Konversen lebten. Erst in den Wirren der Glaubenskriege fand diese Blütezeit ein Ende. Unter Herzog Julius von Braunschweig-Wolfenbüttel wurde Kloster Amelungsborn 1568 lutherisch, bestand aber mit einem verkleinerten Konvent weiter. Doch in der Folgezeit verfiel das geistliche Leben, Abt und Konvent trafen sich im 18. Jahrhundert nur noch halbjährlich. Um 1810 endete der Zusammenhalt der Gemeinschaft, nur das Amt des Abtes blieb bestehen.

Neu belebt werden konnte das Kloster im Jahre 1960. Zum Konvent, der sich regelmäßig mit hoher Verbindlichkeit versammelt, zählen acht Konventualen. Zusammen mit dem Abt leiten sie das Kloster. Zur klösterlichen Gemeinschaft zählt auch die Familiaritas, ein Kreis von etwa 40 Männern aus unterschiedlichen Berufen, die einmal im Monat zu einem Wochenende im Kloster zusammenkommen. Die Familiaren verpflichten sich zu einem regelmäßigen geistlichen Leben, auch wenn sie in Familie und Beruf stark gefordert sind, und erfahren dadurch den Segen der geistlichen Gemeinschaft und persönliche Stärkung.

Kloster Barsinghausen   **12**

Bergamtstr. 8, 30890 Barsinghausen
Tel.: 05105/61938,
www.kirchenkreis-ronnenberg.de/angebote/klosterbarsinghausen.html

Kloster Barsinghausen, 1193 erstmals erwähnt, ist das älteste der Calenberger Klöster. Zunächst als Doppelkloster für Mönche und Nonnen des Augustinerordens gegründet, bezeugen die Quellen seit 1229 nur noch ein Nonnenkloster.

Die Nonnen widersetzten sich 1542 der Einführung der Reformation durch Herzogin Elisabeth von Calenberg-Göttingen nicht. Aufgaben des nun evangelischen Klosters waren nach Aussage der Klosterordnungen von 1663 und 1737 Gottesdienst und Gebet für Obrigkeit, Volk und Land. Seit 1847 gab es kein verbindliches Gemeinschaftsleben mehr und im 20. Jahrhundert sank die Nachfrage nach Klosterplätzen stark. Doch im Jahre 1996 kam es zu einer Neubelebung des Klosters, als fünf Schwestern der Diakonischen Schwesternschaft Wolmirsted e.V. ins Kloster einzogen, das zugleich Zentrum der gesamten Schwesternschaft wurde. Die Schwestern begannen mit der Einübung und Gestaltung kommunitären Lebens. Gebet und die Feier des Abendmahles bilden die Mitte des Gemeinschafslebens. Einzelgäste, die Stille und Gebet suchen, sind als Gäste willkommen. Auch besteht die zeitlich begrenzte Möglichkeit, am Klosterleben teilzunehmen („Kloster auf Zeit"). Ältestes Gebäude des Klosters ist die im 13. Jahrhundert im romanischen Stil erbaute Klosterkirche. In den leichten

Spitzbögen deutet sich schon der Übergang zur Frühgotik an. Zur Ausstattung der Kirche gehören spätmittelalterliche Schnitzereien über dem Altar (Szenen aus dem Leben Jesu), die Grabplatte des ersten Klosterpropstes Bodo (um 1200) an der Südwand des Chores und die farbigen Fenster aus den 1960er Jahren, die zentrale Themen des christlichen Glaubens und biblische Szenen thematisieren. Nach den Zerstörungen im Dreißigjährigen Krieg entstanden die meisten Klostergebäude zwischen 1700 und 1704 neu.

Stift Bassum ⑬

Stift 1, 27211 Bassum
Tel.: 04241/2532, www.stift-bassum.de

Bassum liegt rund 25 Kilometer südwestlich von Bremen. Die Adlige Liutgard stellte Erzbischof Ansgar im Jahre 858 ihr Gut in Bassum zu Verfügung. Gemäß ihrem Wunsch entstand hier ein Kanonissenstift, in dem adlige Stiftsdamen lebten. In der Zeit Napoleons wurde das Stift kurzzeitig aufgehoben, doch schon 1814 wieder restituiert. Heute gehören neun Stiftsdamen und eine Dechantin dem Kapitel in Bassum an. Die Stiftsdamen, zwischen dem dritten und dem neunten Lebensjahrzehnt, sind überwiegend berufstätig und wohnen – bis auf Äbtissin und Dechantin – außerhalb des Stifts. Zweimal im Jahr treffen sie sich zum Kapiteltag, auf dem die Belange des Stifts beraten werden. In der Mitte des 13. Jahrhunderts entstand die Backsteinkirche, die starke Ähnlichkeiten mit der Klosterkirche Jerichow in Sachsen-Anhalt aufweist. Vierungsturm, Querhaus und Chor bilden eine stattliche Baugruppe. Von der mittelalterlichen Ausstattung hat nichts die Zeiten überdauert. Die Figur des hl. Viktor in einer Nische im Südquerhaus stammt

aus dem 19. Jahrhundert Erhalten haben sich einige Äbtissinnen-Grabsteine, darunter der von Anna Gräfin von Hoya († 1585).

St. Martini in Braunschweig ⑭

Eiermarkt 3, 38100 Braunschweig
Tel.: 0531/82834,
www.martini-kirche.de

Braunschweig liegt im Südosten Niedersachsens und entwickelte sich schon unter Heinrich dem Löwen (um 1129/30–1195) zu einer bedeutenden Residenzstadt. Die Altstadt erhielt um 1117 Stadtrecht. Nach der 1544 abgebrochenen Ulricikirche und der Michaeliskirche errichtete man seit Ende des 12. Jahrhunderts St. Martini als dritte Pfarrkirche. Die ursprünglich romanische Pfeilerbasilika wurde zwischen 1250 und 1400 in eine gotische Hallenkirche umgebaut. Besonders markant sind die Jochgiebel an den Längsseiten der Kirche. Aus der romanischen Epoche blieben der doppeltürmige Westbau sowie die beiden Seitenschiffportale erhalten.

An den Giebeln der Querhäuser sind mittelalterliche Skulpturen zu sehen: Maria als Himmelskönigin mit dem Christuskind, die Hl. Drei Könige, Johannes der Täufer sowie die Apostel Petrus und Paulus auf der Südseite, Christus als Weltenrichter mit den klugen und törichten Jungfrauen, jeweils angeführt von Ecclesia und Synagoge auf der Nordseite. Das Tympanon über dem Nordostportal, um 1310/20, zeigt den Marientod. Sehenswert sind der barocke Orgelprospekt und die in den 1430er Jahren an das Südseitenschiff angebaute Annenkapelle mit Skulpturen Mariens mit dem Kind, der Hl. Drei Könige sowie der Eltern Mariens, Joachim und Anna.

Birgittenkloster in Bremen   15

Kolpingstraße 1c, 28195 Bremen,
Tel.: 0421/168740
www.kgv-bremen.de/birgittenkloster.
htm

Im Jahr 2002 wurde in Bremen erstmals nach der Reformation wieder ein Schwesternkonvent gegründet, ein Birgittenkloster. Der Birgittenorden geht auf die hl. Birgitta von Schweden (1302/1303–1373) zurück. Mit der Reformation verschwand der Orden fast völlig. Heute gehören zum alten Zweig des Ordens nur noch fünf Klöster, darunter Altomünster in Bayern. Die zum Katholizismus konvertierte Schwedin Maria Elisabeth Hesselblad (1870–1954) gründete 1919 den neuen, schwedischen Zweig des Ordens, dem weltweit etwa 650 Schwestern angehören.

In Bremen lebt eine internationale Kommunität von Schwestern aus Deutschland, Mexiko, Indien, Italien und Polen. Das mitten im traditionsreichen Schnoor-Viertel gelegene Kloster hebt sich schon durch seinen terrakottafarbenen Anstrich deutlich von der Umgebung ab. Aus drei Teilen besteht der Komplex: Klausur, Kapelle und Gästetrakt mit Küche und Bibliothek. Eine wichtige Aufgabe sieht die Gemeinschaft darin, ökumenisch zu wirken, so wie Maria Elisabeth Hesseblad es wünschte. Das geschieht vor allem in der Betreuung der Gäste des Klosters: Ob katholische Verbände oder evangelische Pastoren, Konfirmanden- oder Firmgruppen, Touristen oder Klosterurlauber – jeder ist willkommen. Bis zu 17 Besucher können in Einzel- und Doppelzimmern übernachten und am spirituellen Leben teilnehmen.

Marktkirche in Clausthal-Zellerfeld 16

An der Marktkirche, 38678 Clausthal-Zellerfeld, Tel.: 05323/7005
www.kirchengemeinde-clausthal.de

Clausthal-Zellerfeld liegt rund 10 Kilometer südlich von Goslar im Oberharz. Die Stadt entstand 1924 durch den Zusammenschluss der Bergstädte Clausthal und Zellerfeld. Im Ortsteil Clausthal steht die Marktkirche zum Heiligen Geist, Deutschlands größte Holzkirche. Ein Großbrand vernichtete im Jahre 1634 große Teile von Clausthal, so auch die erst 1610 fertiggestellte Marktkirche. Trotz der Notzeit des Dreißigjährigen Krieges begannen umgehend die Planungen für einen Neubau. Schon am Pfingstfest des Jahres 1642 konnte die 2000 Personen Platz bietende neue Heilig-Geist-Kirche eingeweiht werden.

Das Äußere der 57 Meter langen, in hellem Grau gestrichenen Hallenkirche prägen die fünf Treppenhäuser, der Dachreiter auf dem westlichen Dachabschluss und der westlich vor die Kirche gestellte quadratische Glockenturm mit welscher Haube. Emporen und das schmucklose Tonnengewölbe bestimmen den Innenraum. So richtet sich die ganze Aufmerksamkeit auf Orgel, Altar, Kanzel und Taufe – hervorragende barocke Schnitzwerke von Andreas Gröber.

Kloster Ebstorf 17

Kirchplatz 10, 29574 Ebstorf
Tel.: 05822/2304, www.ebstorf.de

Ebstorf gehört mit Isenhagen, Lüne, Medingen, Walsrode und Wienhausen zu den sechs Lüneburger Klöstern, die von Herzog Ernst dem Bekenner von Braunschweig-Lüneburg im 16. Jahrhundert in evangelische Damenstifte umgewandelt wurden. Gegründet als Prämonstratenser-Chorherrenstift (um 1160), wurde es nach einem Brand um 1200 als Benediktinerinnenkloster neu gegründet. Gegen die 1535 eingeführte Reformation wehrten sich die Nonnen heftig, erst 1565 wählte der Konvent die erste evangelische Äbtissin.

Heute leben sieben Frauen in Ebstorf. Sie verstehen sich als christliche Gemeinschaft, die täglich zu Andachten zusammenkommt und in Klostertracht am Gottesdienst teilnimmt. Hauptaufgabe der Gemeinschaft sind die Klosterführungen, die als Verkündigung begriffen werden. Ebstorf ist reich an Kunstschätzen. Kirche, Klostergebäude und Kreuzgang wurden im 14. Jahrhundert im Stil der norddeutschen Backsteingotik errichtet. Sehenswert sind Bronzetaufe (1310), Kanzel (1615), Barock-Altar (1684) und der gotische Altar mit Triumphkreuz und Madonnen (13./14.Jahrhundert) auf der Nonnenempore. Wertvolle Glasmalereien (um 1410) zieren den Kreuzgang. Berühmt wurde das Kloster durch die Ebstorfer Weltkarte aus dem 13. Jahrhundert. Heute zählt eine originalgetreue Kopie zu den wichtigsten Sehenswürdigkeiten Ebstorfs. Das Original verbrannte 1943 in Hannover bei einem Bombenangriff.

Stift Fischbeck **18**

Stift Fischbeck, 31840 Hessisch Oldendorf, Tel.: 05152/962490
www.stift-fischbeck.de

Das Dorf Fischbeck liegt an der Weser, nicht weit entfernt von Hameln. Hier gründete die Edelfrau Helmburg aus dem sächsischen Adelsgeschlecht der Ecbertiner im Jahre 955 ein Kanonissenstift. Bis in die Gründungszeit gehen die ältesten Teile der Stiftskirche zurück. In seiner jetzigen Gestalt entstand die Kirche im 12./13. Jahrhundert Die dreischiffige Krypta mit ihrer variantenreichen Architekturdekoration wurde um 1120 errichtet. Mit Kanzel, Orgel und Hochaltar erhielt die Kirche nach den schweren Schäden des Dreißigjährigen Krieges in der Barockzeit eine neue Innenausstattung. Zu den erhaltenen Kostbarkeiten zählt neben einem Triumphkreuz aus dem 13. Jahrhundert vor allem ein im Jahre 1583 gefertigter Wandteppich mit der Gründungslegende des Stiftes. Besonders stimmungsvoll ist der vollständig erhaltene Kreuzgang.

Nach der Einführung der Reformation 1559 blieb Fischbeck als lutherisches Damenstift erhalten, in dem nach wie vor Frauen in christlicher Gemeinschaft leben. Die Bewahrung von Stift und Kirche und deren kunst- und glaubensgeschichtliche Erläuterung für Touristen und Gäste zählen zu den Hauptaufgaben der Stiftsdamen. Heute ist Fischbeck auch Station am Pilgerweg Loccum-Volkenroda. Für Gäste stehen eine Ferien- und eine kleine Pilgerwohnung zur Verfügung.

Russisch-orthodoxe Kirche in Gifhorn 19

Bromer Straße 2, 38518 Gifhorn
Tel.: 05371/55466 (Mühlenmuseum),
www.muehlenmuseum.de

Im bekannten Wind- und Wassermühlenmuseum in Gifhorn findet man zahlreiche unterschiedliche Mühlen aus der ganzen Welt. Sie wurden restauriert bzw.

originalgetreu nachgebaut. Hier steht auch die 1995 vom Moskauer Patriarchen Aleksij II. dem hl. Nikolaus geweihte 27 Meter hohe Holzkirche mit acht teilweise vergoldeten Kuppeln. Es ist dies ein Nachbau der Christi-Verklärungskirche im zentralrussischen Dorf Kosljatjewo. Über 400 Kubikmeter bestes Lärchenholz benötigte man für den Bau der Kirche, der alle Beteiligten vor große Herausforderungen stellte.

Das Innere des Gotteshauses ist bis zur Spitze hin offen. So entsteht ein großartiger Raumeindruck, obwohl die Kirche nur etwa 17 Meter lang und 13 Meter breit ist. Besonders beeindruckt die prächtige Ikonenwand. Jeden Sonntag feiert ein in Wolfsburg wohnender Priester mit der Gemeinde einen russisch-orthodoxen Gottesdienst.

Neuwerkkirche in Goslar 20

Rosentorstr., 38640 Goslar
Tel.: 05321/22839
www.neuwerkkirche-goslar.de

Volkmar von Wildenstein stiftete im 12. Jahrhundert ein Nonnenkloster vor den Stadtmauern Goslars. Der Hauptaltar der Klosterkirche »St. Maria in horto« (Maria im Garten) wurde 1186 geweiht. Zu diesem Zeitpunkt waren

Vom Anfang des 13. Jahrhunderts stammen die Wandmalereien im Chor: eine thronende Maria mit dem segnenden Christus auf dem Schoß, umgeben von einer in Regenbogenfarben gehaltenen Mandorla. Sieben Tauben, die sieben Gaben des Heiligen Geistes, schweben über der Gottesmutter und Christus. Petrus, Paulus, der Erzengel Gabriel und Stephanus stehen links und rechts der Szene. Das Triumphkreuz wurde Anfang des 16. Jahrhunderts, das spätgotische Stiftergrab und zwei Marienklagen im 15. Jahrhundert geschaffen.

Evangelisches Gethsemane-kloster Goslar-Riechenberg **21**

Gut Riechenberg 1, 38644 Goslar
Tel.: 05321/21712
www.gethsemanekloster.de

Kloster Riechenberg wurde im Jahre 1117 als Benediktinerkloster gegründet, aber nur 11 Jahre später in ein Augustiner-Chorherrenstift umgewandelt. Nur eine Ruine blieb von der dreischiffigen romanischen Basilika mit sächsischem Stützenwechsel erhalten, die ab 1818 zur Gewinnung von Baumaterial abgebrochen wurde. Erhalten blieb die etwa 850 Jahre alte Hallenkrypta, die durch ihre klare romanische Gliede-

zumindest Chor und Querhaus der Kirche fertiggestellt, insgesamt dauerte der Kirchenbau etwa 100 Jahre. Nach der Reformation wandelte man das Kloster in ein evangelisches Damenstift um. Die letzte Stiftsdame verlies 1969 das Stift, die Kirche ist seit 1964 Gemeindekirche.

Die Neuwerkkirche, eine kreuzförmige und gewölbte Basilika, blieb in allen Teilen im Zustand der Entstehungszeit erhalten. Als Baumaterial diente Bruchstein. Zwei oktogonale Türme bekrönen das Westwerk, im Osten schließen drei Apsiden den Bau ab.

rung, reiche Steinmetzarbeit an Säulen, Kapitellen und Kämpfern und sensible Akustik beeindruckt.

Neues Leben zog im Jahr 1990 im Kloster Riechenberg ein. Die Evangelische Gethsemane-Bruderschaft folgte einer Einladung der Klosterkammer Hannover und bezog das Kloster. Ziel der sich kontemplativ verstehenden Gruppe ist es, eine unauffällige monastische Existenz zu leben. Das Leben im Gethsemanekloster prägen die drei Tagzeitengebete, Stille und Schweigen. Suchende, die längere oder kürzere Zeit im Kloster mitleben wollen, sind herzlich willkommen. Zu Einkehrtagen und stillen Wochenenden wird eingeladen, über 40 Gästezimmer stehen zur Verfügung.

nach Plänen des Baurates Prof. Karl Mohrmann (1857–1927) eine Stabkirche nach norwegischen Vorbildern. Man war bestrebt, sich mit dieser Holzkirche in größtmöglichem Maß der Gebirgslandschaft anzupassen.

Auf der Westseite steht ein eigenes Glockenhaus vor der Kirche, das heutige Glockenspiel stammt aus den Jahren 1958 und 1975. Runde Holzstützen gliedern das Kircheninnere und tragen die Emporen. Decken und Wände sind mit Holz verkleidet. So strahlt die ganze Kirche eine warme Atmosphäre aus. Der Goslarer Bildhauer Seegebarth schuf den Altar. An der byzantinischen Kunst orientieren sich die Malereien.

Stabkirche in Hahnenklee

22

Prof.-Mohrmann-Weg 1, 38644 Hahnenklee-Bockswiese, Tel.: 05325/2378, www.stabkirche.de

Das kleine Bergarbeiterdörfchen Hahnenklee im Oberharz bei Goslar wurde 1882 zum Kurort erhoben. Bald konnte der alte Betsaal die Gottesdienstbesucher nicht mehr fassen. In den Jahren 1907/08 erbaute man

Das von den Symbolen der Evangelisten umrahmte Gotteslamm ist über dem Altar zu sehen.

Bernward von Hildesheim 23
Tel.: 05121/17980 (Tourist-Information)

Bernward, um 960 geboren, entstammte dem sächsischen Adel. In der Hildesheimer Domschule erhielt er eine umfassende Ausbildung. Sein Onkel Folcmar führte Bernward am Hof ein, wo er zum Notar ausgebildet wurde. Am Hofe Ottos II. verfasste und schrieb er Urkunden und erzog zwischen 987 und 993 Otto III. Im Jahre 993 wurde Bernward zum Bischof von Hildesheim geweiht.
Sein Bestreben war es, seiner Bischofsstadt eine ihrer Bedeutung angemessene Gestalt zu geben. Bedeutendste Zeugnisse seines Wirkens sind die Bernwardstüren des Domes, die Christussäule sowie die gewaltige frühromanische Michaeliskirche. Dieses Abbild des himmlischen Jerusalem ließ er zugleich als seine Grabeskirche erbauen. Bernward, dem auch das geistliche Leben in seinem Bistum und die Armenfürsorge am Herzen lagen, starb 1022 in Hildesheim. Um 1192 erfolgte seine Kanonisation. Ein Denkmal am Dom (19. Jahrhundert) erinnert an ihn.

Hildesheim, Dom

Klosterstätte Ihlow 24
Zum Forsthaus 1, 26632 Ihlow
Tel.: 04929/89311 (Klosterstätte Ihlow - Geschäftsbüro (Rathaus))
www.kloster-ihlow.de

In Ihlow, rund acht Kilometer südlich von Aurich, stand im Mittelalter die größte Kirche zwischen Bremen und Groningen. Doch bis vor wenigen Jahren erinnerte nichts mehr an das Zisterzienserkloster »Schola Dei«, das zu den bedeutendsten Klöstern Nordwestdeutschlands zählte.
Nach 1270 begann der Bau des aus Backstein errichteten Klosterkomplexes. Mit der Reformation kam 1529 die Säkularisierung des Klosters, die Gebäude dienten als Steinbruch. Erhalten blieb der wertvolle spätgotische Flügel-

altar der Klosterkirche, der heute in der Lamberti-Kirche in Aurich bewundert werden kann.

Im Jahr 2000 entwickelte man den Plan, im ehemaligen Klostergelände einen archäologischen Park anzulegen. Die Ausgrabungen begannen im Frühjahr 2004. Zwei Jahre später legte man den Grundstein für eine Stahl-Holz-Konstruktion, mit der die Klosterkirche wieder erlebbar wird. Anfang 2009 wurde das angedeutete Dach aufgesetzt, eine Wendeltreppe macht die Begehung des 45 Meter hohen Dachreiters möglich.

Einen »Raum der Spurensuche« richtete man unter der ehemaligen Apsis ein. Dort können archäologische Fundstücke, Grabstätten und Fundamentreste besichtigt werden. Eine Glaskuppel beleuchtet den Raum, der mit einem neuen Altar ausgestattet wurde, mit Tageslicht. Zur Anlage gehört auch ein neu angelegter Klostergarten.

Kloster Loccum

Im Kloster 2, 31547 Rehburg-Loccum
Tel.: 05766/96020
www.kloster-loccum.de

Mönche aus dem thüringischen Zisterzienserkloster Volkenroda gründeten 1163 das rund 50 Kilometer nordwestlich von Hannover gelegene Kloster Loccum. Erst Ende des 16. Jahrhunderts nahmen die Mönche das Augsburger Bekenntnis an. Nun fehlte jedoch der Nachwuchs. So nahm man angehende Pfarrer auf Zeit im Kloster auf. Diese hielten dreimal am Tag evangelische Stundengebete und predigten in den umliegenden Stiftsdörfern. In Loccum nahm so der Gedanke des evangelischen Predigerseminars Gestalt an.

Abt, Prior und Konvent leiten das Kloster bis heute. Es handelt sich um Geistliche der Landeskirche, die zwar außerhalb wohnen, aber regelmäßig zusammenkommen, um die Geschicke des Klosters zu lenken. Seit 1820 besteht das Neue Predigerseminar, das die Pfarrer der Evangelisch-Lutherischen Landeskirche Hannovers ausbildet. Jeden Abend wird in der Kirche die Hora gefeiert. Die Kirche (1220–1277) dient auch der Ortsgemeinde als Pfarrkirche. Es handelt sich um ein schlichtes Gotteshaus nach den Regeln der Zisterzienser. Besondere Aufmerksamkeit verdienen das um 1240 geschaffene romanische Tafelkreuz über dem Chor und der an die Kirche anschließende Kreuzgang (1230/40–1280).

St. Nikolai in Lüneburg 26

Lüner Str. 15, 21335 Lüneburg, Tel.: 04131/2430770, www.st-nicolai.eu

Seit 956 wurde in der Gegend von Lüneburg Salz gewonnen, das der Stadt im Mittelalter Wohlstand und Reichtum brachte. So gelang es den Bürgern im Jahr 1371, sich von den welfischen Landesfürsten weitgehend unabhängig zu machen.

St. Nikolai, die jüngste der drei Lüneburger Hauptkirchen, wurde in den Jahren 1406 bis 1409 als Kapelle für die Bewohner des Wasserviertels erbaut. Schnell für das rasch wachsende Stadtviertel zu klein geworden, entstand bis Mitte des 15. Jahrhunderts eine dreischiffige Backsteinbasilika mit Seitenkapellen und Emporen. Der 1460 begonnene Turmbau zog sich bis 1587 hin. Zu Beginn des 19. Jahrhunderts musste der einsturzgefährdete Turm abgerissen werden. Bis 1895 erbaute man den 92 Meter hohen neogotischen Turm, einer der höchsten Kirchtürme Niedersachsens.

In die Mitte des 15. Jahrhunderts ist der Hauptaltar zu datieren. Bis 1861 stand er in der abgebrochenen St. Lamberti-Kirche. Die 20 geschnitzten Szenen erzählen aus dem Leben Jesu, die Flügel zeigen Heilige, die Opferung Isaaks und die Kreuzigung Jesu. Älter als die Kirche ist die Bronzetaufe (um 1325), sie stand ursprünglich in der Cyriakus-Kirche am Fuße des Kalkberges.

Kloster Lüne in Lüneburg

27

Am Domänenhof, 21337 Lüneburg, Tel.: 04131/52318, www.kloster-luene.de

Im Nordosten der alten Hansestadt Lüneburg, nur rund 15 Minuten Fußweg vom Zentrum der Stadt entfernt, liegt Kloster Lüne. Um 1170 siedelte sich eine Gruppe frommer Frauen bei einer Kapelle außerhalb der Stadt an und gründete eine Klostergemeinschaft. Das neue Kloster nahm die Regel des heiligen Benedikt an und erfreute sich starken Zulaufs. Im Jahre 1284 mußte die Zahl der Nonnen auf 80 begrenzt werden.

Nach zwei Bränden im 14. Jahrhundert kam es zur Anlage des bis heute bestehenden Klosters. Zwischen 1372 und 1420 entstanden Kreuzgang, Kloster-kirche und Klausurgebäude im Stil der Backsteingotik. Im späten 15. Jahrhundert blühte das Kloster erneut auf. Die Nonnenempore wurde verlängert, neue Altäre, Wand- und Glasmalereien kamen hinzu. Eine neue Belebung erfuhr auch die klösterliche Stickerei. Banklaken und große Bildteppiche entstanden und eine eigene Weberei wurde eingerichtet. Heute kann man diese Schätze im Textilmuseum des Klosters bewundern. Das in einem Neubau im Jahre 1995 eröffnete Museum zeigt Altardecken und Fastentücher (1250–1350), große Bildteppiche (um 1500) und von den Stiftsdamen gefertigte Abendmahlsdecken (17.–19. Jahrhundert).

Serbisch-Orthodoxe Kirche des hl. Georg in Osnabrück

Wersener Str. 85, 49090 Osnabrück
Tel.: 0541/9701830 (Pfarrer)
www.spc-osnabrueck.de

Im Osnabrücker Stadtteil Eversburg steht die älteste serbische Kirche Deutschlands. Serbische Offiziere wurden im Zweiten Weltkrieg in Osnabrück interniert, 116 von ihnen starben 1944 bei einem britischen Bombenangriff. Sie sind größtenteils auf dem nahe gelegenen Friedhof begraben, dessen serbischen Teil die Kirchgemeinde pflegt.

Nach Kriegsende blieb ein Teil der ehemaligen Gefangenen in Osnabrück und gründete 1959 eine Gemeinde. Mit der Errichtung der Kirche begann man 1964. Vorbild für die Pläne des Lingener Architekten Karl Schellmann war die Klosterkirche im serbischen Kaleni, die er im Maßstab eins zu zwei nachbildete. Kennzeichnend für das Gotteshaus ist der traditionelle byzantinische Stil, in dem es errichtet worden ist. Zwei unterschiedlich hohe Kuppeln zieren das Äußere. Die Ikonenwand schuf der Osnabrücker Tischlermeister Lotze. Erst 1982 fand die Weihe der Kirche statt, in der jedoch schon lange vorher Gottesdienste gefeiert wurden. In der zweiten Hälfte der 1970er Jah-

re erbaute man unter der Kirche eine Krypta, in der Offiziere und Generäle der Königlich-Jugoslawischen Armee ihre letzte Ruhe fanden.

Kloster Walkenried

Steinweg 4a, 37445 Walkenried
Tel.: 05525/9599064
www.kloster-walkenried.de

Adelheid von Walkenried stiftete das Kloster Walkenried am Südrand des Harzes im Jahre 1127 als drittes Zisterzienserkloster im deutschen Sprachraum. Die Mönche begannen mit der Urbarmachung und Trockenlegung der Region, besaßen bald Bergwerke, Eisenhütten und Waldgebiete. Mit der Krise des Harzer Bergbaus im 14. Jahrhundert begann der Niedergang des Klosters. Im Bauernkrieg (1525) wurde

das Kloster geplündert und teilweise zerstört. Im Jahr 1546 traten die letzten Mönche zum Protestantismus über.

Mit der Errichtung einer neuen Kirche im frühgotischen Stil begann man Anfang des 13. Jahrhunderts. Heute sind von der gewaltigen Kirche nur noch Ruinen vorhanden. Sie stürzte 1570 ein und diente fortan als Steinbruch. Erhalten blieben Teile der Westfassade, der restaurierte Chor und Teile der südlichen Mittelschiffswand. Seit 1570 nutzt die evangelische Gemeinde den Kapitelsaal als Kirche. Das im Jahre 2006 eröffnete Zisterziensermuseum zählt zu den innovativsten Klostermuseen Deutschlands. Visuelle und akustische Inszenierungen lassen das Leben in einem mittelalterlichen Kloster lebendig werden.

Kloster Wennigsen   **30**

Klosteramthof 3, 30974 Wennigsen
Tel.: 05103/453
www.via-cordis-wennigsen.de

Die Kleinstadt Wennigsen, etwa 15 Kilometer südwestlich von Hannover gelegen, beherbergt das Ende des 12. Jahrhunderts gegründete Kloster Wennigsen. In Folge der Reformation wurde das Augustiner-Chorfrauenstift in ein evangelisches Damenstift umgewandelt. Seit dem 18. Jahrhundert nahm die Bedeutung gemeinsamer Gebetszeiten immer mehr ab, nur der gemeinschaftliche Gottesdienst am Sonntag blieb verbindlich.

Heute befindet sich im Kloster Wennigsen ein spirituelles Zentrum mit evangelischem Profil. Menschen finden sich zusammen, die anderen helfen, den Weg der geistlichen Erneuerung zu entdecken. Gäste sind zu Kursen und Einkehrtagen willkommen. Es gibt wieder täglich zwei Gebetszeiten: eine Morgenmeditation und eine

Abendandacht auf der Nonnenempore in der Klosterkirche. In Wennigsen besonders gepflegt wird die Tradition des Herzensgebetes („via cordis"). Dieser meditative Weg kommt aus der orthodoxen Kirche und gründet im Hesychasmus (gr. hesychia = Ruhe, Stille, Ungestörtheit, Gelassenheit), einer speziellen Form der ostkirchlichen Spiritualität.

Die heutigen Klostergebäude entstanden im barocken Stil zwischen 1707 und 1725. Im Zuge der Klostergründung erfolgte Anfang des 13. Jahrhunderts eine Erweiterung der bestehenden Pfarrkirche, deren heutiges Erscheinungsbild das Ergebnis dreier weiterer Bauabschnitte ist, die erst um 1520 zum Abschluss kamen. Ein kunstvolles romanisches Tympanon (Ende 12. Jahrhundert), das Christus als Weltenrichter zeigt, blieb von der vorklösterlichen Kirche erhalten.

Kloster Wienhausen

An der Kirche 1, 29342 Wienhausen,
Tel.: 05149/1866-0
bzw. -10 (Kloster)
www.kloster-wienhausen.de

Seit dem 13. Jahrhundert ist Wienhausen, etwa 10 Kilometer östlich von Celle an der Aller gelegen, ein Ort klösterlichen Lebens. Herzogin Agnes von Landsberg gründete um 1230 ein Zisterzienserinnenkloster. Gegen den Widerstand der Nonnen verwandelte

Herzog Ernst von Braunschweig-Lüneburg im 16. Jahrhundert Wienhausen in ein evangelisch-lutherisches Damenstift. Noch lange sollen die Nonnen katholische Gottesdienste abgehalten haben. Erst 1587 konnte die erste evangelische Äbtissin eingesetzt werden. Heute leben neben der Äbtissin 12 Konventualinnen in Wienhausen.

Bekannt ist Wienhausen für seine wertvolle Sammlung gotischer Bildteppiche (14./15. Jahrhundert), die seit 1994 in einem im Westflügel des Klosters eingerichteten Museum besichtigt werden können. Die Teppiche zeigen christliche und weltliche Themen (Heiligenlegenden, Tristansage). In den begehrten mehrtägigen Klosterstich-Stickkursen knüpft man heute wieder an die große Zeit der mittelalterlichen Nonnenstickerei an.

Im Stil der Backsteingotik errichtete man zu Beginn des 14. Jahrhunderts den Westflügel der Klausur und den Nonnenchor, der vollständig mit Märtyrerlegenden, Geschichten aus dem Alten Testament und dem Leben Jesu ausgemalt ist – einzigartig in Deutschland. Aus der Amtszeit der Äbtissin Katharina von Hoya (1422–1469) haben sich ein Hl. Grab, ein wertvoller Kelch, der Heilsspiegelteppich und das Wienhäuser Liederbuch erhalten.

Kloster Wülfinghausen **32**

Kloster Wülfinghausen, 31832 Springe
Tel.: 05044/88160
www.kloster-wuelfinghausen.de

Das 1236 als Augustinerinnenkloster gegründete Kloster Wülfinghausen wurde im Zuge der Reformation lutherisch. Bis ins 19. Jahrhundert waren die Plätze im Kloster sehr begehrt und der Eintritt nur für Angehörige des alteingesessenen Landadels möglich. Noch im 20. Jahrhundert war Wülfinghausen vor allem ein Ort zur standesgemäßen Versorgung unverheirateter höherer Töchter, der Gedanke des gemeinschaftlichen geistlichen Lebens war in den Hintergrund getreten. Doch das änderte sich. Seit 1994 ist Kloster Wülfinghausen ein Ort der Stille, des Gebets und der gelebten Ökumene. Die Klosterkammer Hannover stellte das Kloster der Communität Christusbruderschaft Selbitz zur Verfügung, die nach den Evangelischen Räten in Gütergemeinschaft, Ehelosigkeit und Gehorsam lebt. Sieben Schwestern leben heute in Wülfinghausen und versammeln sich mit ihren Gästen dreimal täglich in der historischen Krypta zum Stundengebet. Darüber hinaus laden die Schwestern zur Entdeckung und Einübung von Spiritualität ein und wollen Pfarrern und kirchlichen

Mitarbeitern einen Ort des Rückzuges und der geistlichen Begleitung bieten. Die Klosterkirche wurde um 1400 im Stil der Gotik errichtet und im Jahr 1999 umgestaltet. Altar, Kreuz, Leuchter und Ambo sind Werke des Künstlers Karl-Heinz Hoffmann. Aus der Zeit um 1400 stammt das alte Chorgestühl. Sehenswert sind auch der mittelalterliche und der barocke Kreuzgang. In der Krypta befindet sich heute ein Raum der Stille.

Stittskirche Wunstort   **33**

Stiftsstr. 5b, 31515 Wunstorf
Tel.: 05031/3484
www.stiftskirche-wunstorf.de

Wunstorf liegt etwa 20 Kilometer nordwestlich von Hannover, unweit des Steinhuder Meeres. Bereits Bischof Dietrich von Minden († 880) gründete hier ein Kanonissenstift. Ein verheerender Brand zerstörte im Jahre 1010 das Stift, was zum Neubau der Stiftskirche führte. Dieser Bau aus der zweiten Hälfte des 12. Jahrhunderts hat sich in wesentlichen Teilen bis heute erhalten. Somit zählt die kreuzförmige Gewölbebasilika mit ihrem rechteckigem Westturm zu den bedeutendsten spätromanischen Kirchenbauten Nie-

dersachsens. Im 14. Jahrhundert wölbte man die Kirche neu ein, im 17. Jahrhundert erfolgte eine Erneuerung des Westbaus und von 1853 bis 1859 eine grundlegende Restaurierung. Das Innere besticht durch seine klare Gliederung nach Art des niedersächsischen Stützenwechsels: Auf einen Pfeiler folgen zwei Säulen. Eine sehr hohe Qualität zeichnet die Bauplastik sowohl des Innen- als auch des Außenbaus aus. Herausragende Stücke der reichen Ausstattung sind ein über dem Vierungsaltar hängendes Kreuz (14. Jahrhundert), der Altarschrein mit einer Verkündigungsszene und das Sakramentshaus (beide Ende 15. Jahrhundert), die Statuen der Kirchenpatrone Cosmas und Damian (um 1500) sowie zahlreiche Grabplatten und Epitaphe.

NORDOSTDEUTSCHLAND

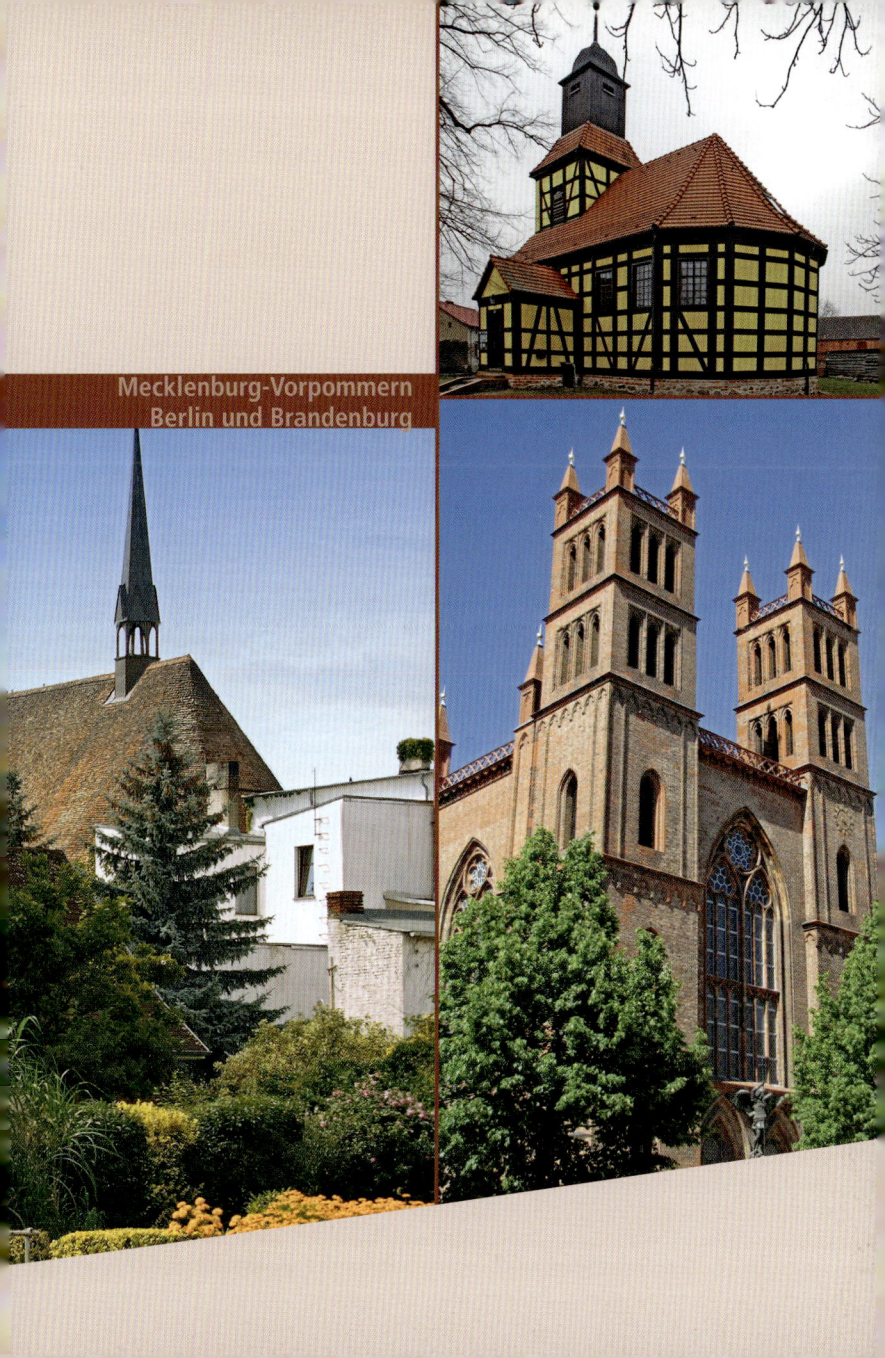

Mecklenburg-Vorpommern

Schifferkirche in Ahrenshoop 34

Paetowweg, 18347 Ahrenshoop
Tel.: 038233/69133
www.schifferkirche-ahrenshoop.de

Zwischen Ahrenshoop und dem Nachbardorf Wustrow auf der Halbinsel Fischland-Darß-Zingst verlief die ehemalige Grenze zwischen Pommern und Mecklenburg. Um 1760 entstand das Fischerdorf Ahrenshoop, in dem sich ab 1880 Künstler niederließen. Seit 1949 gab es Planungen für den Bau einer kleinen Kirche in Ahrenshoop. Sie wurde 1950 bis 1951 von dem Architekturstudenten Hardt-Waltherr Hämer konzipiert und errichtet. Die staatlichen Behörden behinderten den Kirchenbau und verhängten sogar zeitweise einen Baustopp.

Ganz aus Holz errichtet, wird das Äußere der Kirche durch das tief herabreichende Satteldach mit Rohrdeckung und die große gläserne Eingangswand gekennzeichnet. Ein vom Fußboden aufsteigendes, spitzbogiges Tonnengewölbe umschließt den an der Rückwand getäfelten Innenraum. Dieses Gewölbe erinnert an einen kieloben liegenden Schiffsrumpf. Auf der Empore steht eine kleine Schuke-Orgel (1961). Die bescheidene Innenausstattung schuf die Bildhauerin Doris Oberländer aus Pappelholz.

Marienkirche in Anklam 35

Bei der Kirche, 17389 Anklam
Tel.: 03971/210276
www.kirche-anklam.de

Rund 35 südwestlich von Greifswald, an einem Übergang über die Peene, entstanden in der ersten Hälfte des 13. Jahrhunderts im Schutze einer Burg zwei deutsche Siedlungen. Um die Marienkirche entwickelte sich die ältere der beiden, die ihre Entstehung dem nahe gelegenen Kloster Stolpe verdankt. Im Spätmittelalter gewann Anklam seine größte Bedeutung, die Marienkirche ist ein beeindruckendes Denkmal jener Zeit.

Spätestens Mitte des 13. Jahrhunderts ist die Gründung der Marienkirche anzusetzen. Von der geplanten Doppelturmanlage blieben Teile des Südwestturmes erhalten. Der Ausbau des Langhauses zur dreischiffigen Halle begann in der zweiten Hälfte des 14. Jahrhunderts. Ende des 15. Jahrhunderts verlängerte man den Chor und fügte die Chorseitenschiffe sowie die Kapellen an der Südseite des Langhauses und die Marienkapelle an.

Die im Zweiten Weltkrieg ausgelagerten Teile der Ausstattung gingen verloren. Vom Hochaltar blieb das Hauptbild, eine Marienfigur, erhalten. Teile der mittelalterlichen Altäre und des Chorgestühls sind an den Chorseitenwänden zu sehen. In die zweite Hälfte des 14. Jahrhunderts datiert man die an Pfeilern und Gurtbögen erhaltenen Malereien. Heute ergänzen Ausstattungsstücke aus der kriegszerstörten Nikolaikirche das Inventar.

Niederdeutsches Bibelzentrum St. Jürgen in Barth

36

Sundische Straße 52, 18356 Barth
Tel.: 038231/77662
www.bibelzentrum-barth.de

Die vorpommersche Kleinstadt Barth beherbergt seit 2001 das Niederdeutsche Bibelzentrum St. Jürgen. Um 1380 wurde St. Jürgen als Gotteshaus einer Hospitalsiedlung gebaut. Später diente die kleine Backsteinkirche als Hospital und Wohnhaus. Seit den 1960er Jahren verfiel St. Jürgen zusehends, 1988 zog der letzte Bewohner aus. Doch mit der Wende kam die Rettung. Nach der Restaurierung (1998–2001) zog das Niederdeutsche Bibelzentrum ein.

In den ehemaligen Wohnkammern des Hospitals kann sich der Besucher über die Geschichte der Region, das kirchliche Hospital- und Sozialwesen seit dem Mittelalter und die Bedeutung der Bibel informieren. Die mittelalterliche Kapelle steht für Andachten zur Verfügung. Wertvollstes Ausstellungsstück des Bibelzentrums ist die »Barther Bibel«. Herzog Bogislaw XIII. von Pommern ließ diese plattdeutsche Bibelausgabe in der 1582 gegründeten Barther Hofdruckerei in etwa 1000 Exemplaren drucken, von denen weltweit etwa 20 erhalten blieben. Die Bibel wurde mit mehr als 90 kolorierten Holzschnitten illustriert.

Kapelle in Bessin auf Rügen 37

18573 Rambin, OT Bessin
Tel.: 038307/201
www.kirchenkreis-stralsund.de/97.html

Im Südwesten der Insel Rügen, jeweils rund vier Kilometer entfernt von Altefähr und Rambin, liegt versteckt und abgeschieden das Dörfchen Bessin. Doch der winzige Ort birgt ein Bauwerk, das einen Umweg lohnt.
Dem Stralsunder Bürgermeister Matthias Darne gehörten in dieser Küstenregion einige Ländereien. So stiftete er 1482 für Bessin eine kleine Kapelle, die noch im selben Jahr fertiggestellt wurde. Seitdem hat sich der kleine achteckige Bau kaum verändert. Nur im 17. Jahrhundert baute man einen Erker im Dachgeschoss an, um eine kleine Glocke unterzubringen. Eine flache Holzdecke mit einer Engelskartusche des 17. Jahrhunderts schließt den Kapellenraum nach oben ab. Michael Müller aus Stralsund schuf 1742 den barocken Kanzelaltar, den die freistehenden Figuren der Apostel Petrus und Johannes flankieren. Das Relief am Kanzelkorb zeigt Christus als den Erlöser der Welt. Aus dem 18. Jahrhundert stammt das Kastengestühl, erhalten blieb auch ein mittelalterliches Weihwasserbecken.

Heute wird die kleine Kapelle in Bessin sowohl kirchlich als auch kommunal genutzt. An Feiertagen finden Gottesdienste und im Sommer Konzerte statt. Im Sommer stehen die Türen der Kapelle täglich für Besucher offen.

Croy-Teppich in Greifswald 38

Pommersches Landesmuseum, Rakower Str. 9, 17489 Greifswald
Tel.: 03834/83120
www.orientation.de/croy

Im Juni 2005 öffnete das Pommersche Landesmuseum in Greifswald seine Pforten. Dort fand auch der Croy-Teppich, ein einzigartiges Zeugnis der Reformationszeit, eine neue Heimat. Fürst Ernst Bogislaw von Croy, Neffe des letzten pommerschen Herzogs Bogislaw XIV., schenkte die Bildwirkerei im Jahre 1687 der Greifswalder Universität. Herzog Philipp I. von Pommern-Wolgast gab die knapp sieben Meter lange und mehr als vier Meter hohe Tapisserie in Auftrag. Der niederländische Bildwirker Peter Heymanns fertigte den Teppich nach einem Entwurf der Werkstatt Cranachs ab 1554 in Stettin. Martin Luther, von einer Kanzel predigend, steht im Zentrum der Bildkomposition. Unter der Kanzel ist der pommersche Herzog

mit seiner Familie und der Familie seiner Frau Maria, dem sächsischen Fürstenhaus, zu sehen. Philipp Melanchthon und Johannes Bugenhagen, aus Pommern stammender Beichtvater Martin Luthers und Stadtpfarrer von Wittenberg, sind im Hintergrund dargestellt.

Klosterruine Eldena in Greifswald 39

Wolgaster Landstraße/An der Klosterruine, 17493 Greifswald,
Tel.: 03834/521380 (Fremdenverkehrsverein), www.greifswald.de

Die Ruine des ehemaligen Zisterzienserklosters Eldena liegt mittlerweile im Stadtgebiet von Greifswald. Mönche aus dem rund 40 Kilometer entfernten Dargun gründeten das Kloster im Jahre 1199. Gegen 1225 errichtete man

nungen und Gemälde. Der preußische Kronprinz Friedrich Wilhelm veranlasste 1827 die Sicherung und Pflege der Ruine. Nach Plänen des Gartengestalters Peter Joseph Lenné legte man im Klostergelände einen Park an. Die frei zugänglichen Ruinen können ganzjährig besichtigt werden.

Norddeutsches Krippenmuseum in Güstrow

Heiligengeisthof 5/Ecke Gleviner Straße (Heilig-Geist-Kirche), 18273 Güstrow
Tel.: 03843/466744
www.norddeutsches-krippenmuseum.de

eine frühgotische Pfeilerbasilika, die um 1265 fertiggestellt wurde. Anschließend begann der sich bis 1350 hinziehende Bau der Konventgebäude. Ende des 14. Jahrhunderts nahm man die Bauarbeiten am Langhaus der Kirche wieder auf, die bis ins 15. Jahrhundert andauerten.

In der Reformationszeit wurde das Kloster von Herzog Philipp I. übernommen, aufgelöst und in ein herzogliches Amt umgewandelt. Doch schon bald begann der Verfall der Gebäude. So war das Kloster zu Beginn des 19. Jahrhunderts nur noch eine Ruine. In dieser Zeit entdeckte es Caspar David Friedrich als Motiv für seine romantischen Zeich-

Ein 1226 gestiftetes Kollegiatstift wurde zur Keimzelle der zwei Jahre später gegründeten Stadt Güstrow. Die günstige Lage an der Kreuzung wichtiger Handelsstraßen förderte ihre Entwicklung. Im Zuge des Stadtausbaus entstand die 1308 erstmals erwähnte Hospitalstiftung mit der Heilig-Geist-Kirche. Hier wurde 1525 in Güstrow zuerst lutherisch gepredigt. Bis 1973 nutzte die Gemeinde die kleine Kirche, dann musste sie wegen Baufälligkeit aufgegeben werden. Nach der Sanierung des gotischen Backsteinbaues in den Jahren 2006/2007 wird die Kirche heute als Krippenmuseum genutzt.

Über 40 Jahre lang sammelte Mechthild Ringguth aus Hamburg Krippen. Ihre Sammlung zählte schließlich etwa 350 Krippen aus rund 60 Ländern. Die im Jahre 2005 gegründete »Mechthild und Dr. Rudolf Ringguth-Stiftung« machte es sich zur Aufgabe, die Krippen im eigens eingerichteten »Norddeutschen Krippenmuseum« zu präsentieren. Bei einem Großteil der Krippen handelt es sich um Auftragswerke, angefertigt von einheimischen Künstlern mit ortstypischen Materialien. In den Kunstwerken kommt ihre Glaubensauffassung zum Tragen, mit der sie die Weihnachtsgeschichte interpretieren. Besonders stimmungsvoll ist ein Besuch des Museums bei Dunkelheit, wenn Strahler die Krippen beleuchten.

Inselkirche in Kloster auf Hiddensee   **41**

Kirchweg 1, 18565 Insel Hiddensee
Tel.: 038300/328
www.kirche-hiddensee.de

Vor der Westküste Rügens liegt die rund 17 Kilometer lange und 19 Quadratkilometer große Ostseeinsel Hiddensee, auf der rund 1300 Bewohner leben. Der Hauptort Kloster geht auf ein Zisterzienserkloster zurück. Das im Jahre 1296 gegründete Kloster wurde 1534 säkularisiert und bis auf geringe Reste abgetragen.

Die kleine und schlichte Backsteinkirche entstand aus einer Wegekapelle vor den Toren des Klosters. Sie war bereits seit 1332 Pfarrkirche für die Fischer und Bauern der Insel. Um 1700 errichtete man den vorgezogenen Anbau mit dem Glockenstuhl, der eine große Glocke (1993) und eine kleine Glocke (1702) aufnahm. In den Jahren 1780/81 wurde die Kirche barock überformt. In dieser Zeit entstanden Kanzelaltar, Taufständer, Taufengel und Tonnengewölbe. Der Berliner Kunstmaler Nikolaus Niemeier brachte 1922 die ungewöhnliche Rosenbemalung im Gewölbe an. Aus dem Jahr 1964 stammt die heutige blau-weiße Ausmalung der Kirche. An die Klosterzeit erinnert die Grabplatte des 1475 gestorbenen Abtes Johannes Runnenberg.

Dorfkirche in Landow auf Rügen

42

18573 Dreschvitz, OT Landow
Tel.: 038305/328
www.kirchelandow.de

Im Westen der Insel Rügen, rund 10 Kilometer von der Kreisstadt Bergen entfernt, liegt das knapp 30 Einwohner zählende Dorf Landow. In dieser dünn besiedelten Gegend erwartet man kaum historische Bauwerke. Doch im Mittelalter verlief hier ein wichtiger Handelsweg, der Stralsund mit dem Norden der Insel Rügen verband.

Starke Pfeiler stützen die um 1320 errichtete Kirche. Rechts und links des vier Joche langen und ehemals flach gedeckten Mittelschiffs schließen sich die kreuzrippengewölbten Seitenschiffe an. Portale und Fenster weisen mit ihren Spitzbogen in die Zeit der Gotik. Über dem Westgiebel mauerte man 1733 einen kleinen Fachwerkturm auf. In der DDR-Zeit konnte die Kirche baulich nicht mehr unterhalten werden. Ab 1970 baute man das wertvolle Inventar aus. Doch seit den 1990er Jahren gelang es, grundlegende Sicherungsmaßnahmen an Turm, Fenstern, Dachstuhl, Fußboden und Mauerwerk durchzuführen. Seit 2000 nutzen die Kirchgemeinde Samtens und der »Freundeskreis Kirche zu Landow« das Gotteshaus als Kultur- und Wegekirche. Der von Vergänglichkeit und Verfall geprägte Innenraum besitzt durch den offenen Dachstuhl eine besondere Akustik. In den Sommermonaten finden in der Kirche Gottesdienste und Konzerte statt.

Schlosskirche in Mirow und Johannitermuseum

43

Schloßinsel 1, 17248 Mirow,
Tel.: 039833/26357; 0160/2906880 (Museum),
www.johanniterkirche-mirow.de

Erstmals erwähnt wurde Mirow im Jahre 1227, als Fürst Heinrich Borwin II. den Johannitern 60 Hufen Land östlich und westlich des Mirower Sees schenkte. Aus der Ordensniederlassung ent-

sich auf Schautafeln in Wort und Bild über die Geschichte der Johanniter informieren kann.

St. Marien in Parchim

Neuer Markt, 19370 Parchim
Tel.: 03871/226140
www.marienkirche-parchim.de

wickelte sich eine Komturei. Nach der Reformation übernahmen die mecklenburgischen Herzöge den Besitz der Johanniter und richteten in Mirow eine Residenz ein.

Die heute als Schlosskirche bezeichnete evangelisch-lutherische Pfarrkirche ist das ehemalige Gotteshaus der Komturei. Es wurde im 14. Jahrhundert als einschiffiger Backsteinbau von vier Jochen mit Chor und polygonalem Abschluss errichtet. In den Jahren 1742 bis 1747 erfolgte der Umbau zur barocken Schlosskirche, dabei fügte man den Westturm an. Ein Brand vernichtete 1945 die Inneneinrichtung. Bereits 1951 vollendete man den Wiederaufbau mit moderner Ausstattung. An der Nordseite der Kirche befindet sich die Gruft der Herzöge von Mecklenburg-Strelitz, die bis 1914 hier ihre letzte Ruhe fanden. Seit 2006 befindet sich im Kirchturm ein Museum, in dem man

Noch heute beherrschen die beiden mittelalterlichen Pfarrkirchen St. Marien und St. Georgen die Silhouette der rund 40 Kilometer südöstlich von Schwerin gelegenen Kreisstadt Parchim. Neben einer 1170 erstmals erwähnten slawischen Burg entwickelte sich eine deutsche Kaufmannssiedlung. Im Zentrum der Altstadt steht die Georgenkirche. Mit St. Marien bekam die nach 1240 gegründete Neustadt eine eigene Pfarrkirche.

Die heutige Gestalt der Marienkirche mit Rechteckchor, dreischiffigem Langhaus, Westturm und Kapellenanbau ist das Ergebnis der von der Mitte des 13. bis Ende des 15. Jahrhunderts reichenden Bautätigkeit. Den 1907/08 abgebrochenen schadhaften Chor rekonstruierte man originalgetreu. Wenige, dafür umso qualitätsvollere historische Ausstattungsstücke blieben erhalten. Um 1500 entstand der Flügelaltar in

St. Marien in Ribnitz-Damgarten   **45**

Am Markt, 18311 Ribnitz-Damgarten
Tel.: 03821/811351

Die Doppelstadt Ribnitz-Damgarten, zwischen Rostock und Stralsund gelegen, entstand 1950 durch Zusammenlegung des mecklenburgischen Ribnitz und des pommerschen Damgarten. Beide Stadtteile trennt die Recknitz, der Flusslauf bildete einst die Landesgrenze.

St. Marien ist die Pfarrkirche des 1233 ersterwähnten Ribnitz. Im zweiten Viertel des 13. Jahrhunderts begann der Bau einer spätromanischen Hallenkirche, von der im Westen noch Teile sichtbar sind. Nach einem Brand im Jahr 1455 fügte man ein östliches Joch an, das mit einem polygonalen Chor abschließt. Damals wurde auch der massige Westturm errichtet, die Haube in der zweiten Hälfte des 18. Jahrhunderts aufgesetzt. Seit 1985 beherbergt der Westteil ein neu eingebautes Gemeindezentrum. Im Chor blieb der barocke Al-

einer Lübecker Werkstatt: Im Zentrum steht die von Engeln umgebene Maria im Strahlenkranz, acht Heiligenfiguren vervollständigen den Schrein. Nach der ersten Wandlung sind acht gemalte Szenen aus dem Marienleben zu sehen, auf den Rückseiten Kreuzigung und Beweinung Jesu sowie eine Einhornjagd. Die Innenseiten der Standflügel zeigen die Kirchenpatrone Maria und den Evangelisten Johannes. Vier Männer mit Kapuzenmänteln tragen die bronzene Taufe (1365), auf der Christus und die Apostel dargestellt sind. Die reich verzierte Kanzel entstand 1601. Etwa gleichzeitig wurde die Orgelempore eingebaut, der um 1670 geschaffene Orgelprospekt zeigt barocken Einfluss.

taraufbau aus dem Jahre 1781 erhalten, das Altarbild zeigt die Beweinung Christi. An den Altar schließen sich seitlich Beichtstühle an. Gleichzeitig mit dem Altar entstand die hölzerne Kanzel. Vom Kirchturm, der begehbar ist, kann man bei gutem Wetter die Türme der rund 25 Kilometer entfernten Hansestadt Rostock sehen.

Petrikirche in Rostock **46**

Alter Markt, 18055 Rostock
Tel.: 0381/4923396 (Ev.-Luth. Innenstadtgemeinde); 0381/21101 (Türmer)
www.petrikirche-rostock.de

Rostock, größte Stadt Mecklenburg-Vorpommerns, erhielt 1218 Stadtrecht. Im Mittelalter erlangte die Hansestadt durch ihren sicheren Hafen Bedeutung. Luftangriffe zerstörten die Stadt bereits 1942 stark, auch die Petrikirche überstand die Bombardierungen nicht unbeschadet.

Erstmals erwähnt wurde St. Petri, die Pfarrkirche der Altstadt, 1252. Der heutige Bau, eine Backsteinbasilika mit polygonalem, von Stiegentürmen flankierten Chor und gewaltigem Westturm, entstand im 14. und frühen 15. Jahrhundert. 1942 brannten Mittel- und südliches Seitenschiff aus, der

Turmhelm und die größtenteils barocke Ausstattung gingen zugrunde. In den 1950er und 1960er Jahren gelang der Wiederaufbau der Kirche. Schließlich erfolgte 1992 bis 1995 auch die Wiederherstellung des Turmhelmes.

Heute sind die Kirchenschiffe durch Vermauerung der Arkaden voneinander getrennt, das Nordschiff dient als Winterkirche. Die 1963 eingefügten Chorfenster des Rostocker Künstlers Lothar Mannewitz zeigen Motive aus dem Leben des Apostels Petrus. Erhalten blieben die Bronzetaufe (1512) und ein Sandsteinrelief mit Christus vor Pilatus. Östlich vor Kirche und Stadtmauer erinnern Grabplatte und Denkmal an den Rostocker Reformator Joachim Slüter (um 1490–1532).

Jakobikirche in Stralsund

47

Jacobiturmstraße, 18439 Stralsund
Tel.: 03831/264130 (Stiftung Kulturkirche St. Jakobi Stralsund)
www.jacobi-stralsund.de/

Vermutlich seit 1200 bestand in der Nähe eines slawischen Fischer- und Fährdorfes eine deutsche Kaufmannssiedlung, aus der sich die Stadt Stralsund entwickelte. Der nach zwei Seiten offene Hafen und die nahe Insel Rügen boten natürlichen Schutz. Alt- und Neustadt vereinigten sich im späten 13. Jahrhundert, Stralsund stieg zu einer der wichtigsten Hansestädte auf.

Direkt auf der Grenze von Alt- und Neustadt entstand die 1303 ersterwähnte Jakobikirche als dreischiffige Backsteinhalle mit geradem Ostabschluss. Nach 1400 erfolgte der Umbau zur Basilika mit angefügten Kapellen und massivem Westturm. Ab 1662 bekrönte man den Turm mit einer barocken Haube. Das 1944 schwer beschädigte Gotteshaus diente bis 1994 als Kunstgut- und Baustofflager. Seit 1996 steht St. Jakobi als Kulturkirche für die Stralsunder und ihre Besucher offen und behauptet sich erfolgreich als Veranstaltungsort für Konzerte, Theateraufführungen und Ausstellungen. Seit 2009 wird in der Kirche das grafische Werk von Friedensreich Hundertwasser (1928–2000) präsentiert. Reste der einst reichen Ausstattung sind vor Ort und im Pommerschen Landesmuseum Greifswald zu sehen oder zurzeit in der Kirche eingelagert.

St. Peter und Paul in Teterow 48

Kirchplatz, 17166 Teterow
Tel.: 03996/182584
www.kirchenkreis-guestrow.de/tete-
row.html

Die Kleinstadt Teterow liegt in der
Mecklenburger Schweiz, ca. 50 Kilometer südöstlich von Rostock. Auf einer
Insel im nahen Teterower See errichteten die Slawen im 9. Jahrhundert einen
Burgwall mit Fürstensitz und heidni-
schem Tempel. Deutsche Siedler legten
die Stadt um 1200 über kreisrundem
Grundriss mit rechtwinkligem Straßen-
netz an.

Nach 1250 begann die Errichtung der
Kirche St. Peter und Paul, im 15. Jahrhundert kam der Westturm hinzu. Die
dreischiffige Halle mit höherem Mittelschiff und rechteckigem Chor veränderte man bei der Restaurierung der Jahre
1877 bis 1880 zur Basilika. Dabei entdeckte man im Chor gut erhaltene Ge-
wölbemalereien des 14. Jahrhunderts:
Dargestellt sind das Leben Christi von
der Verkündigung bis zur Auferstehung
und die Schöpfungsgeschichte, beginnend mit der Darstellung des Geistes
Gottes, der über dem Wasser schwebt.
Auf der östlichen Gewölbekappe ist das
Jüngste Gericht zu sehen. Der ehemalige Hauptaltar, ein um 1430 geschaf-

fener Flügelaltar, zeigt im Schrein eine
Marienkrönung zwischen Aposteln und
Heiligen, auf den gemalten Tafeln Szenen aus der Leidensgeschichte Jesu.
Mittelalterlich sind auch der Taufstein
(1383), eine Madonna im Strahlenkranz und eine Triumphkreuzgruppe
(um 1500). In der Turmhalle fand die
alte Renaissance-Kanzel Aufstellung.

Kloster Verchen 49

Budenstraße 1, 17111 Verchen
Tel.: 039994/79291 oder 79292
www.christusbruderschaft.de/kon_ver-
chen_fs.html

Seit 2004 gibt es in Verchen wieder eine
Ordensgemeinschaft. Der kleine Ort im
Landkreis Demmin liegt am Nordufer
des Kummerower Sees. Im Jahre 1245

siedelten sich hier Benediktinerinnen an. Etwa 15 bis 20 Nonnen, vorwiegend Angehörige mecklenburgischer oder pommerscher Adelsgeschlechter, lebten im Kloster. Doch mit der Reformation kam das Ende, 1581 starb die letzte Nonne. Die meisten Klostergebäude gingen schon im 16. Jahrhundert zugrunde. Erhalten blieb die frühgotische Klosterkirche St. Marien mit den mittelalterlichen Glasfenstern und einem Schnitzaltar (um 1420).

Nun haben vier Schwestern der evangelischen Christusbruderschaft aus Selbitz das klösterliche Leben in Verchen wieder aufgenommen. Die Glocken der alten Klosterkirche rufen zum Stundengebet, Gemeindeglieder und Feriengäste können dazukommen und mitbeten. Für Retraite-Gäste, die einige Zeit mit den Schwestern leben wollen, stehen zwei Gästezimmer zur Verfügung. Ein Gebetsraum lädt ein, vor Gott still zu werden. Auf dem Gästeprogramm der Schwestern stehen vor allem »Stille Tage im Kloster«, Pilgertage oder Exerzitien im Alltag. Die Schwestern engagieren sich aber auch im Besuchsdienst und der Seniorenarbeit der Kirchgemeinde.

Kapelle in Vitt auf Rügen 50

OT Vitt, 18556 Putgarten
Tel.: 038391/366
www.ruegenmagic.de/Kirchen-Ruegen/kirche-vitt.htm

Malerisch liegt das Fischerdorf Vitt auf der Halbinsel Wittow der Insel Rügen, nahe bei Kap Arkona. Oberhalb des Dorfes entstand eine kleine Kapelle, mit deren Bau man 1806 begann. Infolge der französischen Besetzung fand die Weihe erst 1816 statt. Der legendäre Pastor Ludwig Gotthard Kosegarten (1758–1818) aus Altenkirchen ergriff die Initiative zum Bau der Kapelle. Kosegarten wollte die Fischer im Dorf mit seinen Predigten direkt erreichen und hielt in Vitt seine berühmt gewordenen Uferpredigten.

Einsam steht die kleine, reetgedeckte Kapelle in der Landschaft. Das Innere des achteckigen Zentralbaus wirkt ausgesprochen schlicht. Über dem Altar befindet sich eine Kopie des Bildes »Petrus auf dem Meer« von Philipp Otto Runge (1777–1810). Der italienische Künstler Gabriele Mucci malte 1990 das die Eingangstür umrahmende Wandgemälde »Menschen im Sturm«. Zu sehen sind Fischer, die besorgt zu Schiffen auf dem Meer hinausblicken. Die Gestalt des hl. Christophorus, der Christus über das tobende Meer trägt, überragt das gesamte Geschehen.

Flügelaltar in Waase auf Ummanz 51

Am Focker Strom, 18569 Ummanz/ Rügen, Tel.: 038305/328
www.kirchenkreis-stralsund.de/107.html

Unscheinbar hinter vom Wind zerzausten Baumkronen steht versteckt die kleine Dorfkirche von Waase. Von Rügen kommt man über eine Brücke auf die kleine Insel Ummanz, auf die sich auch im Sommer nur wenige Urlauber verirren. Doch in der Kirche erwartet sie eines der bedeutendsten Kunstwerke Norddeutschlands.

Die Ursprünge der unscheinbaren Kirche liegen im 15. Jahrhundert. Erst 1708 kam das Prunkstück der Ausstattung hinzu, ein spätgotischer Flügelaltar. Der Altar stammt aus einer Werkstatt in Antwerpen und war ursprünglich für eine englische Kirche bestimmt. Aber die Vorboten der Reformation ließen das Interesse in England sinken. Geschäftstüchtige Stralsunder Kaufleute erwarben den Altar günstig. In der Barockzeit erschien er den stolzen Hansestädtern wohl als nicht mehr zeitgemäß und so kam der Altar nach Ummanz.

Der außerordentlich qualitätvoll gearbeitete und farbig gefasste Altar mit einer Vielzahl von Schnitzfiguren zeigt die Kreuzigung Jesu, umrahmt von Kreuztragung und Kreuzabnahme. Darunter ist in drei sehr lebendigen Szenen

die Lebensgeschichte des Erzbischofs Thomas Becket von Canterbury zu sehen. Die bemalten Flügel sind u. a. der Passion Jesu gewidmet.

St. Georgen in Wismar   **52**

Bliedenstraße 40, 23966 Wismar
Tel.: 03841/228844 (Förderkreis
St. Georgen zu Wismar e. V.)
www.georgenkirche.de

Zwischen Lübeck und Rostock liegt Wismar im Schutz einer Ostseebucht. Aus einer slawischen Siedlung und einer Ende des 12. Jahrhunderts angelegten Niederlassung von Kaufleuten und

Handwerkern wuchs die Stadt zusammen. Ein dritter Stadtteil mit der den hl. Martin und Georg geweihten Pfarrkirche kam 1338 hinzu.

Die im Zweiten Weltkrieg schwer beschädigte Georgenkirche verkam nach 1945 immer mehr zur Ruine. Im Jahr 1987 wurde in der BRD der »Förderkreis St. Georgen zu Wismar e. V.« gegründet, der sich für die Rettung der Kirche einsetzte. Als bei einem Orkan im Januar 1990 der Giebel des Nordquerhauses einstürzte, verhallten die Hilferufe aus Wismar nicht ungehört. Mithilfe örtlicher Betriebe und westdeutscher Gelder begann die Rettung. Der im Jahre 2010 abgeschlossene Wiederaufbau kostete etwa 40 Millionen Euro. Gerettet wurde damit eine der monumentalsten und bedeutendsten Backsteinkirchen im Ostseeraum. Ältester Teil ist der um 1300 erbaute Chor mit geradem Abschluss. Das Querschiff, das dreischiffige Langhaus und der unvollendete Westturm kamen im 15. Jahrhundert hinzu. Riesige Fenster und kräftige Achteckpfeiler geben dem Innenraum sein Gepräge. Die erhaltenen Teile der Ausstattung, so der Hochaltar (um 1430), werden nach Fertigstellung wieder in der als Gotteshaus und Kulturkirche genutzten Georgenkirche aufgestellt.

Berlin und Brandenburg

Stadtkirche St. Nikolai in Bad Wilsnack

An der Nikolaikirche, 19336 Bad Wilsnack, Tel.: 038791/2721
www.wunderblutkirche.de

Das kleine Kurstädtchen Bad Wilsnack in der Westprignitz war ein bedeutender Wallfahrtsort des Spätmittelalters. Im Jahre 1383 brannte die alte Kirche des Dorfes Wilsnack ab. In den rauchenden Trümmern fand der Pfarrer auf dem Altar drei unversehrte Hostien. Ein Tropfen Blut zeigte sich auf jeder Hostie. Bereits im folgenden Jahr forderten der Erzbischof von Magdeburg und die märkischen Bischöfe die Gläubigen zur Wallfahrt zum »Wunderblut« auf. Wilsnack entwickelte sich zu einem bedeutenden Pilgerziel. Doch schon im 15. Jahrhundert mehrten sich kritische Stimmen. Die Reformation setzte 1552 der Wallfahrt ein Ende.

Im Jahre 1384 begann der Bau einer großen, domähnlichen Kirche. Mit nur drei Jochen ist das dreischiffige Langhaus sehr kurz. Als Westabschluss geplante stattliche Türme wurden nicht gebaut. Ende des 16. Jahrhunderts erhielt die Westfassade einen Renaissancegiebel. Erhalten blieben der mittelalterliche Altar und der Wunderblutschrein (Mitte 15. Jahrhundert). Von den wertvollen Glasmalereien des 15. Jahrhunderts sind nur noch Reste erhalten.

Friedrichwerdersche Kirche in Berlin

Werderscher Markt 1, 10117 Berlin
Tel.: 030/266424242
www.smb.museum/fwk

Mitten im Zentrum Berlins hebt sich die Friedrichwerdersche Kirche mit ihrer schlichten Backsteinarchitektur deutlich von ihrer Umgebung ab. Karl Friedrich Schinkel ist zwar der Architekt der zwischen 1824 und 1830 entstandenen Kirche, die einen baufälligen Vorgänger ersetzte, aber die entscheidenden Anregungen gab der preußische Kronprinz Friedrich Wilhelm. Schinkel hatte ursprünglich einen klassizistischen, tempelartigen Säulenbau vorgesehen, doch der Kronprinz wünschte stattdessen eine neogotische Kirche. Man einigte sich schließlich auf eine schmucklose Neogotik und auf zwei Türme, obwohl Schinkel gern vier gesehen hätte.

In der nach ihrer Zerstörung im Zweiten Weltkrieg wiederaufgebauten Kirche richtete man 1987 ein Museum ein. Auf der Empore kann sich der Besucher mit dem Werk Schinkels und der Baugeschichte der Kirche vertraut machen.

Im Kirchenschiff sind klassizistische Skulpturen aufgestellt, die im Zusammenhang mit dem Schaffen Schinkels und seiner Zeit stehen.

Herz-Jesu-Kirche in Berlin 55

Fehrbelliner Str. 99, 10119 Berlin
Tel.: 030/4438940
www.herz-jesu-kirche-berlin.de

Die Herz-Jesu-Kirche ist eine der ersten katholischen Kirchenbauten Berlins nach St. Hedwig. Im dicht besiedelten Arbeiterviertel Prenzlauer Berg errichtete Christoph Hehl 1897/98 eine typische Berliner Straßenfrontkirche. Die Fassade ist in romanischen Formen gehalten, wie sie im 12. Jahrhundert in Niedersachsen vorkamen. Eine Zweiturmfassade wird angedeutet. Über dem Hauptportal der Eingangshalle brachte man ein Relief des guten Hirten an: Christus lädt die Menschen ein, die fremd in die Großstadt kommen. Als Vorbild des Reliefs diente ein Mosaik in Ravenna.

Die Verbindung romanischer Formen im Langhaus mit der aus der byzantinischen Architektur entlehnten Kuppel- und Chorgestaltung prägt das Innere. Auch für die Kuppelausmalung dienten Mosaiken in Ravenna als Vorbild. Dargestellt wird die Verehrung des Gotteslammes durch die 24 Ältesten der Apokalypse. Die Apsis beherrscht ein Bild des thronenden Christus, das an frühe romanische Mosaiken erinnert. In Kupfer getrieben, feuervergoldet, mit Emaille und edlen Steinen besetzt ist das Altarretabel. Szenen aus dem Alten und Neuen Testament sind typologisch gegenübergestellt. Die wertvolle Originalausstattung des ausgehenden 19. Jahrhunderts ist fast vollständig erhalten.

Bonhoeffer-Haus in Berlin

Marienburger Allee 43, 14055 Berlin
Tel.: 030/3019161
www.bonhoeffer-haus-berlin.de

Das 1935 erbaute Bonhoeffer-Haus war der Alterssitz der Eltern Dietrich Bonhoeffers (1901–1945). Bonhoeffer zählt zu den prominentesten deutschen Theologen des 20. Jahrhunderts. Theologische Gründe waren ausschlaggebend für seine Beteiligung am Widerstand gegen Hitler. Das führte zu seiner Inhaftierung und Hinrichtung. Mit seinen in der Haft geäußerten Gedanken stellte er die kirchliche Praxis infrage und entwickelte Ideen von den Aufgaben der Kirche in der Zukunft. Bis heute wird Bonhoeffers Theologie diskutiert und gibt neue Denkanstöße.

Wenn Bonhoeffer in Berlin weilte, wohnte er im Haus seiner Eltern. Sein Studierzimmer wurde wieder in den Zustand gebracht, in dem er es verlassen hat. Hier entstanden Teile seiner »Ethik« und die Widerstandsanalyse »Nach zehn Jahren«. Auch konspirative Gespräche des Widerstands fanden hier statt. Für Besuche und Klausurtagungen von Einzelnen und Gemeindegruppen steht das Haus mit seiner Präsenzbibliothek offen.

Russische Kirche und Russischer Friedhof in Berlin-Tegel

Wittestr. 37, 13509 Berlin
Tel.: 030/4327997, www.ruskirche.de

Auf eine Initiative von Alexej Maltzew, Priester an der russischen Gesandtschaft in Berlin, geht die Kirche der hl.

Erde beisetzen zu können, brachte man 4000 Tonnen russischer Erde nach Berlin. Nach der Oktoberrevolution wurde Berlin zum Zufluchtsort vieler aus ihrer Heimat geflohener Russen und der Friedhof zur letzten Ruhestätte für Angehörige des Adels, hohe Offiziere, Künstler und Intellektuelle. Prächtige Erbbegräbnisse, aber auch schlichte Holzkreuze erinnern an prominente Adelsfamilien, wie Kropotkin, Daschkow oder Golizyn. Ein Denkmal bewahrt das Andenken an den in Berlin verstorbenen Komponisten Michail Glinka.

apostelgleichen Konstantin und Helena im Stadtteil Tegel zurück. Architekt Albert Bohm ließ sich bei dem bescheidenen, 1894 errichteten Ziegelbau vom altrussischen Typ der Zeltdachkirche inspirieren. Fünf kleine blaue Kuppeln mit goldenen Kreuzen zieren das Äußere der Kirche, deren Vorbild die Basilius-Kathedrale in Moskau ist. Einer der wenigen orthodoxen Friedhöfe Deutschlands umgibt die Kirche. Er entstand auf einem zwei Hektar großen Grundstück, das 1892 von der russisch-orthodoxen Bruderschaft des hl. Fürsten Wladimir erworben wurde. Um die Verstorbenen in heimatlicher

St. Gotthardt in Brandenburg an der Havel

58

Gotthardtkirchplatz, 14770 Brandenburg, Tel.: 03381/ 522062
www.evang-kirche-brb.de/index.
php3?m=1&f=030

Wahrscheinlich schon im 8. Jahrhundert befand sich auf einer Havelinsel eine slawische Burg, die Heinrich I. 928 eroberte. Sein Sohn Otto I. gründete 948 das Bistum Brandenburg, das jedoch im Slawenaufstand des Jahres 983 unterging. Erst im 12. Jahrhundert konnte sich das Christentum behaupten.

Um 1140 ließ der slawische Fürst Pribislav nahe der Havelinsel eine dem hl. Godehard geweihte Kirche erbauen, der 1147 ein Prämonstratenserkloster angegliedert wurde. Bald wurde der Konvent zum Domkapitel des Bistums Brandenburg erhoben. Doch 1165 siedelten die Mönche auf die Dominsel um, St. Gotthardt wurde zur Pfarrkirche

der Altstadt. Zwischen 1456 und 1475 ersetzte man das zu klein gewordene Gotteshaus durch eine gotische Hallenkirche. Von der Kirche Pribislavs blieb der Westteil erhalten.

Zeugen des Mittelalters sind die schöne Bronzetaufe (Mitte 13. Jahrhundert), das spätgotische Triumphkreuz, einige Schnitzfiguren und ein um 1463 gearbeiteter Wandteppich mit der Einhornjagd. Wilhelm Gulden aus Leipzig malte 1559 die Altartafeln, die das Abendmahl, Jesu Taufe und die Speisung der 5000 zeigen. Die barocke Kanzel schuf Georg Zimmermann (1623/24). Erhalten blieben zahlreiche bemerkenswerte Epitaphe aus nachreformatorischer Zeit.

Klosterkirche in Cottbus 59

Klosterstr. 19, 03046 Cottbus
Tel.: 0355/24825
www.klosterkirchengemeinde.de

Südlich des Oberspreewaldes liegt Cottbus, das Zentrum der Niederlausitz. Hier bestand eine slawische Befestigung, als im 10. Jahrhundert ein deutscher Burgward angelegt wurde. Seit 1462 gehört die Stadt zu Brandenburg. Die Klosterkirche, älteste Cottbuser Kirche, ist der Rest des ehemaligen Franziskanerklosters aus dem 13. und 14. Jahrhundert. Um 1300 wurde das Gotteshaus als gotischer Backsteinbau errichtet. In der Kirche befindet sich die Grabplatte des Stadtgründers Frede-

bischer Sprache, da Cottbus zur Heimat der Sorben zählt. Deshalb trägt die Klosterkirche auch den Namen »Wendische Kirche«. Heute wird sorbischer Gottesdienst nur einmal im Jahr abgehalten – immer am ersten Weihnachtstag.

Klosterkirche St. Marien in Doberlug

Hauptstr. 3, 03238 Doberlug-Kirchhain
Tel.: 035322/2982
www.elbe-elster-land.de/Content/de/
Kunst_und_Kultur/Kirchen/140.html

Das im südwestlichen Brandenburg gelegene Doberlug-Kirchhain entstand im Jahre 1950 durch den Zusammenschluss zweier Ortschaften. Bischof Thietmar von Merseburg erwähnte erstmals unter dem Jahr 1005 den Ort Dobraluh in seiner Chronik.

In der zweiten Hälfte des 12. Jahrhunderts kamen Zisterzienser aus dem thüringischen Kloster Volkenroda in die Gegend. Sie errichteten seit dem Ende des 12. Jahrhunderts die Klosterkirche St. Marien, die vermutlich im Jahre 1228 geweiht wurde. Die dreischiffige, durchgängig gewölbte Backsteinbasilika mit Querhaus weist außen eine reiche Gliederung mit Halbsäulen und Kreuzbogen-

helm von Cottbus und seiner Gemahlin Adelheid, ältestes Zeugnis der Stadtgeschichte. Auf der Brust und dem Schwert Fredehelms ist ein Krebs zu sehen. Das Wappentier der Familie fand Eingang ins Cottbuser Stadtwappen. Zur historisch gewachsenen Ausstattung der Kirche zählen auch ein Kruzifix (um 1320), der Taufstein (15. Jahrhundert), die geschnitzte Kanzel (17. Jahrhundert) und der barocke Altar (Mitte 18. Jahrhundert). Im Jahr 2005 erfolgte eine umfassende Sanierung des Innenraumes. Früher hielt man in der Klosterkirche regelmäßig Gottesdienste in niedersor-

friesen auf. Mehrfache Umbauten erfuhr das Innere. Nach den Zerstörungen des Dreißigjährigen Krieges wandelte man die alte Klosterkirche in eine Schloss- und Gemeindekirche um, die eine reiche Ausstattung erhielt. Bei einer Restaurierung zu Beginn des 20. Jahrhunderts wurde dieser Zustand wiederhergestellt. Zur Ausstattung gehören ein gotischer Flügelaltar mit Rahmen und Bekrönung aus der Zeit der Renaissance, die Chorfenster und die Fresken des Kirchenmalers Ernst Frey.

Kloster Stift zum Heiligengrabe   **61**

Stiftsgelände 1, 16909 Heiligengrabe
Tel.: 033962/8080
www.klosterstift-heiligengrabe.de

Im brandenburgischen Landkreis Ostprignitz-Ruppin liegt das ursprünglich von Nonnen des Zisterzienserordens bewohnte Kloster Stift zum Heiligengrabe. Markgraf Otto IV. gründete das Kloster 1287, zwei Jahre später siedelten sich hier zwölf Nonnen an. In den folgenden Jahrhunderten entstand ein umfangreiches Gebäudeensemble mit Kirche (13. Jahrhundert), Klausur, Heiliggrabkapelle (1512 geweiht) und Fachwerkhäusern.

Die Gründungslegende des Stifts erzählt von einem Hostienfrevel. Ein Dieb entwendete aus der Kirche in Techow eine Hostie, die er dann in der Nähe der heutigen Heiliggrabkapelle vergrub. Zur Strafe richtete man den Dieb hin. Äbtissin Anna von Rohr ließ 1532 die Legende auf 15 Tafeln abbilden, von denen 7 erhalten blieben.

Heiligengrabe wurde nach der Reformation zum evangelischen Damenstift. Vertriebene Diakonissen aus Schlesien zogen nach dem Zweiten Weltkrieg in das Kloster ein. Ein neuer Konvent konnte

Auf das 12. Jahrhundert geht die Marienkirche zurück, die um 1400 in eine gotische Hallenkirche umgebaut wurde. Immer wieder verheerten Feuersbrünste Stadt und Kirche. Anfang des 18. Jahrhunderts erhielt St. Marien die heutige Form. Erst 1849 entstand der hohe, oben durchbrochene Westgiebel mit den zwei schlanken Backsteintürmen. Oberhofbaurat August Stüler, ein Schüler Schinkels, lieferte den Entwurf. Die dreischiffige gotische Hallenkirche wird im Osten durch eine Apsis, wohl ältester erhaltener Teil des Baues, abgeschlossen. Sehenswert sind die reich

1996 mit zunächst zwei Stiftsdamen gegründet werden. Seit 2007 gibt es im Kloster auch eine evangelische Gemeinschaftsschule.

Kirche St. Marien in Kyritz 62
Johann-Sebastian-Bach-Str., 16866 Kyritz, Tel.: 033971/72374
www.kirchengemeinde-kyritz.de

Die grazilen Zwillingstürme der Marienkirche in Kyritz, in der Prignitz gelegen, sind in der flachen Landschaft weithin sichtbar. Kyritz war im Mittelalter Mitglied der Hanse, eine große Kirche symbolisierte den Reichtum der Bürger.

geschmückte Barockkanzel mit einem Rokoko-Schalldeckel und ein Gemälde der Kreuztragung Christi aus der Rubensschule. Auch ein kelchartiger Taufstein mit den Darstellungen der Verkündigung der Geburt Jesu, der Taufe Jesu durch Johannes und den vier Evangelisten (12./13. Jahrhundert) hat sich erhalten.

St. Nikolai in Luckau   63

Kirchplatz, 15926 Luckau, Tel.: 03544/2339, www.kirche-luckau.de

Luckau, erstmals 1230 urkundlich erwähnt, liegt 40 Kilometer nordwestlich von Cottbus. Die wohlhabende Stadt zählte im ausgehenden Mittelalter zu den Hauptstädten der Niederlausitz. Nach dem Prager Frieden des Jahres 1635 kam Luckau mit der gesamten Niederlausitz von Böhmen an Kursachsen, 1815 schließlich an Preußen.

Das Zusammenwachsen zweier Siedlungen machte in der zweiten Hälfte des 13. Jahrhunderts einen Kirchenneubau nötig. Aus dieser Zeit stammen der

mächtige Feldsteinsockel der Westtürme und das Portal. Vermutlich zwischen 1350 und 1370 fügte man den Neubau des dreischiffigen Langhauses an. Nach 1375 verlängerte man das Schiff um vier Joche nach Osten und fügte einen Umgangschor und die Sakristei an.

Ein Großbrand zerstörte 1644 große Teile der mittelalterlichen Ausstattung. In den nächsten Jahrzehnten erhielt die Kirche barockes Inventar. Dazu zählen Kanzel, Hochaltar, Taufe und Emporenanlage. Der Leipziger Orgelbauer Christoph Donat schuf die mächtige Orgel mit 44 klingenden Registern und einem reich gegliederten Prospekt (1672/73). Auf dem Rückpositiv sind bewegliche Figuren von König David und zwei Posaune blasenden Engeln zu sehen. In der Kirche wird ein im 13. Jahrhundert in Frankreich gefertigter Reliquienschrein aufbewahrt.

Schinkel-Kirche in Neuhardenberg

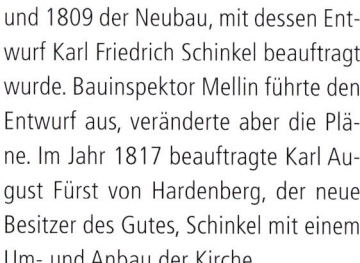

64

15320 Neuhardenberg,
Tel.: 033476/250 (Ev. Pfarramt),
033476/50651 (Förderverein)
www.schinkel-kirche.de

Östlich von Berlin im Märkischen Oderland liegt das Dorf Neuhardenberg. Ein Blitzschlag zerstörte 1801 die mittelalterliche Kirche. Auf Betreiben des Fürsten Hardenberg, des Besitzers des Gutsdorfes, erfolgte zwischen 1802

und 1809 der Neubau, mit dessen Entwurf Karl Friedrich Schinkel beauftragt wurde. Bauinspektor Mellin führte den Entwurf aus, veränderte aber die Pläne. Im Jahr 1817 beauftragte Karl August Fürst von Hardenberg, der neue Besitzer des Gutes, Schinkel mit einem Um- und Anbau der Kirche.

Die rechteckige Saalkirche wird abgeschlossen durch einen stark eingezogenen quadratischen Turm. Schmale Rundbogenfenster und gequaderte Pilaster gliedern das Äußere des Schiffes. Im Osten schließt die Kirche im Inneren halbkreisförmig, von außen aber gerade ab. Doppelte Emporen in Hufeisenform umfassen den Raum. Ein blaues Tonnengewölbe mit goldenen Sternen überfängt den Kirchsaal. Schinkel entwarf auch Altarleuchter und Taufe, die in einer Eisengießerei gefertigt wurden. Der Potsdamer Künstler Josef Bertini malte 1822 für die oberen Wandfelder der Apsis Bilder der vier Evangelisten. Nach dem Tode Hardenbergs wurde an der Ostseite der Kirche eine Pfeiler-Säulen-Reihe vorgeblendet. So entstand eine offene Vorhalle, vor der sich die Gräber der Familie des Fürsten Hardenberg befinden.

Jakobswege im Osten Brandenburgs

http://www.jakobswege-viadrina.de

Frankfurt/Oder

Seit einigen Jahren gibt es in Ostbrandenburg wieder die Möglichkeit, auf dem Jakobsweg zu pilgern. Ausgangspunkt der nördlichen Route ist Frankfurt/Oder mit der Marienkirche. Der Weg führt über Falkenhagen (größte frühgotische Feldsteinkirche Ostbrandenburgs) nach Müncheberg. Aus einer Zisterziensergründung entstand das kleine Städtchen, das von der im Zweiten Weltkrieg zerstörten und erst 1991 wiederaufgebauten Stadtkirche dominiert wird. Über Werder (spätromanische Dorfkirche mit Ritzzeichnungen am Turm), Rehfelde-Dorf (romanische Angerkirche), Garzau (Feldsteinkirche aus dem 13. Jahrhundert), Hohenstein und Klosterdorf erreicht man Strausberg mit der Marienkirche (romanische Feldsteinbasilika, um 1230 begonnen). Weiter führt die Route nach Werneuchen und Börnicke, bevor Bernau erreicht wird. Die Marienkirche ist eine der bedeutendsten Stadtkirchen in Brandenburg. Um 1520 entstand der bedeutende Flügelaltar aus dem Umkreis von Lucas Cranach d. Ä. Das reiche Bildprogramm zeigt Szenen aus dem Marienleben und der Kindheit und Passion Jesu, Wundergeschichten aus dem Neuen Testament und Martyrien verschiedener Heiliger.

Die Südroute führt durch die Ortschaften Pillgram (Dorfkirche des 13./14. Jahrhunderts), Jacobsdorf (Mark) (Kirche um 1280, Glocke des 13./14. Jahrhunderts mit Ritzzeichnungen), Briesen (Mark) und Berkenbrück nach Fürstenwalde mit seinem im 15. Jahrhundert erbauten Dom und schließlich nach Erkner (Genezarethkirche, 1896/97).

Heilandskirche in Potsdam-Sacrow

Fährstraße, 14469 Potsdam
Tel.: 033206/20312
www.heilandskirche-sacrow.de

Reizvoll in die Landschaft eingefügt liegt die Heilandskirche auf einer Landzunge zwischen Havel und Jungfernsee.

gestaltete das Umfeld der Kirche sowie den Park des nahen Schlosses Sacrow. Nach dem Bau der Berliner Mauer lag die Kirche im Niemandsland. Heiligabend 1961 fand der letzte Gottesdienst statt, wenige Tage später zerstörten Grenzsoldaten das Innere. Die Kirche wurde geschlossen und verfiel. Mit Westberliner Spenden konnte 1984/85 zumindest das Äußere erneuert werden. Nach dem Mauerfall erfolgte eine aufwendige Sanierung (1993– 1995). Größtenteils erhalten war das Apsisbild: Christus, umgeben von den Evangelisten und Engeln. Holzstatuen der zwölf Apostel (1840/44) stehen zwischen den Obergadenfenstern.

König Friedrich Wilhelm IV. zeichnete die Skizzen, die Hofarchitekt Ludwig Persius umsetzte. Zwischen 1841 und 1843 entstand ein einschiffiger Backsteinbau mit Apsis. Auf einem Vorplatz fand der freistehende Glockenturm Platz. Die Kirche selbst steht aufgrund der Lage am Wasser auf Pfählen. Eine offene Säulenhalle umgibt die Kirche. Gelber Backstein und blau glasierte Terrakotta wechseln sich am Außenbau von Kirche und Turm ab. Sie ergeben die an italienische Vorbilder erinnernde Streifenwirkung. Peter Joseph Lenné

Dorfkirche in Schönberg

16835 Lindow, OT Schönberg
Tel.: 033926/70353
www.lindow-mark.de

Schönberg ist ein kleines Dorf im Ruppiner Land im Norden Brandenburgs. Heute gehört Schönberg als Ortsteil zur Stadt Lindow (Mark), umgeben vom Naturpark Stechlin-Ruppiner Land. Die kleine evangelische Dorfkirche mit dem verbretterten quadratischen Westturm wurde 1689 gebaut. Auf dem kleinen, erhöht gelegenen Anger bildet sie zusammen mit dem Friedhof den Mittelpunkt des Ortes. Den Außenbau prägen die fünf Meter hohen Rechteckfenster. Im Jahr 1989 erfuhr der polygonal geschlossene Fachwerkbau seine letzte Restaurierung.

Im Inneren tragen beidseitig je drei Holzpfeiler eine Balkendecke auf Unterzügen. Zwischen den Pfeilern ist eine hufeisenförmige Empore eingespannt. Die letzte Ausmalung des Inneren erfolgte in den Jahren 1933/34. Vom Ende des 17. Jahrhunderts stammt der kräftige plastische Kanzelaltar. Zwischen gewundenen Weinlaubsäulen und üppigen Akanthuswangen ist der polygonale Kanzelkorb angebracht, darüber ein kronenartiger Baldachin mit Putten. Auf seitlichen Gebälkstücken sitzen Engel mit Palmzweigen. Gleichzeitig mit der Kanzel entstand ein schöner hölzerner Taufengel.

Fachwerkkirche in Tuchen

16230 Breydin, OT Tuchen
Tel.: (033451) 63017
www.fachwerkkirche-tuchen.de

Nicht weit entfernt von Eberswalde-Finow liegt Tuchen. Wahrscheinlich wurde das Dorf zu Beginn des 13. Jahrhunderts gegründet. Die Tuchener Kirche war ursprünglich eine für die Region typische Feldsteinkirche, deren Bau in die Zeit der Ortsgründung zurückgeht. Nach dem Dreißigjährigen Krieg verfiel die Kirche und man entschloss sich zu einem Neubau. Auf den Fundamenten der Feldsteinkirche wurde 1711 ein rechteckiges Kirchenschiff errichtet. Der Bau des Turmes folgte 1718, wie die Wetterfahne ausweist. Entstanden war eine Fachwerkkirche, wie sie beispielsweise im benachbarten Pommern weitverbreitet ist. Doch im 20. Jahrhundert verfiel das Bauwerk zusehends und musste 1973 wegen Baufälligkeit geschlossen werden.

Mitte der 1980er Jahre begannen Anstrengungen, die bedrohte Kirche zu retten. Geld war nicht vorhanden. Sturm brachte das Kirchenschiff 1990 zum Einsturz. Doch mit Fördermitteln gelang in den Jahren 1991 bis 1994 der Wiederaufbau. Seit 1997 befindet sich die Kirche im Besitz der politischen Gemeinde, der Kirchgemeinde wurden Nutzungsrechte eingeräumt. Die noch vorhandene Glocke fand ihren Platz im Turm. Heute wird die Kirche für kulturelle Veranstaltungen, Eheschließungen, Trauungen und andere Gottesdienste genutzt.

Bischofsresidenz Burg Ziesar 69

Mühlentor 15 a, 14793 Ziesar
Tel.: 033830/12735
www.burg-ziesar.de

Seit 2005 ist die Kleinstadt Ziesar im Westen Brandenburgs um eine Attraktion reicher. In der alten Burg der Brandenburger Bischöfe hat man das Museum für brandenburgische Kirchen- und Kulturgeschichte des Mittelalters eingerichtet.

Zwei Teile hat die Dauerausstellung des Museums, die den Titel »Wege in die Himmelsstadt. Bischof – Glaube – Herrschaft 800 bis 1550« trägt. Mittelalterliche Heizungen und Kamine, ein Gefängnis mit Inschriften und der mit großflächiger Landschaftsmalerei geschmückte Jerusalemsaal erläutern die Funktion der Burg als Wohnsitz des Bischofs. Der zweite Teil widmet sich der Christianisierung des Brandenburger Gebietes.

Dem Burghof wendet die im Jahre 1470 geweihte Kapelle ihre durch Maßwerk gegliederte Schauseite zu. Im Inneren beeindrucken die illusionistische Gewölbemalerei (um 1500) und in den Nischen unter der Nordempore Wandmalereien. Zu sehen sind eine lichtumkränzte Mondsichelmadonna mit dem Jesuskind und eine Darstellung der Wurzel Jesse. Als Altarretabel dient heute eine Votivtafel aus Kalkstein (um 1470). Ein Triumphkreuz des 16. Jahrhunderts ist an der Wand darüber angebracht. Seit 1952 nutzt die katholische Gemeinde die Kapelle.

Kloster Zinna   **70**

Am Kloster 1, 14913 Kloster Zinna
Tel.: (03372) 432176
www.kircheklosterzinna.de

Knapp 60 Kilometer südlich von Berlin
liegt das alte Zisterzienserkloster Zinna,
heute ein Ortsteil von Jüterbog. Erzbischof Wichmann von Magdeburg gründete Zinna 1171 und siedelte Mönche
aus Altenberg bei Köln an. Im Zuge der
Reformation verließen 1553 die letzten
Mönche und der Abt das Kloster, das
daraufhin aufgelöst wurde.

Der Bau der spätromanischen Pfeilerbasilika begann Ende des 12. Jahrhunderts. Das Innere ist
schlicht. Sieben nied-
rige Arkaden, deren
viereckige Pfeiler aus
dem Boden zu wachsen
scheinen, gliedern das
Mittelschiff. Auf eine
Frühstufe der Gotik
deuten die nur wenig
gespitzten Bogen und
Fenster hin. Nach Os-
ten erweitern sich die
Querschiffe zu je zwei
kleinen Kapellen. Be-
nedikt von Nursia und
Bernhard von Clairvaux
sind auf Glasmalereien

des frühen 16. Jahrhunderts dargestellt. Reste des mittelalterlichen Chorgestühls sind erhalten, ebenso die Sa-
kramentsnische mit Engelsfiguren. Eine
Besonderheit ist das Schriftfeld aus
Tonfliesen, das im Chor zu sehen ist.
Es stellt die Verkündigung an Maria dar
und wurde im 13. oder 14. Jahrhundert
geschaffen.

Von den Klostergebäuden sind noch
Konversen-, Siechen- und Abtshaus
erhalten. Als einzigartig in der Zister-
zienserkunst bewertet man den spätmittelalterlichen Freskenzyklus mit Hei-
ligendarstellungen in der Kapelle des
Abtshauses.

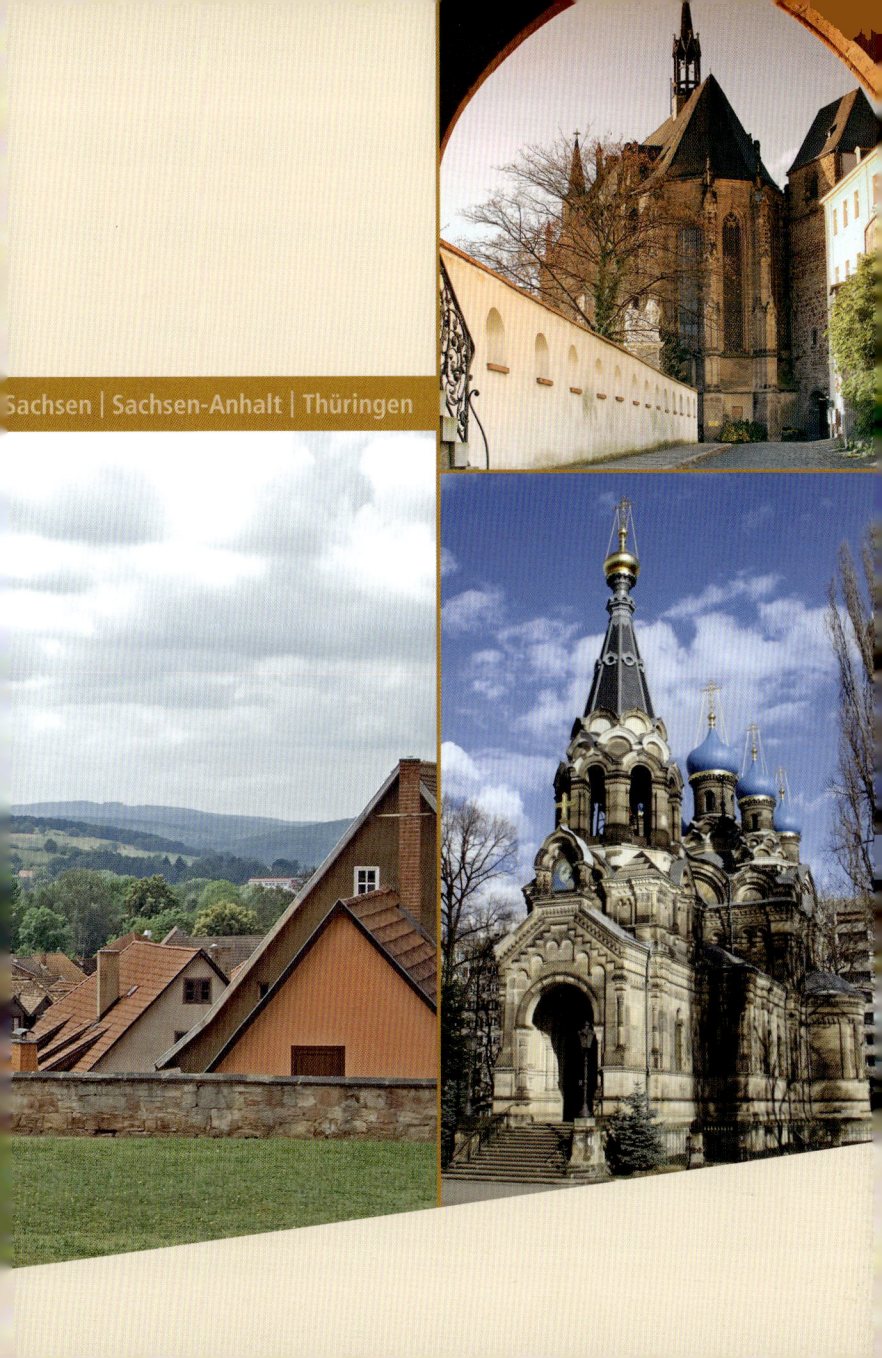

Sachsen

»Bergmännischer Krippenweg« in der Bergkirche St. Marien in Annaberg-Buchholz 71

Mariengasse, 09456 Annaberg-Buchholz, Tel.: 03733/23190
www.kirche-annaberg-buchholz.de

An der Nordwestseite des Marktplatzes in Annaberg-Buchholz steht die Bergkirche St. Marien, die Kirche der Bergleute. Finanziert wurde die zwischen 1502 und 1511 errichtete Kirche hauptsäch-

lich mit den von den Bergleuten gespendeten »Wochen-Pfennigen«. Die Annaberger Bergkirche ist die einzige bergmännische Sonderkirche Sachsens, in der bis 1864 Gottesdienste für die Bergleute gehalten wurden. Die Bergbrüderschaft Frohnau-Annaberg erfüllt diese Tradition seit einigen Jahren mit neuem Leben.

Nach umfassender Sanierung konnte die Kirche 2005 neu eröffnet werden. Fast schmucklos präsentiert sie sich sowohl außen als auch innen. Einzigartig ist die Bergmännische Krippe, die in der Bergkirche ihren endgültigen Platz fand. Über 30 geschnitzte Großfiguren erzählen die Weihnachtsgeschichte. Sie zeugen von erzgebirgischer Handwerkskunst und der engen Verbundenheit zwischen bergmännischer Tradition und christlichem Glauben: Der Bergzimmerer Josef kümmert sich um Maria und ihr Kind. Nicht die drei Weisen aus dem Morgenland bringen dem Christkind ihre Gaben, sondern drei Bergbeamte. Stadttypische Figuren verkünden die Geburt Jesu: eine Bettlerin und ein Schutzmann, Lehrer, Pfarrer und Kurrendeknabe und die Kinder und ein Meister aus der Gruppe »Bäckerfamilie«.

Domschatzkammer in Bautzen

72

An der Petrikirche 6, 02625 Bautzen
Tel.: 03591/351950

Seit 1985 werden die im Laufe der Jahrhunderte für den Dom St. Petri in Bautzen gestifteten liturgischen Gewänder, Geräte und Gefäße sowie Gemälde in der Domschatzkammer in Bautzen gezeigt. Die Schatzkammer wurde im Domdekanat des Domstiftes St. Petri eingerichtet. Zu sehen sind auch einige Stücke aus der Hofkirche in Dresden. Zusammen mit dem Archiv und der Bibliothek repräsentiert die Domschatzkammer die über tausendjährige Geschichte des Bistums Dresden-Meißen.

Ältestes Stück der Domschatzkammer ist ein um 1220 am Niederrhein gefertigter Tragaltar. Auf blaugoldenem, in Emailtechnik gefertigtem Grund, erhebt sich eine vergoldete Kreuzigungsgruppe. Aus der Zeit um 1500 blieben Kelche, Reliquiare, ein Weihrauchfass, eine Monstranz und ein Osterleuchter erhalten. Zahlreiche Stücke aus der Barockzeit weisen auf reiche Geschenke hin, die das Domkapitel nach der Konversion des sächsischen Kurfürsten zur katholischen Kirche von diesem und seinen Nachfolgern erhielt.

Bautzen, Dom

Trinitatiskirche in Carlsfeld

73

Hauptstr. 64, 08325 Carlsfeld
Tel.: 037752/3096
www.kirche-eibenstock.de

Im oberen Westerzgebirge, nahe der böhmischen Grenze, erwarb Veit Hans Schnorr 1676 ein Waldgebiet. Er errichtete hier ein Hammer- und Hüttenwerk, aus dem sich der Ort Carlsfeld entwickelte. Als Unternehmer sorgte er sich auch um das geistige und seelische

Wohlergehen seiner Arbeiter und stiftete im Jahr 1682 Schule und Kirche.

Johann Georg Roth aus Lößnitz erbaute die Kirche in den Jahren 1684–88 nach Entwürfen von Caspar Klengel. Verwirklicht wurde der Gedanke eines lutherischen Zentralbaus in ganz eigener Gestalt. Eine Kuppel mit reizvoller Laterne bekrönt den gestreckten Achteckbau. Durch eingezogene Zwischenwände ergibt sich im Inneren die Gestalt eines Quadrates mit abgeschrägten Ecken. Emporen umziehen den Raum. Zentrum des Gotteshauses ist der Taufstein. Der Schneeberger Bildhauer Johann Heinrich Böhme der Jüngere schuf den Kanzelaltar, einer der frühesten und wertvollsten in Sachsen. In reichen Formen ist die Kreuzigungsgruppe des Altartisches ge-

staltet. Auf dem Schalldeckel der Kanzel, direkt vor der Orgel, erscheint der Auferstandene mit Siegesfahne.

Für viele sächsische Barockkirchen wurde die Carlsfelder Trinitatiskirche zum Vorbild. Neben Forchheim, Schmiedeberg, Klingenthal und Seiffen ist vor allem die Frauenkirche in Dresden zu nennen.

Stiftskirche in Chemnitz-Ebersdorf

Mittweidaer Str. 79, 09131 Chemnitz,
Tel.: 0371/411080
www.unserebersdorf.de/ort/skirche.htm

Im Nordosten von Chemnitz liegt der 1919 eingemeindete Stadtteil Ebersdorf. Ein Marienbild war im späten Mittelalter Ziel vieler Pilger. Die berühmteste Wallfahrt unternahmen Kurfürst Friedrich der Sanftmütige und seine Frau Margaretha 1455 zum Dank für die Befreiung der Prinzen Ernst und Albrecht, der Opfer des »Sächsischen Prinzenraubs«. Noch heute sind die »Prinzenkleider« in der Kirche zu bestaunen.

Erbaut wurde die Ebersdorfer Stiftskirche zwischen 1400 und 1470 im spätgotischen Stil. Ein

Vorgängerbau, dessen Grundmauern ausgegraben worden sind, geht vermutlich auf die Zeit um 1160 zurück. Aus vorreformatorischer Zeit blieben der Taufstein aus Rochlitzer Porphyr, die von Hans Witten geschaffenen Pulthalterfiguren und der Flügelaltar (um 1513) erhalten. Die Festtagsseite zeigt Maria, umgeben von Barbara und Dorothea, sowie Szenen aus der Weihnachtsgeschichte. Im geschlossenen Zustand sind Bilder aus der Passion Jesu zu sehen.

Unmittelbar neben der Kirche befindet sich die kleine, achteckige Marienkapelle. Ein spitzer Helm bekrönt den Zentralbau, in dem sich im Mittelalter vermutlich das Gnadenbild befand. Im Inneren überraschen Fresken und die farbig gehaltenen Birnstabgewölbe.

Russisch-Orthodoxe Kirche zum hl. Simeon vom wunderbaren Berge in Dresden

75

Fritz-Löffler-Str. 19, 01069 Dresden, Tel.: 0351/4719414

www.stsimeon.bplaced.net/de

Bis in das Jahr 1860 lassen sich die Anfänge einer russisch-orthodoxen Gemeinde in Dresden zurückverfolgen. Der Dresdner Architekt Karl Robert Weißbach errichtete für die Gemeinde, zu der zwischen 1867 und 1871 zeitweilig auch der Dichter Fjodor Dostojewski zählte, 1872 bis 1874 die Kirche, die dem heiligen Simeon vom wunderbaren Berge geweiht wurde. Weitere prominente Gemeindeglieder waren der Schriftsteller Iwan Turgenjew und der Komponist Sergej Rachmaninow. Unterstützt wurde der nahe der kaiserlich-russischen Gesandtschaft (das heutige Evangelisch-Lutherische

Landeskirchenamt) errichtete Bau vom Zarenhof und von weiteren Gönnern.

Das Äußere der Kirche bietet ein typisch russisches Erscheinungsbild und orientiert sich am Stil Moskauer Kirchen des 17. Jahrhunderts. Der vielfach gegliederte Ziegelbau erhielt außen eine Verblendung aus Sandstein. Ein 40 Meter hoher Glockenturm erhebt sich über der Vorkirche. Fünf blaue, von goldenen Kreuzen bekrönte Zwiebelkuppeln betonen das Kirchenschiff. Den Innenraum beherrscht die aus weißem Carrara-Marmor geschaffene Ikonenwand.

Kirche »Maria am Wasser« in Dresden-Hosterwitz **76**

Kirchgasse, 01326 Dresden
Tel.: 0351/2618330
www.maria-am-wasser.de

Eine erste Kirche in dem rechtselbischen Dorf Hosterwitz soll schon bald nach der im 11. Jahrhundert erfolgten Christianisierung entstanden sein. Dionysius von Carlowitz ließ im Jahre 1495 die heutige Kirche als spätgotischen Hallenbau errichten. Die der Gottesmutter Maria geweihte Kirche diente den Elbschiffern als Andachtsstätte. In der Nähe der Kirche befand sich eine

Furt. Um diese zu überqueren, mussten die Kähne entladen und von Treidlern über die Untiefe gezogen werden.

Umbauten und Erweiterungen im 17. und 18. Jahrhundert führten zum barocken Erscheinungsbild des Gotteshauses. Ein Dachreiter mit Zwiebeltürmchen und der freundliche gelb-weiße Anstrich prägen den Außenbau. Im Inneren erwartet den Besucher ein heller Saal mit zwei Emporen an der Nord- und Südseite. Zur historischen Ausstattung zählen eine in den Kanzelaltar (1930) eingearbeitete ältere Abendmahlsdarstellung (1664), die Orgel

(1863) und die Buntglasfenster (1896). Aufgrund ihrer malerischen Lage an der Elbe ist die Hosterwitzer Kirche eine beliebte Hochzeitskirche. Das Hochwasser im August 2002 setzte das Gotteshaus zwei Meter unter Wasser. Bereits ein Jahr später konnte die restaurierte Kirche wiedereingeweiht werden.

Dorfkirche in Dresden-Loschwitz

77

Pillnitzer Landstr. 9, 01326 Dresden
Tel.: 0351/2150050
www.loschwitzer-kirche.de

Eine der schönsten Kirchen Dresdens steht in dem 1921 nach Dresden eingemeindeten Dorf Loschwitz. Zwischen 1705 und 1708 errichtete Johann Christian Fehre d. Ä. unter Mitarbeit von George Bähr, dem Baumeister der Dresdner Frauenkirche, einen barocken Zentralbau. Beim verheerenden Bombardement Dresdens im Februar 1945 brannte auch die Loschwitzer Kirche bis auf die Umfassungsmauern aus. Die Ruine sollte abgerissen werden, aber es gelang der Gemeinde 1969, ein neues Glockengeläut in der Ruine zu weihen. Erst die veränderten Bedingungen nach 1989 ermöglichten es schließlich, 1991 mit dem Wiederaufbau der Kirche zu

beginnen. 1994 konnte die Loschwitzer Kirche wiedergeweiht werden.

Ein ziegelgedecktes Mansarddach, der mit Schiefer verkleidete Dachreiter, das markante Sandsteinportal und große Stichbogenfenster charakterisieren das in weißrosa gehaltene Äußere. Das Innere beherbergt eine Kostbarkeit: den Altar der Sophienkirche, ehemalige Franziskaner- und spätere evangelische Hofkirche Dresdens. Giovanni Maria Nosseni, ein zum Luthertum konvertierter Schweizer, schuf den manieristischen Altar im Jahre 1606.

Über der Predella mit der Darstellung des Abendmahls ist die Kreuzigung Jesu mit Maria und Johannes zu sehen, durch Säulen getrennt schließen sich Statuen der Apostel Petrus und Paulus an. Der obere Altaraufbau zeigt die Beweinung Christi, bekrönt vom Auferstandenen.

Weinbergkirche »Zum Heiligen Geist« in Dresden-Pillnitz   **78**

Bergweg 3, 01326 Dresden
Tel.: 0351/2618330
www.weinbergkirche.de

Die alte Pillnitzer Schlosskirche »Zum Heiligen Geist« des Hofrates Christoph von Loß wurde 1597 geweiht. Allerdings musste sie 1723 dem Neubau eines Palais Augusts des Starken weichen. Matthäus Daniel Pöppelmann, der Baumeister des Dresdener Zwingers, entwarf die Pläne für den Kirchenneubau. Zwischen 1723 und 1725 entstand ein kleiner rechteckiger Saal mit Walmdach und Dachreiter. Das sächsisch-polnische Wappen ziert das Portal.

Den Innenraum bestimmen die Emporen und der vergoldete Sandsteinaltar aus der alten Kirche. Johann George

Kretzschmar schuf den Altar mit einem Abendmahlsrelief im Jahre 1648. Auch die 1853 umgebaute Kanzel gehörte schon zum Inventar des alten Gotteshauses. Im Jahr 1995 konnte die letzte Restaurierung abgeschlossen werden. Idyllisch inmitten der Weinberge gelegen ist die Weinbergkirche ein barockes Kleinod und ein reizvolles Gegenüber zu Schloss Pillnitz an der Elbe.

Nikolaikirche in Geithain **79**
Altenburger Str., 04643 Geithain
Tel.: 034341/42741
www.kirche-geithain.de

Direkt an der Bahnlinie Leipzig-Chemnitz, etwa auf halber Strecke, liegt das 6000 Einwohner zählende Städtchen Geithain. Auf einem schmalen Höhenrücken erhebt sich der Stadtkern mit der Nikolaikirche.

Wahrscheinlich nach 1160 erbaute man die romanische Nikolaikirche mit den beiden 42 Meter hohen Westtürmen. Zwischen den Türmen befindet sich ein romanisches Portal. Der gotische Chor entstand nach 1300. Im Jahre 1504 legte man den Grundstein für den Neubau des Langhauses mit dem mächtigen, alles beherrschenden Dach. An Stelle der nicht ausgeführten Gewölbe entstand 1594/95 eine von Bürgermeister Nicol Oeler gestiftete Felderdecke, wohl die anspruchsvollste ihrer Art in Mitteldeutschland. Andreas Schilling aus Freiberg schuf die reich gegliederte Decke und die figürliche Bemalung mit zentralen Aussagen der christlichen Lehre. Um 1611 entstand der Altar, dessen Schöpfer der Freiberger Meister Michael Grünberger war. Peter Beseler, ebenfalls aus Freiberg, schuf 1597 die Renaissancekanzel. Anfang des 20. Jahrhunderts entstanden die Glasgemälde und ein Gemälde über dem Chorgestühl, das Jesu Bergpredigt thematisiert.

Das Heilige Grab in Görlitz

80

Heilige-Grab-Straße 79, 02826 Görlitz, Tel.: 03581/315864 (Evangelische Kulturstiftung Görlitz) www.heiligesgrab-goerlitz.de

Aus drei Bauten besteht das Heilige Grab in Görlitz, eine Nachbildung der Pilgerstätten in Jerusalem. Bürgermeister Georg Emmerich stiftet das Heilige Grab nach einer Jerusalemfahrt, die er aufgrund familiärer Zwistigkeiten angetreten hatte. Baumeister Conrad Pflüger und sein Parlier Blasius Börer errichteten in den Jahren 1481 bis 1504 die Kapellen.

Die Anlage umfasst die zweigeschossige Kreuzkapelle, das Salbhaus und die Grabkapelle mit einem Kuppeltürmchen. Zweigeschossig ist die Kreuzkapelle. Die untere Etage symbolisiert das

Grab Adams (Adamskapelle), gelegen unter dem Kreuz Christi (Golgathakapelle). Im Salbhaus befindet sich eine von Hans Ölmützer im Jahre 1500 geschaffene Marienklage. Eine exakte, nur etwas verkleinerte Kopie des Jerusalemer Originals ist die Grabkapelle. In der Nachbarschaft legte man den Ölberggarten an. Er symbolisiert den Garten Gethsemane, das Kidrontal und die Jüngerwiese. Bis zur Reformation bestand ein mit Bildstöcken gekennzeichneter Kreuzweg von der Peterskirche bis zum Heiligen Grab.

Wehrkirche in Großrückerswalde (81)

09518 Großrückerswalde
Tel.: 03735/63981
www.kirche-grossrueckerswalde.de

Westlich vor den Toren der Erzgebirgsstadt Marienberg liegt das im Zuge der deutschen Ostsiedlung im 12. Jahrhundert gegründete Dorf Großrückerswalde. Turmartig ragt das alte Gotteshaus inmitten eines Mauerrings hervor. Bereits um 1200 existierte eine Pfarrkirche, die im 15. Jahrhundert um- oder neugebaut wurde. Annähernd rechteckig ist der Grundriss der Kirche. Auf die Außenmauern setzte man um 1460 das hölzerne Wehrgeschoss mit den markanten Schießschlitzen auf.
Drei Emporen prägen das Innere. Den Altar (1649) und die Kanzel (1690/91) fügte man 1829 zu einem Kanzelaltar zusammen. Aus der Barockzeit blieb das geschnitzte Sargkreuz erhalten. Die Emporenbilder kamen aus der 1839 abgebrochenen alten Kapelle in Jöhstadt nach Großrückerswalde – diese Bilderbibel wurde an den Emporenbrüstungen angebracht. Hervorzuheben ist das Pestbild aus dem Jahr 1583, eine Gedenktafel für die Opfer einer der vielen Pestepidemien mit einer der ältesten Dorfdarstellungen überhaupt.

Marienkirche in Kamenz (82)

01917 Kamenz , Tel.: 03578/304199
kirchgemeinde-kamenz.de

Im Westen der Oberlausitz, rund 35 Kilometer nordöstlich von Dresden, liegt die Kleinstadt Kamenz. Schon von ferne zeichnet sich die noch heute die Stadt krönende Hauptkirche St. Marien am Horizont ab. Verbunden ist die Geschichte der Stadt mit Gotthold Ephraim Lessing, dessen Vater hier Pfarrer war.
Die vierschiffige Hallenkirche geht auf das 15. Jahrhundert zurück. Bis heute wirft die Unregelmäßigkeit des Baues viele Fragen auf. Wichtigstes Ausstattungsstück ist der große, um 1520 geschaffene Flügelaltar. Im Zentrum sieht man Maria mit dem Jesuskind auf dem Arm, umgeben von Johannes dem Täufer und Johannes dem Evangelisten. Andreas und Christophorus sind ihnen in den Seitenflügeln beigestellt. Das wertvolle Alabasterkruzifix des Altares stammt wohl aus der Sophienkirche in Dresden und kam in den 1840er Jahren nach Kamenz. Ein schönes Schmiedeeisengitter verschließt das gotische Sakramentshäuschen. Ins 14. Jahrhundert datiert man die monumentale Granittaufe. Unweit des Hauptportals befindet sich im Langhaus ein weiterer Flügelaltar, der Michaelsaltar von 1498.

St. Nikolai und Friedenssäule in Leipzig **83**

Nikolaikirchhof, 04109 Leipzig
Tel.: 0341/9605270
www.nikolaikirche-leipzig.de

Leipzig wurde im Jahre 1015 erstmals erwähnt und erhielt um 1165 Stadtrecht. Bald darauf erbauten die Bürger der Stadt die romanische Nikolaikirche, von der die Turmanlage erhalten blieb. Im 14. Jahrhundert erfolgte die Errichtung des gotischen Chores, 1513 begann der Bau des neuen Langhauses. Den Mittelturm (um 1550) entwarf Hieronymus Lotter.

Bis heute prägt die durchgreifende klassizistische Umgestaltung des Inneren am Ende des 18. Jahrhunderts das Gotteshaus. Aus den Pfeilern wurden stuckierte Säulen, aus deren Kapitellen hellgrüne Palmblätter sprießen. Alles ist in den Farben Weiß, Rosa und Hellgrün gehalten. Gleichzeitig entstanden Altar, Kanzel und Taufstein. Adam Friedrich Oeser, Goethes Zeichenlehrer, malte den Chor aus und schuf die Emporen- und Altargemälde. Im Jahr 2004 konnte die Restaurierung der Ladegast-Orgel (1862) durch die Firma Eule in Bautzen beendet werden.

Anfang der 1980er Jahre begannen in der Nikolaikirche die Friedensgebete. Die sich 1989 daran anschließenden Montagsdemonstrationen wurden zum Auslöser der friedlichen Revolution in der DDR. Seit 1999 erinnert die Friedenssäule auf dem Nikolaikirchhof daran. Der Leipziger Künstler Andreas Stötzner schuf dafür die Nachbildung einer Säule aus dem Kircheninneren.

Bachmuseum und Bachfest in Leipzig **84**

Bach-Museum Leipzig, Thomaskirchhof 15/16, 04109 Leipzig
Tel.: 0341/9137202 (Bach-Museum); 0341/9137300 (Informationen Bachfest), www.bach-leipzig.de

Johann Sebastian Bach (1685–1750), einer der bedeutendsten deutschen Komponisten geistlicher Musik, wirkte von 1723 bis zu seinem Tod als Thomaskantor in Leipzig. Das im Jahre 2010 neugestaltete Bachmuseum präsentiert auf 750 m² Fläche das Leben und Wirken Johann Sebastian Bachs und seiner Familie in einer interaktiven und multimedialen Ausstellung. Zu den Höhepunkten des Rundgangs zählt die Schatzkammer, in der originale Handschriften Bachs und andere Kostbarkeiten gezeigt werden. Einzigartige Ausstellungsstücke sind der Spieltisch der Leipziger Johanniskirchenorgel, die Bach 1743 selbst geprüft hat, ein Kästchen mit Überbleibseln aus dem Bach-Grab und eine Geldkassette aus dem Besitz der Familie.

Bereits seit 1904 fanden in Leipzig Festivals zu Ehren von Johann Sebastian Bach statt. Bei den seit 1999 jährlich veranstalteten Bachfesten stehen die geistlichen Werke Bachs im Mittelpunkt. Zu den etwa 100 Konzerten kommen mehr als 50.000 Besucher aus aller Welt nach Leipzig, um Bachs Kompositionen an seinen authentischen Wirkungsstätten zu erleben.

Schlosskapelle in Lichtenwalde

Schlossallee, 09577 Niederwiesa/OT Lichtenwalde, Tel.: 0371/411080
www.touristinfo-lichtenwalde.de

Zwischen Chemnitz und Frankenberg erhebt sich etwa 60 Meter über dem Tal der Zschopau Schloss Lichtenwalde. Als Erbauer einer hier um 1220 errichteten Burg gelten die Markgrafen von Meißen. Auch die Anfänge der Schlosskapelle reichen bis in diese Zeit zurück. Im Jahre 1722 kaufte Christoph Heinrich von Watzdorf die Burg, ließ sie bis auf die Kapelle abreißen und ein dreiflügeliges Barockschloss erbauen. Bis auf die Kapelle fiel das Schloss 1905 einem Brand zum Opfer, wurde aber in den alten Formen wiederhergestellt.

Nach der Sanierung von Schloss und Kapelle durch den Freistaat Sachsen hat sich die Kapelle zu einer beliebten Traukirche entwickelt. In der Südwestecke der Kapelle hat man den Bauzustand des 13. Jahrhunderts freigelegt. Aus dem 15. Jahrhundert stammt das gotische Gewölbe. Der Großteil der schlichten Inneneinrichtung stammt aus dem Barock. Hervorzuheben ist die zurückgekaufte Orgel, deren Prospekt-pfeifen noch fehlen. Geschaffen wurde das Werk von dem berühmten sächsischen Orgelbauer Johann Christoph Donati. Beachtung verdient auch die barocke Kanzel mit den zu Beginn des 21. Jahrhunderts hinzugekommenen Grisaillemalereien, die Christus und die vier Evangelisten zeigen.

St. Afra in Meißen 86

Freiheit 15, 01662 Meißen
Tel.: 03521/453832
www.sankt-afra-meissen.de

Rund 25 Kilometer von Dresden elb-abwärts liegt die alte sächsische Bischofsstadt Meißen. Neben dem Dom kann man in der Stadt noch weitere historische Kirchen finden. St. Afra zählt zu den ältesten Pfarrkirchen in Sachsen. Erstmals im Jahre 984 als Kirche vor der Burg erwähnt, wurde im Jahre 1205 bei St. Afra ein Augustiner-Chor-herrenstift gegründet. Damit verbunden war der Neubau einer spätromanischen Basilika. In der zweiten Hälfte des 14. Jahrhunderts erhielt der Chor seine gotische Gestalt, um 1470 wölbte man das Kirchenschiff gotisch ein. Der Turm bekam nach einem Blitzschlag im Jahre 1766 seine barocke Haube.

Eine hervorragende Akustik zeichnet den schlichten Kirchenraum aus. Valentin Otte schuf um 1660 den barocken Schnitzaltar mit sieben Christusdarstellungen und die Kanzel. Historisch von besonderem Interesse sind zahlreiche Epitaphe der sächsischen Adelsfamilie von Schleinitz. Nach umfassenden Sanierungsarbeiten konnte St. Afra im Jahr 2009 mit einem Festgottesdienst wieder ihrer Bestimmung übergeben werden.

Silbermannorgeln in Rötha 87

Johann-Sebastian-Bach-Platz 11 bzw. Marienstraße, 04571 Rötha
Tel.: 034206/54109
http://www.kirche-im-leipziger-land. de/kirchenbezirk/component/content/ article/23-region-borna/59-roetha-boehlen

Südlich von Leipzig, inmitten der von Braunkohletagebauen geprägten Landschaft, findet man in der Kleinstadt Rötha gleich zwei Instrumente des berühmten Orgelbauers Gottfried Silbermann. Im Jahre 1718 schloss Kirchenpatron Christian August Freiherr von Friesen mit dem bereits berühmten Silbermann einen Vertrag zum Bau einer neuen Orgel für die Stadtkirche St. Georgen. Das Werk erhielt 23 Register,

abgeschlossene grundlegende Restaurierung der Firma Orgelbau Ekkehart Groß, Waditz, unternahm den Versuch, dem Instrument wieder seine historische mitteltönige Temperatur zu geben. Heute erklingen beide Orgeln in Gottesdiensten und Konzerten.

Wallfahrtskirche in Rosenthal 88
Am Marienbrunnen 11, 01920 Ralbitz-Rosenthal, Tel.: 035796/974-0
www.ralbitz-rosenthal.de/wallfahrt.php

verteilt auf 2 Manuale und Pedal. Thomaskantor Johann Kuhnau aus Leipzig und Hoforganist Gottfried Ernst Bestell aus Altenburg prüften das Instrument und rühmten dessen vortreffliche Ausführung. Letztmalig 1980 von der Firma Eule, Bautzen, restauriert, befindet sich die Orgel heute in einem sehr guten Zustand.

Auf dem nahen Friedhof steht die ursprünglich als Wallfahrtskirche errichtete Marienkirche. Silbermann sollte die alte Orgel aus St. Georgen reparieren und in die Marienkirche versetzen. Er lehnte ab und erhielt so den Auftrag zum Bau einer zweiten Orgel in Rötha. Das einmanualige Werk mit 10 Registern und Tremulant wurde 1722 in Dienst genommen. Die im Jahre 2008

Knapp 10 Kilometer östlich von Kamenz liegt der kleine Ort Rosenthal, der für das Bistum Dresden-Meißen eine große Bedeutung hat. Das im Kernsiedlungsgebiet der Sorben liegende Dorf wurde durch seine Wallfahrtskirche

auch in den Nachbarländern bekannt. Im Dunkel der Geschichte liegt der Beginn der Wallfahrt. Die Ersterwähnung der Kapelle im 15. Jahrhundert und die kunstgeschichtliche Einordnung des Gnadenbildes legen die Entstehung der Wallfahrt in der zweiten Hälfte des 15. Jahrhunderts nahe.

Äbtissin Klara Trautmann des nahe gelegenen Klosters Marienstern ließ die heutige Kirche 1776–1778 als dreischiffige Anlage errichten. Halbkreisförmig schließt im Osten der Chor den Bau ab. Ein hohes Walmdach und die charakteristische Turmhaube bestimmen das Äußere. Am 1. Mai 1945, kurz vor Ende des Zweiten Weltkrieges, brannte die Kirche bis auf Gewölbe und Umfassungsmauern nieder. Doch das Gnadenbild, eine nur 22 Zentimeter große Marienfigur mit Kind, konnte gerettet werden. Heute ist es Bestandteil des neobarocken Hochaltares (1910), der aus dem Kloster St. Marienthal übernommen wurde.

Bergkirche in Seiffen (89)

Deutschneudorfer Str. 4,
09548 Kurort Seiffen,
Tel.: 037362/8385
www.bergkirche-seiffen.de

Die kleine Seiffener Bergkirche zählt zu den bekanntesten Gotteshäusern Deutschlands. Viele Menschen kennen das Gotteshaus, ohne sich dessen bewusst zu sein. Tausendfach wurde die Seiffener Kirche von erzgebirgischen Holzschnitzern nachgebildet und schmückt als Lichterkirche zur Weihnachtszeit so manches Wohnzimmer.

Zimmermeister Christian Gotthelf Reuther entwarf den spätbarocken Bau, der in den Jahren 1776 bis 1779 an Stelle einer älteren Kirche errichtet wurde. Zunächst diente sie nur den Seiffener Bergleuten für ihre Quartalsgottesdienste und für Beerdigungen. Alle anderen Gottesdienste für die Seiffener fanden in der Kirche in Neuhausen statt. Erst seit 1833 ist die Bergkirche auch die Pfarrkirche Seiffens.

Den Grundriss für die Kirche bildet ein regelmäßiges Achteck. Im Inneren beeindrucken Helligkeit und Schlichtheit. Die aus Zinn geschaffenen Altarleuchter und das Altarkreuz erinnern an die Arbeit und den Glauben der Bergleute. Seit 1992 beherbergt die Kirche auch das alte Zinnkreuz der Bergknappschaft Seiffen aus dem Jahr 1688.

Schlosskirche in Torgau 90

Schloßstr. 27, 04860 Torgau
Tel.: 03421/902671
www.evkirchetorgau.de

Die Kreisstadt Torgau liegt in Nordsachsen an einem wichtigen Elbübergang. Über der Elbe erhebt sich Schloss Hartenfels, das in seiner heutigen Gestalt im 15. und 16. Jahrhundert im Stil der Renaissance erbaut wurde. Nickel Gromann errichtete in den Jahren 1543 und 1544 die Schlosskirche, die sich aus dem Baukörper des Schlosses lediglich durch das reich gestaltete Portal hervorhebt. Martin Luther weihte die Kirche 1544 ein, die als erster protestantischer Kirchenbau überhaupt gilt.

Simon Schröter aus Torgau schuf das Portal der Kirche. In einem umlaufenden Fries zeigen Engel die Leidenswerkzeuge Christi. Über dem Portal ist ein Relief mit der Beweinung des Gekreuzigten zu sehen. Ein spätgotisches Gewölbe überspannt den rechteckigen und hellen Innenraum, den zwei Emporen dominieren. Der Kirchsaal scheint ganz auf die Kanzel hin orientiert zu sein. Drei Halbreliefs des Kanzelkorbes zeigen Jesus und die Ehebrecherin, den zwölfjährigen Jesus im Tempel und die Austreibung der Geldwechsler aus dem Tempel. Zwei Engel und zwei von Engeln umschlungene Säulen tragen die Steinplatte des frei stehenden Altartisches. Das Altarretabel, ursprünglich aus der Schlosskapelle in Dresden, wurde 1945 zerstört. Die bronzene Stiftertafel unter der Fürstenempore erinnert an die Erbauung der Kirche durch die kurfürstliche Familie und die Einweihung durch Martin Luther.

Das Große Zittauer Fastentuch

Frauenstr. 23, 02763 Zittau
Tel.: 03583/5008920
www.zittauer-fastentuecher.de

Weit über die Region hinaus bekannt ist das Große Fastentuch. Erste Fastentücher werden um das Jahr 1000 erwähnt. Sie verhüllten in der Fastenzeit den Altarraum. Seit dem 12. Jahrhundert gestaltete man die Fastentücher zunehmend künstlerisch.

Das Große Zittauer Fastentuch stiftete 1472 der Gewürz- und Getreidehändler Jakob Gürtler. Mit einer Höhe von 8,20 Meter und einer Breite von 6,80 Meter ist es das einzige seiner Art in Deutschland und das drittgrößte Fastentuch überhaupt. Von der Erschaffung der Welt bis zum Jüngsten Gericht erzählen 90 Bilder die Heilsgeschichte. Ein unbekannter Meister malte die Bilder mit Tempera auf ein Leinengewebe. Über 200 Jahre lang fand das Fastentuch in der St. Johanniskirche Verwendung. Die evangelisch gewordene Gemeinde nutzte es nach der Reformation noch fast 150 Jahre. Dann geriet das Tuch in Vergessenheit, bis es 1840 in der Zittauer Ratsbibliothek wiederentdeckt wurde. Bei Kriegsende 1945 lagerte man es auf den Berg Oybin aus. Dort fiel es sowjetischen Soldaten in die Hände, die es zerschnitten und ihre Sauna damit verkleideten. Ein Holzsammler fand das Tuch im Wald, Jahrzehnte lag es im Museumsdepot. In den Jahren 1994/95 restaurierte die Schweizer Abegg-Stiftung das Fastentuch unentgeltlich. Seit 1999 ist es in der Kirche zum Heiligen Kreuz zu besichtigen.

Sachsen-Anhalt

Klosterkirche in Arendsee   92

Am See, 39619 Arendsee
Tel.: 039384/2226
www.klosterarendsee.com

Arendsee ist eine Kleinstadt am Südufer des gleichnamigen Sees in der Altmark. Markgraf Otto I. gründete hier 1184 ein Benediktinernonnenstift. Daraufhin begann man mit dem Bau einer Kirche, die wohl erst nach 1225 vollendet werden konnte. Nördlich schließen sich die Reste der spätmittelalterlichen Klosteranlage an. Nach der Reformation bestand das Kloster bis 1812 als adliges Damenstift weiter. Die Kirche zählt heute zu den sehenswerten Bauwerken an der Straße der Romanik.

Auf dem Grundriss eines lateinischen Kreuzes errichtete man die spätromanische Pfeilerbasilika. Sparsamer Schmuck ziert das Äußere des turmlosen Backsteinbaus. Die Schauseite der Kirche war die Südwand des Südquerschiffs mit einem Stufenportal. Ein Kreuzgratgewölbe und die im 15. Jahrhundert eingebauten Emporen prägen den harmonisch wirkenden Innenraum. Der Altaraufsatz (um 1370/80) zeigt als zentrales Motiv eine Marienkrönung, Statuen der Apostel schließen sich an. Darunter sind sieben Heiligenbüsten zu sehen. Die Innenseiten der Altarflügel zeigen Szenen aus dem Leben Jesu. Ein großartiges Kruzifix aus Eichenholz (um 1240) befindet sich an der Nordwand

des Chores. Auch der spätromanische Taufstein und einige Epitaphe verdienen Beachtung.

St. Petri-Pauli-Kirche in Eisleben

Petristr., 06295 Lutherstadt Eisleben
Tel.: 03475/602229
www.kirche-in-eisleben.de/
petri_paulikirche.html

Rund 30 Kilometer westlich von Halle/ Saale, im östlichen Harzvorland, liegt Eisleben, der Geburts- und Sterbeort Martin Luthers. Im 9. und 10. Jahrhundert existierte hier eine Wasserburg, in deren Schutz sich ein Marktflecken entwickelte. Langsam entstand eine Stadt, die im Jahr 1180 erstmals urkundlich erwähnt wurde.

Von der bereits 1333 erwähnten Pfarrkirche St. Petri hat sich nichts erhalten. Der spätgotische Neubau der den Apostelfürsten geweihten Kirche begann 1447 mit dem massigen Westturm, der 1474 vollendet wurde. Im Jahr 1486 legte man den Grundstein für das kurze, aber sehr hohe Langhaus. Vollendet wurde der Bau wohl 1513 mit dem Chor. St. Peter und Paul ist eine dreischiffige Hallenkirche von vier Jochen mit dreiseitig geschlossenem Chor. Ein um 1520 geschaffener Flügelaltar stand ursprünglich in der Nikolaikirche. Im Mittelschrein stehen drei Bischöfe, in der Predella ist eine geschnitzte Anbetung der Könige zu sehen. Als einziger von ehemals neun Altären hat sich der Annenaltar im Chorraum erhalten. Im Zentrum steht Anna Selbdritt, umgeben von Elisabet und Magdalena. Mehrfach überarbeitet und ergänzt wurde der Taufstein, an dem Martin Luther die Taufe empfing.

Taufkessel, St. Martini Halberstadt

Stadtkirche St. Martini in Halberstadt

Martinigang, 38820 Halberstadt, Tel.: 03941/609519
www.kirchspiel-halberstadt.de

Nicht weit entfernt vom Rathaus, mitten im Zentrum Halberstadts, steht die Stadtkirche St. Martini. Ihre ungleichen Türme sind weit sichtbar und das Wahrzeichen der im nördlichen Harzvorland gelegenen alten Bischofsstadt, die bei einem Bombenangriff im April 1945 größtenteils zerstört wurde. Erhalten hat sich jedoch eine reiche Kirchenlandschaft, die über Dom und Liebfrauenkirche hinausreicht.

Vermutlich ins 9. Jahrhundert zurück gehen die Vorgängerbauten von St. Martini. Zwischen 1250 und 1350 entstand der heutige Bau in den Formen einer gotischen Hallenkirche. Über dem Hauptportal ist der hl. Martin auf einem Pferd zu sehen. Im Inneren sind sowohl die Renaissance-Kanzel (1595) als auch der Hochaltar (1696) mit seiner reichen Ikonographie Beispiele meisterhafter Holzschnitzkunst. Bemerkenswert ist der im frühen 14. Jahrhundert geschaffene bronzene Taufkessel. Ein den Kessel umfassendes Relief zeigt die Verkündigung der Geburt Jesu an Maria, Marias Besuch bei Elisabet, die Geburt Jesu, die Verkündigung an die Hirten, die drei Weisen aus dem Morgenland, den Kindermord in Betlehem, Jesu Darbringung im Tempel, die Flucht nach Ägypten und Jesu Taufe. Besonders lebendig wirken die Darstellungen durch die im Original erhaltene Farbigkeit.

Mittelalterliche Glasmalereien im Dom St. Marien in Havelberg

95

Propsteiplatz 1, 39539 Havelberg
Tel.: 039387/79104
www.havelberg-dom.de

Obwohl im Mittelalter Bischofssitz, blieb Havelberg ein kleines Städtchen.

Otto I. gründete hier ein Bistum, das beim Wendenaufstand 983 unterging. Erst Mitte des 12. Jahrhunderts konnte es neu errichtet werden. Damals legte man die Stadt an und begann mit dem Dombau. Geweiht werden konnte die lang gestreckte, dreischiffige Pfeilerbasilika mit Apsis und wehrhaftem Westwerk 1170. Nach einem Brand 1279 erfolgte der gotische Umbau. Dem Westwerk setzte man ein Glockengeschoss auf, der heutige Turmabschluss kam erst 1907/08 hinzu.

Neben dem mit Passionsreliefs und Sandsteinfiguren geschmückten Lettner (um 1400), der Triumphkreuzgruppe (um 1300), dem Chorgestühl und der Rosenstrauchmadonna gehören die Glasfenster zum wertvollen Inventar. Erhalten blieb ein Teil der mittelalterlichen Verglasung, etwa ein Drittel des heutigen Bestandes. Die ältesten Schei-

ben entstanden um 1320/1330, weitere am Anfang des 15. Jahrhunderts. Sie zeigen vor allem Szenen aus dem Christusleben (Nordseite). Auf der Südseite verdient das Marienfenster besondere Beachtung. Im Lauf der Jahrhunderte ging ein Teil der Verglasung verloren, ergänzende Scheiben entstanden in den Jahren 1892/93.

Doppelkapelle in Landsberg 96

Hillerstraße 8, 06188 Landsberg
(Saalkreis), Tel.: 034602/20690
www.stadt-landsberg.de

Landsberg liegt rund 15 Kilometer nordöstlich von Halle an der Saale. Von der im Jahre 961 erstmals erwähnten Burg blieben nur die Doppelkapelle, das heutige Wahrzeichen der Stadt, und einige Mauerreste erhalten. Einem mittelalterlichen Wohnturm vergleichbar erhebt sich die weit sichtbare Doppelkapelle auf einem steilen Felsen. Die Kapelle war Teil einer gewaltigen Burg, in der die aus dem Hause Wettin stammenden Markgrafen der sächsischen Ostmark residierten. Zunächst erfolgte zwischen 1136 und 1150 der Bau einer Basilika. Nach dem Ausbau der Burg zur markgräflichen Residenz wurde die Basilika von 1195 bis 1200 zur Doppelkapelle umgebaut.

Das Bauwerk gliedert sich in drei Etagen: die beiden durch eine Öffnung miteinander verbundenen Kapellenräume und ein drittes Geschoss, das als letzter Zufluchtsort diente. Einzig die drei Apsiden der Ostseite lassen von außen auf einen Sakralbau schließen. Zwei Portale führen auf der Nordseite ins Innere. Das Bogenfeld des sich zu ebener Erde befindlichen Portals überrascht durch ein ungewöhnliches Motiv – Christus erlöst die Väter aus der Vorhölle. Nur wenige Ausstattungsstücke befinden sich in dem majestätischen, klar gegliederten Innenraum: ein barocker Taufstein aus der Kirche in Gütz und ein von Stephan Hermsdorf aus Torgau geschaffener, kunstvoller Flügelaltar (um 1525).

St. Petri in Magdeburg 97

Neustädter Straße 4, 39104 Magdeburg, Tel.: 0391/5434095
www.st-petri-magdeburg.de

Bereits 805 erfolgte die Ersterwähnung Magdeburgs. Im Jahr 968 erhob Papst Johannes XIII. Magdeburg zum Erzbistum, die Slawenmission

sollte hier einen wichtigen Stützpunkt finden. Magdeburg erlebte in seiner Geschichte zwei große Katastrophen: 1631 zerstörten Tillys Truppen die Stadt nahezu vollständig und 1945 ging die Altstadt im Bombenhagel unter.

Am Elbufer erstreckte sich nördlich der Stadt das Fischerdorf Frose. Hier existierte schon im 12. Jahrhundert eine dem Apostel Petrus geweihte Pfarrkirche. Um 1400 errichtete man die Kirche des mittlerweile zu Magdeburg gehörenden Dorfes als dreischiffige Hallenkirche neu, bezog aber den romanischen Westturm der alten Kirche in den Neubau ein. Die Bauarbeiten fanden um 1480 mit der Errichtung einer gotischen Backsteingiebelvorhalle ihren Abschluss.

Im Zweiten Weltkrieg weitgehend zerstört, zeigt sich St. Petri heute außen in alter und innen in neuer Gestalt. Enttrümmerung und Aufbau erfolgten im Rahmen der Aktion Sühnezeichen. Das 1970 geweihte Gotteshaus dient nun als katholische Pfarr- und Universitätskirche. Flache Holzdecken anstelle der ehemaligen Gewölbe prägen das Innere. Beeindruckend ist die durch die hohen gotischen Fenster in den Raum flutende Lichtfülle. Charles Crodel schuf die farbigen Fenster.

Auf Martin Luthers Spuren in Mansfeld

06343 Mansfeld, Tel: 034782/90342 (Stadtinformation), www.mansfeld.eu

Die Anfänge der in den bergigen Ausläufern des Ostharzes gelegenen Stadt Mansfeld gehen wohl bis ins 10. oder 11. Jahrhundert zurück. Im Schutz der 1229 erstmals erwähnten Burg konnte sich eine Siedlung entwickeln. Der Kupferschieferbergbau führte im 15. und 16. Jahrhundert zu einer wirtschaftlichen Blütezeit der Stadt.

Martin Luthers Eltern ließen sich 1484 in der Bergbaustadt nieder. Luthers Vater Hans gelang der Aufstieg zum kleinen Hüttenunternehmer und geachteten Gemeindevertreter. Er erwarb 1491 ein Haus, das jedoch wegen Baufälligkeit um 1805 abgebrochen wurde. Erhalten blieb das Wirtschaftsgebäude des Elternhauses, das man anlässlich des Lutherjahres 1883 zu einer Gedenkstätte umbaute. Archäologische Fundstücke aus einer Abfallgrube des Elternhauses sollen demnächst in einem Museum gezeigt werden, für das die Planungen begonnen haben. Nicht erhalten blieb die Schule, die Martin Luther von 1488 bis 1496/97 besuchte. Sie wurde im Jahr 2000 neu errichtet und beherbergt heute die Stadtinformation. Luther wurde bereits mit viereinhalb Jahren eingeschult und lernte Schreiben, Lesen, Rechnen, Singen und Latein.

Das 1913 auf dem Lutherplatz aufgestellte Denkmal erinnert an drei Ereignisse in Luthers Leben: den Abschied des 13-Jährigen von Mansfeld, den Thesenanschlag in Wittenberg und das Auftreten vor Kaiser und Reichstag in Worms. In der Stadtkirche St. Georg hängt ein 1540 gemaltes, ganzfiguriges Gemälde, das Martin Luther mit der Bibel in der Hand zeigt.

Domschatz Merseburg 99
Domplatz 7, 06217 Merseburg
Tel.: 03461/210045
www.vereinigtedomstifter.de

Der Dom St. Johannes der Täufer und Laurentius in Merseburg repräsentiert das Hochstift Merseburg, das auf eine über 1000-jährige Geschichte zurückblickt. Bischof Thietmar legte 1015 den Grundstein für den ersten Bau einer Kathedrale des Bistums Merseburg. Bei späteren Umbauten hat der Dom mehrfach Veränderungen erfahren: Aus einer Basilika entstand zu Beginn des 16. Jahrhunderts eine obersächsische Hallenkirche. Im Süden schließt sich an die Kirche ein stimmungsvoller und malerischer Kreuzgang an.
Östlich der Klausur steht das ins 12. Jahrhundert zurückgehende Kapitel-

haus. Mit Archiv, Bibliothek und Verwaltungsräumen befand sich hier der Sitz des Domkapitels. Heute werden hier die Kostbarkeiten des Merseburger Domschatzes präsentiert. Die spätgotischen Räume des Erdgeschosses beherbergen wertvolle Schätze aus Archiv und Bibliothek wie z. B. die Merseburger Zaubersprüche (10. Jahrhundert) oder eine prachtvolle Bibelhandschrift (13. Jahrhundert). Aber auch sakrale Plastiken, die abgeschlagene Rechte des 1080 gefallenen Gegenkönigs Rudolf von Schwaben oder ein romanischer Tragaltar zählen zu den Exponaten. Öffentlich nutzbare Bestände von Domstiftsarchiv und Domstiftsbibliothek werden in der ersten Etage des Kapitelhauses aufbewahrt.

Neumarktkirche St. Thomas in Merseburg

Kirchstraße 2, 06217 Merseburg
Tel.: 03461/211640
www.kirche-merseburg.de

Unterhalb des Merseburger Domes, auf dem gegenüberliegenden Saaleufer, erhebt sich die Neumarktkirche. Das 1973 bereits aufgegebene und gänzlich vom Verfall bedrohte Kleinod romanischer Baukunst konnte zwischen 1991 und 1995 grundlegend saniert werden.

Die dem hl. Thomas Becket geweihte Kirche wurde um 1180 gegründet. Wahrscheinlich kamen die Bauarbeiten im zweiten Viertel des 13. Jahrhunderts zum Abschluss. In diese Zeit datiert man die Schallarkaden der Turmobergeschosse. Noch im Mittelalter stürzten der Südturm und wohl auch das südliche Seitenschiff ein. Bereits Anfang des 19. Jahrhunderts zog man den Abriss der Kirche in Betracht. Doch die Kirche wurde saniert, allerdings brach man Sakristei, südliche Nebenapsis und nördliches Seitenschiff ab und versetzte die Portale. Die Wiedergewinnung des romani-

schen Fußbodenniveaus machte die ursprüngliche Wirkung des Raumes erlebbar. Sakristei und Nebenapsis führte man neu auf, ein Fachwerkanbau an der Südseite ermöglichte die Wiederherstellung der basilikalen Lichtführung. Weithin bekannt ist das spätromanische Stufenportal mit den eingestellten Sandsteinsäulen. Eine Säule besteht aus vier mit einem Knoten verschlungenen schmaleren Säulen – Ausdruck der Freude am phantasievollen Dekor. Vor der Südwand des Querhauses steht seit 1995 ein Mahnmal gegen Gewalt, das den Namen »Die rote Wand oder Triumph der Ideologie« trägt.

Weihnachtskrippe in der Dorfkirche Polenzko

39264 Polenzko, Tel.: 039284/92444
(Fam. Hagoort – Schlüssel)
www.kirchenstiftung-zerbst.de

Seit 2010 gehört das kaum 300 Einwohner zählende Dorf Polenzko zur rund 15 Kilometer entfernten Stadt Zerbst/Anhalt. Die alte Dorfkirche gehört zu den »entschlossenen Kirchen«. Eine Stiftung gleichen Namens wurde im Jahre 2005 gegründet. Ihre Aufgabe besteht darin, zum Erhalt der 61 Dorfkirchen des Kirchenkreises Zerbst beizutragen.

Wohl ins 12. Jahrhundert zurück geht die 1423 erstmals erwähnte romanische Dorfkirche. Aufwendige Epitaphe der Patronatsfamilie von Metsch und die Ausmalung der Apsis mit goldenen Sternen auf blauem Grund kennzeichnen das Innere. Mit der Umgestaltung zu einer Themenkirche soll der Erhalt des Gotteshauses unterstützt werden. Im Jahre 2009 begannen die Arbeiten mit der Aufstellung der rund drei Meter hohen Figuren der Hl. Familie. Nach und nach erweitert Holzbildhauer Horst Sommer die Krippe um die anderen Figuren zur vermutlich einmal größten Weihnachtskrippe Deutschlands. Allein die Krippe mit dem Christkind bringt 700 Kilogramm auf die Waage. Eine Ausstellung über Advents- und Weihnachtsbräuche soll Hintergrundwissen zur dauerhaft in der Kirche aufgestellten Krippe vermitteln.

St. Wiperti in Quedlinburg

Wipertistraße, 06484 Quedlinburg
Tel.: 03946/915082, www.wiperti.de

Quedlinburg liegt im Tal der Bode im nördlichen Harzvorland. Am südwestlichen Stadtrand steht die mehrfach veränderte Kirche St. Wiperti. Im 10. Jahrhundert bestand hier ein Königsgut. Ein auf dem Burgberg bestehendes Kanonikerstift, welches 936 dem von Königin Mathilde gegründeten Frauenstift weichen musste, erhielt ein Areal im nördlichen Teil des Königshofes. Bereits um 950 wurde eine dreischiffige Basilika errichtet. Um 1020 erweiterte man den Bau um die noch heute vorhandene, archaisch anmutende Krypta. Sie gehört zu den frühesten Sakralbauten in Norddeutschland. Nach der Umwandlung des Stifts in ein Prämonstratenser-Kloster (1148) kam es zum Bau einer neuen Kirche. Seit 1816 diente das Gotteshaus als Scheune. Zwischen 1936 und 1940 nutzte gar die SS die Kirche als Kultstätte. Nach dem Zweiten Weltkrieg übergab man die Kirche der katholischen Gemeinde, 1959 konnte St. Wiperti neu geweiht werden.

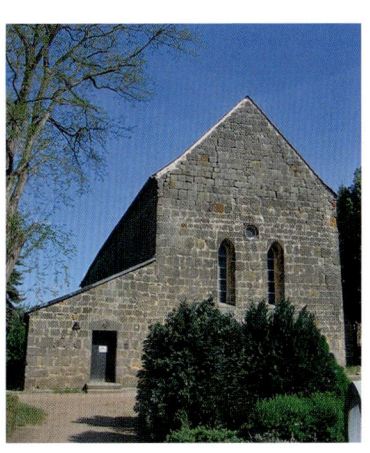

Das Äußere des turmlosen Baues wirkt eher unscheinbar. Durch das Untergeschoss des Turmes und den Turmzwischenbau betritt der Besucher die ungewöhnlich lang erscheinende Kirche. Bedingt durch den nachträglichen Einbau der Krypta liegt der Chor hoch über dem Langhaus. Vom ursprünglichen Inventar blieb nichts erhalten. Der spätromanische Taufstein und der gotische Flügelaltar (um 1485) kamen aus anderen Kirchen der Region.

St. Martini in Stolberg **103**

Schloßberg 10, 06547 Stolberg
Tel.: 034654/285
www.stolberger-geschichte.de/martini/start.htm

Stolberg, eine Kleinstadt im Südharz, entstand im 12. Jahrhundert neben einer Burg. Wegen der günstigen Lage an der Vereinigung dreier enger Täler besaß es keine Stadtmauern, lediglich der Marktplatz und die Ausfallstraßen waren mit Toren verschlossen. Die größte Blüte erlebte Stolberg im 15. Jahrhundert durch den Kupfer- und Silberbergbau. Thomas Müntzer erblickte hier 1489 das Licht der Welt.
Am Berghang über dem Rathaus und unterhalb des Schlosses erhebt sich die

Pfarrkirche St. Martin. Die Ursprünge des von einem Spitzhelm bekrönten niedrigen Westturms gehen in das 11. Jahrhundert zurück. Langhausarkaden und Obergaden haben sich von der dreijochigen Pfeilerbasilika des 13. Jahrhunderts erhalten. Ab 1485 erfolgte die Erweiterung zum heutigen spätgotischen Bau mit drei Schiffen. Bereits 1490 konnte der Chor geweiht werden, unter dem sich eine Krypta befindet. Zur qualitätvollen Ausstattung zählen der Taufstein von 1599 in Marmor und Alabaster, ein Holzrelief der Beweinung Christi (um 1500) aus der Schule des Tilmann Riemenschneider, der barocke Prospekt der Papenius-Orgel (1701–1703), eine Schnitzfigur des Kirchenpatrons Martin (Ende des 14. Jahrhunderts) und eine Bronzegrabplatte aus der Werkstatt Peter Vischers des Älteren.

St. Johanniskirche in Werben 104

39615 Werben, Tel.: 039393/324
www.ev-kirchspiel-werben.de

Als Elbübergang kam dem kleinen Hansestädtchen Werben in der Altmark im Mittelalter eine besondere Bedeutung zu. Der Ort wird 1005 als deutsche Burg im Grenzland zu den Slawen genannt. Markgraf Albrecht der Bär übergab die Burg 1160 dem Johanniterorden. In Werben wurde die erste Ordensniederlassung in Norddeutschland gegründet. Die seit der Reformation evangelische Ordenskommende bestand noch bis 1810.

Zunächst stand in Werben eine Holzkirche, die im 12. Jahrhundert durch einen Backsteinbau ersetzt wurde. Im 15. Jahrhundert errichtete man ein neues Kirchenschiff und stockte den Turm auf. So präsentiert sich St. Johannis heute als spätgotische Backsteinhalle. Reiche mittelalterliche Glasmalereien im Chor und in den Fenstern der Nordwand (14./15. Jahrhundert) blieben erhalten. Ein großer Flügelaltar (um 1430) zeigt die Passion Christi, Szenen aus dem Marienleben, Apostel und Heilige. Im 18. Jahrhundert wurde ein kleiner spätgotischer Altarschrein mit einer Trinitätsdarstellung auf den älteren Altar aufgesetzt. In der Taufkapelle hängt das Mittelstück eines Annen-Altares: Unter einem Baldachin versammelt sich die Heilige Sippe. Auch die Messing-taufe (1489) und ein Leuchter (1487) des Hamburger Metallgießers Hermen Bonstede und das Chorgestühl (um 1470) verdienen Beachtung.

Templerkapelle in Wetten 105

06198 Wettin, OT Mücheln
Tel.: 034607/20320 (Wettin-Information), www.wettin.de/index.php?id=templerkapelle

Die Kleinstadt Wettin liegt am rechten Ufer der Saale, rund 15 Kilometer nordwestlich von Halle/Saale. Über der Stadt thront die Burg, die dem Geschlecht der Wettiner den Namen gab. Sie war Stammsitz der Markgrafen, Kurfürsten und Könige von Sachsen.

Mit der in der zweiten Hälfte des 13. Jahrhunderts erbauten Templerkapelle weist der Ortsteil Mücheln eines der wenigen erhaltenen baulichen Zeugnisse der Templer in Deutschland auf. Erstmals erwähnt wurde die Niederlassung des Templerordens in Mücheln in einer Urkunde des Jahres 1270. Nach der Auflösung des Ordens gelangte die Kapelle an die Augustiner. In späteren Jahrhunderten dienten die Gebäude des schon vor der Reformation eingegangenen Klosters als Getreide- und Rübenspeicher. Erst 1984 gelang es, die Kapelle unter Denkmalschutz zu stellen. Nach 1989 erfolgte eine umfassende Restaurierung. Heute finden in der Templerkapelle Konzerte und Ausstellungen statt.

Die turmlose, 6 Meter breite und 14 Meter lange Kapelle wurde als Saal von zwei Jochen mit polygonal geschlossenem Chor errichtet. Neun Strebepfeiler und ebenso viele schlanke Spitzbogenfenster gliedern das Äußere. Das Innere der gewölbten Kapelle weist schön gestaltete Konsol- und Schlusssteine auf.

Thüringen

Schlosskirche in Altenburg

Schloss 4, 04600 Altenburg
Tel.: 03447/5127-0
www.cms.residenzschloss-altenburg.
de/index.php/schlosskirche.html

Altenburg liegt im äußersten Osten Thüringens. Am Fuße der im Jahre 976 erstmals erwähnten Burg entwickelte sich im 12. und 13. Jahrhundert eine Stadt. Bis 1918 war sie Residenz der Herzöge von Sachsen-Altenburg. Das Schloss thront am Rande der Altstadt auf einem jäh abbrechenden Bergsporn, die einzelnen Gebäude gruppieren sich um einen polygonalen Innenhof.

Markgraf Wilhelm der Reiche von Meißen errichtete Anfang des 15. Jahrhunderts auf der Burg ein Kollegiatstift. Nach einem Brand erfolgte 1444 der Ausbau des spätgotischen Chores, vermutlich durch den Meister Moyses von Altenburg. Die Winkelhakenkirche setzt sich aus dem zweischiffigen Langhaus und dem polygonal geschlossenen Chor zusammen. Netz- und Sterngewölbe kennzeichnen den Chorraum. Erhalten blieben das spätgotische Chorgestühl und das Bronzeepitaph der Kurfürstin Margarethe von Österreich. Hochaltar, Emporen, Logen und die aufwendige Trost-Orgel (1735–39) sind Zutaten der Barockzeit.

Johann-Sebastian-Bach-Kirche in Arnstadt 107

Markt, 99310 Arnstadt
Tel.: 03628/740960 (Stadtkirchenamt)
www.kirche-arnstadt.de

Arnstadt, rund 20 Kilometer südlich von Erfurt gelegen, wurde im Jahre 704 erstmals urkundlich erwähnt. Stadtrecht erhielt die Siedlung aber erst 1266. Bekannt ist Arnstadt als Bach-Stadt. Vertreter mehrerer Generationen der Familie Bach sind hier tätig gewesen.

den. Mit der romantischen Steinmeyer-Orgel (1913) verfügt die Kirche über eine zweite historische Orgel.

Georgenkirche in Eisenach

Markt, 99817 Eisenach
Tel.: 03691/732620
http://eisenach.ekmd-online.de/kirchenkreis/pfarraemter-und-gemeinden/eisenach/georgenbezirk/

Am Rande des großen Marktplatzes erhebt sich die turmlose, gedrungen wirkende Bach-Kirche. Ein Vorgängerbau war dem hl. Bonifatius, dem ersten Missionar Thüringens, geweiht. Dem großen Stadtbrand 1581 fiel auch diese Kirche zum Opfer. Erst 1676 begann die Errichtung eines schlichten Neubaus. Fenstermaßwerk und Renaissanceportale bilden den einzigen Schmuck.

Den Innenraum prägen die beidseitigen Doppelemporen. Mittelpunkt ist der Kanzelalter. Johann Sebastian Bach trat im Jahr 1703 in dem damals als »Neue Kirche« bezeichneten Gotteshaus seine erste Organistenstelle an. Anlässlich seines 250. Geburtstages bekam diese Kirche 1935 seinen Namen. Die schon von Bach gespielte Wender-Orgel (1703) konnte in den Jahren 1998/99 nach alten Plänen rekonstruiert wer-

Vermutlich wurde Eisenach um 1150 von den Thüringer Landgrafen im Zusammenhang mit der Anlage der Wartburg gegründet. Durch die Wartburg wurde die Stadt zum kulturellen und politischen Mittelpunkt der Landgrafschaft Thüringen. Vom 16. bis zum 18. Jahrhundert residierten in Eisenach die Herzöge von Sachsen-Eisenach.

St. Georgen geht auf eine Gründung der Landgrafen aus der Zeit um 1180 zurück. In dieser Kirche soll 1221 Landgraf Ludwig IV. mit Elisabeth von Ungarn getraut worden sein. Die wohl schon immer ziemlich große Kirche war zu Beginn des 16. Jahrhunderts baufällig. Mit dem Bau der dreischiffigen spätgotischen Hallenkirche begann man 1515. Während des Bauernkrieges in Mitleidenschaft gezogen, wurden in der zweiten Hälfte des 16. Jahrhunderts umfangreiche Umbauten vorgenommen. Über der Fürstengruft führte man 1901/02 einen 62 Meter hohen Turm in neobarocken Formen auf. Auch die monumentale Vorhalle vor dem Westeingang stammt aus dieser Zeit.

Zu den bemerkenswerten Ausstattungsstücken zählen die Grabsteine der Landgrafen im Chor (Anfang des 14. Jahrhunderts), eine Kreuzigungsgruppe des späten 14. Jahrhunderts, der spätgotische Taufstein (1503), mehrere Sitze eines Chorgestühls und zwei protestantische Lehrbilder: Übergabe der Augsburger Konfession und Austeilung des Abendmahles in beiderlei Gestalt an die kurfürstliche Familie.

Lutherhaus in Eisenach 109

Lutherplatz 8, 99817 Eisenach
Tel.: 03691/29830
www.lutherhaus-eisenach.de

In einem der schönsten und ältesten Bürgerhäuser der Eisenacher Altstadt, dem »Cottaschen Haus«, befindet sich das Museum »Lutherhaus«. Das ins späte 15. Jahrhundert zurückgehende Fachwerkhaus, in dem der Lateinschüler Martin Luther von 1498 bis 1501 bei Frau Ursula Cotta wohnte, wurde bei einem Bombenangriff 1944 schwer beschädigt. In das wiederaufgebaute Gebäude zog die 1956 eröffnete Luthergedenkstätte mit dem Evangelischen Pfarrhausarchiv ein.

Die Ausstellung möchte Werdegang und Werk des großen Reformators Martin Luther verständlich machen. Daher liegen die Schwerpunkte sowohl auf dem Schüler als auch auf dem Bibelübersetzer Luther. Aber auch der Lehrer der Kirche und Erzieher des deutschen Volkes wird vorgestellt.

Im Obergeschoss des Museums kann die Ausstellung des Evangelischen Pfarrhausarchivs besichtigt werden. Ausgewählte biographische Beispiele verdeutlichen die Bedeutung des evangelischen Pfarrhauses für Wissenschaft und Kultur. Weitere Aspekte

sind Finanzierung und Lebensumstände des Pfarrhauses sowie die Stellung der Pfarrfrau.

Barfüßerkirche in Erfurt 110

Barfüßerstraße 20, 99084 Erfurt
Tel. 0361/6551651 (Angermuseum)
www.barfuesserkirche.de

Erfurt, wegen seiner vielen Kirchen im Mittelalter »die Turmreiche« genannt, wurde 729 erstmals erwähnt. Im Mittelalter gehörte Erfurt zu den bedeutendsten deutschen Städten. Als erster Bettelorden ließen sich hier 1224 Franziskaner nieder. Die beim Stadtbrand des Jahres 1291 zerstörte Klosterkirche ersetzte man durch einen Neubau. Obwohl der Chor schon 1316 geweiht wurde, dau-

erten die Bauarbeiten noch bis Anfang des 15. Jahrhunderts. Bis zur Zerstörung im Jahre 1944 war das langgezogene, Satteldach ein markanter Punkt im Stadtbild. Nach der Auflösung des Klosters in der Reformationszeit wurde die Barfüßerkirche evangelische Pfarrkirche. Bomben zerstörten 1944 das Langhaus und beschädigten den Chor schwer. Das bewegliche Kunstgut und die wertvollen Farbverglasungen (um 1230/40) entgingen durch Auslagerung der Vernichtung. Nach dem Krieg gelang der Gemeinde die Wiederherstellung des Chores. Sinkende Mitgliederzahlen führten schließlich 1977 zur Übergabe der Kirche und des Inventars an die Stadt, die hier eine Außenstelle des Angermuseums für mittelalterliche Kunst einrichtete. Zu sehen sind die ältesten Erfurter Glasmalereien, bedeutende Steinbildwerke und zwei mittelalterliche Altäre: der Färberaltar (um 1420) und der Marienkrönungsaltar (1446).

St. Salvator in Gera

111

Nicolaiberg, 07556 Gera
Tel.: 0365/8001517
www.st-salvator-gera.de

Gera liegt im Osten Thüringens, in einem
weiten Tal der Weißen Elster. Der 995
erstmals genannte Ort erhielt im 13.
Jahrhundert Stadtrecht. Bis 1918 residierten in Gera die Fürsten Reuß (jüngere Linie).
Anstelle einer 1686 abgebrannten Kapelle errichtete der sächsische Landbau-
meister David Schatz in den Jahren 1717
bis 1720 die barocke Salvatorkirche. Den
zunächst nur bis zur Höhe des Daches
aufgeführten Turm vollendete man erst
1779. Beim großen Stadtbrand 1780
erlitt die Kirche schwere Schäden, die bis 1782 behoben
wurden. Seit 1898 be-
tont eine große Freitrep-
pe an der Westseite die
Kirche als städtebau-
liche Dominante. Im
Jahr 1903 erfolgte eine
grundlegende Umge-
staltung des Inneren
in Formen des Ju-
gendstil.
St. Salva-
tor ist ein
dreischiffiger

Saal mit eingestelltem Westturm und
zweigeschossigen Logenanbauten mit
je zwei Treppenhäusern. Eine dreiseitige Empore umgibt das Kirchenschiff.
Das Spiegelgewölbe ziert ein riesiges
Stuckrelief des Auferstandenen. Hervorzuheben sind die großartige Komposition von Kanzel und Altar sowie
die zahlreichen Glasgemälde. Die drei
großen Fenster an der Ostwand zeigen
Christi Geburt, die Bergpredigt und in
der Mitte Jesu Kreuzigung.

Palmsonntagsprozession in Heiligenstadt

112

37308 Heilbad Heiligenstadt
Tel.: 03606/52083
www.sankt-marien-heiligenstadt.de

Einmalig in Deutschland ist die Heili-
genstädter Palmsonntagsprozession.
Mitgeführt werden sechs überlebensgroße figürliche Darstellungen aus der
Leidensgeschichte Jesu. Bis heute blieb
die Palmsonntagsprozession der Höhepunkt im kirchlichen Leben des Eichsfeldes. Schon 1581 zeigten die Jesuiten
in der Fronleichnamsprozession Jesu
Leidenswerkzeuge. Mitte des 18. Jahrhunderts verlegte man die »Prozession zu Ehren des Leidens Christi« vom
Karfreitag auf den Palmsonntag. Auch

St. Michael in Jena
Kirchplatz, 07743 Jena,
Tel.: 03641/5738-0
www.stadtkirche-jena.de

Die Universitätsstadt Jena liegt rund 40 Kilometer östlich von Erfurt in einem Talkessel der mittleren Saale. Bereits im 9. Jahrhundert erstmals erwähnt, erhielt Jena 1230 Stadtrecht. Doch erst mit der Gründung der Universität 1558 gewann die Stadt an Bedeutung.

Mit dem Bau der dreischiffigen spätgotischen Hallenkirche, die zwei Vorgängerbauten hatte, begann die Jenaer Bürgerschaft etwa 1380. Zunächst wurde bis 1442 der Chor errichtet. Erst 1481 setzte man die Bauarbeiten fort, die noch bis 1506 andauerten. Der Turm mit seiner Renaissance-Haube

in der DDR-Zeit fand die Prozession statt. Sie war und ist ein lebendiges Glaubenszeugnis der Katholiken des Eichsfeldes.

Die Prozession beginnt um 14 Uhr in der Lindenallee und zieht durch die obere Altstadt. Männer aus der Gemeinde tragen die schweren Figuren durch das Stadtzentrum. Tausende Katholiken ziehen mit, Tausende stehen an den Straßen und verfolgen das Geschehen. Die zum Teil mit jährlich neu angefertigten Gewändern bekleideten Figuren stellen Jesus in den Stationen seines Leidensweges dar: Abendmahl, am Ölberg, Verspottung, Kreuzigung, Maria als Schmerzensmutter und Heiliges Grab. In der Lindenallee, vor dem Bischöflichen Kommissariat, findet die Prozession mit einer Andacht ihren Abschluss.

konnte 50 Jahre später fertiggestellt werden.

Am Außenbau verdienen ein spätgotisches Kreuzigungsrelief am Turm sowie das reiche Doppelportal an der Südseite Beachtung. Bemerkenswert ist der Durchgang direkt unter dem Chor. Nach den Kriegszerstörungen rekonstruierte man bis 1956 die Pfeiler und Sterngewölbe des Inneren. Die Haube des Turmes konnte erst im Jahr 2000 wiederhergestellt werden. Von der Ausstattung erhielten sich eine romanische Holzplastik des Kirchenpatrons (um 1240), die Kanzel (1507) und eine Bronzeplatte für Martin Luthers Grab in Wittenberg. Diese wurde 1548/49 nach einer Vorlage von Lucas Cranach gegossen. Da Wittenberg jedoch 1547 an die Albertiner verloren ging, kam die Grabplatte in die Jenaer Stadtkirche.

Möhra – Stammsitz der Familie Luther 114

36433 Moorgrund, OT Möhra
Tel.: 03695/857416 (Gemeindeverwaltung Moorgrund), www.moehra.de

Idyllisch im Moorgrund unweit von Bad Salzungen liegt Möhra. Hier lebten die Vorfahren des Reformators Martin Luther spätestens seit dem 14. Jahrhun-

dert. Luthers Vater verließ 1483 das Dorf gen Mansfeld.

Inmitten des Dorfes steht ein bronzenes Luther-Standbild. Ludwig Bechstein, Schriftsteller und Sagensammler, veranlasste die Errichtung des 1861 eingeweihten Denkmals. Im Sockel sieht man wichtige Lebensstationen des Reformators.

Zu Lebzeiten Martin Luthers existierte anstelle der heutigen Chorturmkirche eine kleine Kapelle, von der noch die steinerne Tischplatte des Altars zeugt. Im 16. Jahrhundert erweiterte man diese Kapelle. Seit dem Umbau Anfang des 18. Jahrhunderts hat sich das Äußere der Kirche, bestehend aus gotischem Chor und barockem Langhaus, nicht mehr verändert. Das Innere des Gotteshauses prägt eine zweigeschossige, mit Blumengirlanden verzierte Empore. Beachtung verdient die Ende des 18. Jahrhunderts mit illusionistischer Malerei gestaltete Holzdecke. Nachkommen

einer Seitenlinie der Familie Luther stifteten die im Jahre 1907 geschaffenen Chorfenster mit Darstellungen des predigenden Christus, der Apostel Petrus und Johannes sowie der Reformatoren Martin Luther und Philipp Melanchthon.

Stadtkirche in Rudolstadt **115**

Kirchhof 1, 07407 Rudolstadt
Tel.: 03672/412108
www.evangelisch-in-rudolstadt.de

Rudolstadt liegt rund 30 Kilometer südlich von Weimar im Tal der Saale. Der aus einer Slawensiedlung hervorgegangene Ort konnte sich im Schutze zweier Burgen zur Stadt entwickeln. Im 18. und 19. Jahrhundert erlebte die Stadt als Residenz der Fürsten von Schwarzburg-Rudolstadt eine wirtschaftliche und kulturelle Blütezeit.

Im 14. und 15. Jahrhundert wurde die dreischiffige, spätgotische Hallenkirche errichtet. Jacob Huber gestaltete das Innere in den Jahren 1634 bis 1636 im Stil der Spätrenaissance um. Dabei veränderte er jedoch die typischen Merkmale gotischer Architektur nicht.

Kunstvolle Säulenportale mit dem Schwarzburger Wappen beeindrucken am Außenbau. Die einheitliche und qualitätvolle Inneneinrichtung präsentiert sich in Formen der Spätrenaissance und des Frühbarock. In den Altaraufbau integrierte man die teilweise übermalten Bildtafeln eines spätmittelalterlichen Marienaltares. An raumbeherrschender Stelle errichtete man die großartige, mit kunstvollen Schmiedearbeiten verzierte Kanzel. Gegenüber der Kanzel baute man in das erste Joch des nördlichen Seitenschiffes den Fürstenstand, die Herrschaftsloge, ein. Ein naturalistischer Stammbaum mit Ästen, Blättern und Wappen überzieht die Ar-

chitekturgliederung. Vor dem Kruzifix kniet die Familie des Grafen Albert VII. Unter dem Fürstenstand befindet sich die Fürstengruft.

Stadtkirche St. Georg in Schmalkalden

Kirchhof, 98574 Schmalkalden, Tel.: 03683/402471, www.kirchengemeinde-schmalkalden.de

Schmalkalden ist eng verbunden mit der Geschichte der Reformation. Martin Luther predigte 1537 hier vor den Vertretern des »Schmalkaldischen Bundes«. In Schmalkalden wurden auch die »Schmalkaldischen Artikel« diskutiert, mit denen die Lutheraner auf einem allgemeinen Konzil ihren Glauben darlegen wollten. Sie gehören bis heute zu den Bekenntnisschriften der evangelisch-lutherischen Kirche.

Das im Jahre 874 erstmals erwähnte Schmalkalden liegt am Südwesthang des Thüringer Waldes. Bereits im 11. Jahrhundert existierte eine romanische Kirche. Ab 1437 begann man mit der Errichtung der spätgotischen Stadtkirche, die im Jahre 1500 geweiht werden konnte. Den Turm des romanischen Vorgängerbaus integrierte man in die neue Kirche. Landgraf Moritz von Hessen ließ 1608 alle Bilder aus der Kirche entfernen, sodass sich St. Georg heute ziemlich nüchtern präsentiert. Erhalten blieben die Ende des 19. Jahrhunderts wieder freigelegten spätgotischen Brüstungsmalereien an der Westempore. Sehenswert sind die Kanzel (1669) und die von Charles Crodel geschaffenen modernen Glasfenster.

Russische Kirche in Weimar 117

Karl-Haußknecht-Straße/Historischer
Friedhof, 99423 Weimar
Tel.: 03643/426068
www.rok-weimar.gmxhome.de

Weimar, Residenzstadt des Herzogtums Sachsen-Weimar, erlebte in der zweiten Hälfte des 18. Jahrhunderts seine Blütezeit. Neben Goethe und Schiller wirkten hier auch Wieland und Herder. Herder kam 1776 als Generalsuperintendent nach Weimar, damit begann die Zeit der Weimarer Klassik.

Begibt man sich auf dem alten Friedhof zur Goethe- und Schiller-Gruft, dann kommt man unwillkürlich auch zur russischen Kirche. Fast unmerklich überragen ihre Zwiebelkuppeln die evangelische Grabkapelle für die Fürsten, in der auch Goethe und Schiller ihre letzte Ruhe fanden. Großherzog Carl Alexander ließ die russische Kirche als Grablege für seine 1859 verstorbene Mutter, die russische Großfürstin Maria Pawlowna errichten. So konnten die Särge Maria Pawlownas und ihres Mannes, des Großfürsten Carl Friedrich, nebeneinander und doch unter zwei verschiedenen Gebäuden aufgestellt werden. Zunächst hielt man in der Kirche nur Gedenkgottesdienste ab, seit 1950 dient sie als Gemeindekirche.

Mit seinen fünf grünen Kuppeln erweckt schon das Äußere der kleinen Kirche einen typisch russischen Eindruck. Vergoldete Schnitzereien zieren die weiße Ikonenwand. Links neben der Königstür sieht man eine Ikone der Gottesmutter, rechts die des Erlösers. Im Sternenhimmel der Kuppel erscheint Christus als Alleinherrscher, umgeben von Engelsköpfen.

WESTDEUTSCHLAND

Nordrhein-Westfalen |
Rheinland-Pfalz und Saarland | Hessen

Nordrhein-Westfalen

Strahlenkranzmadonna im Dom zu Aachen **118**

Münsterplatz, 52062 Aachen
Tel.: 0241/47709-127
www.aachendom.de

Zwischen 786 und etwa 800 ließ Kaiser Karl der Große den Aachener Dom, in dem von 936 bis 1531 insgesamt 30 deutsche Könige und Kaiser inthroni-

siert wurden, als Pfalzkapelle erbauen. Karl der Große und Otto III. fanden hier ihre letzte Ruhe.

Die byzantinische Baukunst lieferte das Vorbild für den Aachener Dom. Kernstück ist das Oktogon (Achteck), ein Sechzehneck aber umschreibt den äußeren Grundriss. Direkt inspiriert wurde die Kirche wohl durch San Vitale, die Hofkirche Kaiser Justinians, und das Grabmal des ostgotischen Herrschers Theoderich in Ravenna. Damit erhob Karl der Große auch den Anspruch, direkter Nachfolger der römischen Kaiser zu sein.

Zur überaus reichen Ausstattung des Domes gehört auch eine in der Mitte des Chorraumes hängende, zweiseitig gearbeitete Madonna im Strahlenkranz. Die lebensgroße Skulptur stammt aus dem Jahre 1524. Dem Oktogon wendet sich die Gottesmutter als apokalyptische Frau zu. Sie steht auf der Mondsichel, um die sich die Schlange als Symbol des besiegten Bösen windet. Krone und Zepter kennzeichnen Maria als Himmelskönigin, das Kind auf ihrem Arm hält einen Apfel. Auf das Messopfer bezieht sich die dem Chor zugewandte Marienfigur: Ihr Kind hat die Rechte zum Segen erhoben. In der Linken hält Christus eine Traube, die auf die Eucharistie verweist.

Stiftskirche in Bad Münstereifel

Langenhecke, 53902 Bad Münstereifel
Tel.: 02253/180360
www.kirche-muenstereifel.de

Die Kleinstadt Bad Münstereifel im Südwesten Nordrhein-Westfalens gilt als mittelalterliches Kleinod. Nachdem ein um 830 gegründetes Kloster im Jahre 844 von Papst Sergius II. die Gebeine der römischen Märtyrer Chrysanthus und Daria geschenkt bekam, setzte eine rege Wallfahrt ein.

Vom Beginn des 12. Jahrhunderts stammt die heutige Basilika, deren Äußeres sich deutlich an St. Pantaleon in Köln orientiert. Das Westwerk beherrscht den Zentralbau mit drei kurzen Kreuzarmen, das dreischiffige Langhaus bildet den östlichen Kreuzarm. Über der Vierung erhebt sich ein zweigeschossiger, quadratischer Turm. Zwei schlanke, runde Türme flankieren den Vierungsturm.

Am Apsisbogen fanden sich bei der im Jahre 1912 durchgeführten Erneuerung Reste der figürlichen Originalausmalung. Von der reichen Ausstattung blieben das Sakramentshaus, das Hochgrab des Grafen Gottfried von Bergheim, eine frühgotische Marienstatue und der im Stil der Renaissance aus schwarzem Marmor gefertigte Taufstein erhalten. Vor der Krypta, einer fünfschiffigen Halle von vier Jochen, liegt die Grabkammer der beiden Kirchenpatrone (17. Jahrhundert).

Jesuitenkirche Maria Immaculata in Büren

Jesuitenmauer, 33142 Büren
Tel.: 02951/91193
www.st-nikolaus-bueren.de

Büren liegt in Westfalen, südwestlich von Paderborn. Erstmals erwähnt wird der Ort Anfang des 11. Jahrhunderts, eine erste Kirche dürfte aber bereits im 9. Jahrhundert bestanden haben. Die eigentliche Stadtgründung erfolgte 1195. Nach dem Tode Moritz von Bürens 1661, der in den Jesuitenorden eingetreten war, erbten die Jesuiten die Herrschaft Büren.

Zwischen 1754 und 1760 ließ der Orden ein prächtiges spätbarockes Gotteshaus errichten. Die Kirche gilt als eines der wenigen Beispiele süddeutsch und italienisch beeinflussten Barocks nördlich des Mains. Reich gegliedert und üppig geschmückt ist die dreigeschossige Fassade, bekrönt von einer Statue der Jungfrau Maria. Zentrum des dreischiffigen Zentralbaus ist die Vierung mit der mächtigen Kuppel. Durch vier Erker fällt das Licht über große Fenster in das Kuppelinnere.

Die Pracht der Stuckaturen, die sich wirkungsvoll von den in Rosa und zartem Blau gehaltenen Wänden abheben, dominiert das Innere. Szenen aus dem Leben Mariens zeigen die Decken- und Kuppelfresken. Auf dem Altarbild ist Maria zwischen Heiligen des Jesuitenordens zu sehen.

St. Lamberti in Coesfeld (121)

Münsterstraße 8, 48653 Coesfeld
Tel.: 02541/70101,
www.lamberti-coe.de

Coesfeld liegt im westlichen Münsterland, etwa auf halbem Wege von Münster zur niederländischen Grenze. In der Lebensbeschreibung des hl. Ludgerus findet sich der erste Hinweis auf Coesfeld. Als Ludgerus sich im Jahre 809 auf dem Weg von Essen nach Münster befand, soll er in der St. Lamberti-Kirche gepredigt haben.

Mächtig ragt der barocke Kirchturm am Marktplatz von Coesfeld in die Höhe. Die Gebrüder Pictorius schufen dieses Wahrzeichen der Stadt, als sie dem Turm zwischen 1686 und 1703 drei neue Obergeschosse aufsetzten. Dabei orientierten sie sich an flandrischen Baumeistern, die Formen barocker Backsteinarchitektur entwickelt hatten. Der Wechsel zwischen roten Ziegeln und weißen Hausteinen, die Fenster und Ecken betonen, verleiht St. Lamberti seinen ganz eigenen Reiz.

Den ursprünglich romanischen Bau erwei-

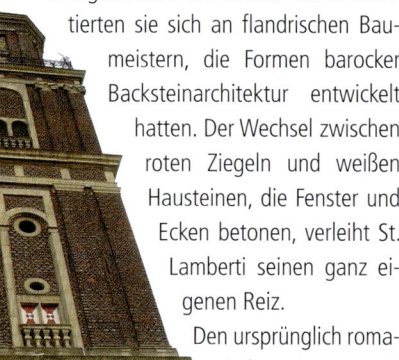

St. Lamberti, Coesfeld

terte man nach 1473 zu einer spätgotischen Halle. Beherrscht wird das Innere der Kirche durch ein um 1350 entstandenes gotisches Gabelkreuz, das »Coesfelder Kreuz«. Die darin eingelassenen Partikel des Kreuzes von Golgota machten Coesfeld im Mittelalter zu einem bedeutenden Wallfahrtsort. Das Licht der in roten und blauen Tönen gehaltenen Chorfenster taucht das Kreuz in ein fast mystisches Licht.

St. Suitbertus in Düsseldorf-Kaiserswerth 〔122〕

Suitbertus-Stiftsplatz 3, 40489 Düsseldorf , Tel.: 0211/401191
http://gemeinden.erzbistum-koeln.de/pfarrverband_angerland_kaiserswerth/index.html

Der fränkische Hausmeier Pippin II. schenkte dem angelsächsischen Mönch Suitbert um 700 eine Rheininsel. Suitbert, der Apostel des Bergischen Landes, gründete hier ein Benediktinerkloster, in dem er im Jahre 713 starb. Heute ist die Insel verlandet, die alte Stadt Kaiserswerth bereits seit 1929 ein Düsseldorfer Stadtteil.
Die heutige katholische Pfarrkirche, eine mächtige dreischiffige romanische Basilika, entstammt der zweiten Hälfte des 12. Jahrhunderts. Schlichte frühromanische Formen zeigt das Kirchenschiff. Hingegen kündigt der Chor, ein hochstrebender und lichterfüllter Raum, bereits den sich bahnbrechenden gotischen Stil an.
Herausragendstes Stück des reichen Kirchenschatzes ist der Suitbertusschrein (1264 vollendet), ein mit vergoldeten Kupferplatten verkleideter Kasten, den ein Satteldach abschließt. In den Arkaden der Langseiten sind die Apostel zu sehen. Die Stirnseiten zeigen Maria mit dem Jesuskind zwischen Heiligen sowie den auf einem Thron sitzenden Suitbertus zwischen Pippin und seiner Ehefrau Plektrudis.

»Bunte Kerke« in Gummers-bach-Lieberhausen

123

Kirchplatz, 51647 Gummersbach-Lieberhausen, Tel.: 02254/2031
www.ekagger.de/
Lieberhausen.101.0.html

Gummersbach liegt rund 40 Kilometer östlich von Köln im Bergischen Land. Die Ursprünge des im Jahre 1109 ersterwähnten Ortes reichen vermutlich ins 9. Jahrhundert zurück. Erst 1969 wurde das bis dahin selbstständige Kirchdorf Lieberhausen eingemeindet.

Eine dem Kölner Severinstift zehntpflichtige Kapelle in Lieberhausen wird erstmals 1174 in einer Urkunde genannt. Aus dieser Zeit stammt die spätromanische Kleinbasilika mit dreischiffigem Langhaus und vorgesetztem Westturm. Chorraum und Querschiff kamen im 15. Jahrhundert hinzu. In der

Spätgotik erhielt die Kirche eine reiche Ausmalung und gilt heute als Prototyp der »Bunten Kirchen« im Oberbergischen. Die wiederentdeckten Wandmalereien wurden 1911 bis 1913 und 1954 restauriert.

An den Chorwänden sind die Apostel, im Vierungsgewölbe das Weltgericht, im Querschiff die Wägung der Seelen, der hl. Georg mit dem Drachen, die Kreuzigung und Heilige zu sehen. Passionsszenen schließen sich in den Arkaden und Hochschiffwänden an. Diese Darstellungen aus der Mitte des 15. Jahrhunderts ergänzte man nach der Reformation Ende des 16. Jahrhunderts durch Malereien des Sündenfalls, der Taufe Jesu, der Zehn Gebote sowie durch Bibelsprüche, Rankenwerk und Wappen. Auf die reichen Wandmalereien geht das in der Region bekannte Sprichwort »so bunt as die Lieberhuser Kerke« zurück.

Wallfahrt zur hl. Anna Selb-dritt nach Haltern am See

Annaberg, 45721 Haltern am See
Tel.: 02364/2464, www.st-sixtus.de

Nördlich von Recklinghausen liegt Haltern am See. Der sich südwestlich der Stadt erhebende Annaberg gehört zu den Ausläufern der Hohen Mark. Spätestens 1378 gab es hier eine vermutlich der hl. Anna geweihte Kapelle. Im Jahre 1556 wird erstmals über Heilungen am Annaberg berichtet. So heißt es: »Ein vom Aussatz befallener Hirt wusch sich in der Quelle auf dem Kommeberg und betete vor einem Bild der Mutter Anna, das an der Wegkapelle dort angebracht war und wurde gänzlich geheilt.«

Den Grundstein für die heutige Kapelle legte man 1653. Für die Pilger hielt der Ortspfarrer in unregelmäßigen Abständen Gottesdienst. 1674 erweiterte man die Kapelle, schließlich kam 1967 eine moderne und größere Kirche hinzu. Aus dem 15. Jahrhundert stammt das Gnadenbild der Anna Selbdritt, die Schnitzarbeit eines unbekannten niederrheinischen Meisters. Vom Kapellenplatz führt ein Kreuzweg durch den Annabergerwald zur Lourdesgrotte. Seit Ende des Zweiten Weltkrieges pilgern viele vertriebene Schlesier zum Annaberg, nachdem sie den Annaberg in ihrer Heimat nicht mehr besuchen konnten.

Klosterruine Heisterbach

Heisterbacher Straße, 53639 Königswinter, Tel.: 02223/700737
www.abtei-heisterbach.de

Ein eindrucksvolles Bild bietet die Chorruine der Zisterzienserabtei Heisterbach. Noch heute lässt die kunstvolle Apsis die Großartigkeit der spätromanischen Anlage erahnen. Heisterbach ist ein Stadtteil von Königswinter in der Nähe von Bonn.

Die Mönche eines 1189 auf dem nahen Petersberg gegründeten Filialklosters von Clairvaux übersiedelten schon vier Jahre später in das Heisterbacher Tal. Von 1202 bis 1237 errichteten sie eine gewaltige Klosteranlage, die bis zur

Säkularisation Anfang des 19. Jahrhunderts unverändert blieb. Im Jahre 1809 verkaufte die bergische Regierung das Kloster an einen französischen Unternehmer, der die Gebäude sprengte. Die Steine fanden beim Kanal- und Festungsbau Verwendung. Erhalten blieb nur die Apsis der Kirche, da der angebrachte Sprengsatz versagte.

An der Chorapsis kann man deutlich die den frühgotischen Zisterzienserformen und der niederrheinischen Baukunst der Stauferzeit verpflichtete Architektur erkennen. Ein kunstvoller, zweischaliger Aufbau, innere Arkaden auf verdoppelten Säulen und ein Laufgang mit hohen Rundbogenfenstern im Obergeschoss charakterisieren die

halbrunde Chorapsis, die ein äußerer Kapellenkranz umgibt. Von den historischen Klosterbauten blieb lediglich noch das um 1750 errichtete barocke Torhaus erhalten.

Nikolaikirche in Höxter `126`

Marktstraße, 37671 Höxter,
Tel.: 05271/7514
www.sankt-nikolai-hoexter.de

Höxter liegt am Oberlauf der Weser, rund 40 Kilometer östlich von Paderborn. Erstmals 822 erwähnt, erhielt der Ort im 13. Jahrhundert das Stadtrecht und trat der Hanse bei. Ihre größte Blüte erlebte die Stadt im 16. und 17. Jahrhundert.

Die Nikolaikirche wurde zwischen 1766 und 1779 als barocke Saalkirche gebaut. Einen in der Nähe der Stadtmauer am Nikolaitor gelegenen und baufällig gewordenen Vorgängerbau des 12. Jahrhunderts brach man ab. Den Neubau errichtete man in zentraler Lage am Marktplatz. Ende des 19. Jahrhunderts vergrößerte man die Kirche erheblich und gestaltete sie dem Zeitgeschmack entsprechend neoromanisch um.

Aus Höxter stammt der 1782 geschaffene barocke Hochaltar. Das ursprüngliche Altarbild ist nicht mehr vorhanden.

Bei der Erweiterung der Kirche brach man den Altar ab und lagerte Teile davon ein. Im Jahre 2006 konnten der Altar nach einem Foto rekonstruiert werden. Das jetzige Altarbild von Johann Georg Rudolphi stammt aus dem Besitz der Abtei Corvey und kam 1820 in die Kirche. Es zeigt Maria, den hl. Liborius und den hl. Meinolph sowie eine mittelalterliche Stadtansicht von Paderborn. Zur historischen Ausstattung gehört auch das Kreuz oberhalb des Tabernakels.

St. Georgsritt in Kallmuth 127

53894 Mechernich-Kallmuth
Tel.: 02484/1448
www.st-georgsritt-kallmuth.de

Seit mehr als einem halben Jahrhundert zieht es immer am 1. Mai Pilger zur Pfarrkirche St. Georg in Kallmuth in der Nordeifel. Viele Besucher beobachten und bestaunen den alljährlichen St. Georgsritt. Kallmuth ist heute ein Stadtteil der rund 40 Kilometer südwestlich von Köln gelegenen Stadt Mechernich.

Pfarrer Eugen Kranz, der von 1946 bis 1953 in Kallmuth wirke, belebte in seiner Gemeinde in den Nachkriegsjahren die Verehrung des hl. Georg. Wahrscheinlich sah er im Georgsritt, der immer am 1. Mai stattfindet, auch eine attraktive Konkurrenzveranstaltung zu den Arbeiter- und Gewerkschaftskundgebungen. Erstmals versammelte sich die Gemeinde 1953 zum Georgsritt, der mit einem Feldgottesdienst und einer Sakramentsprozession seinen Abschluss fand. Mehr als 1000 Fußpilger hatten die 60 Reiter begleitet. Noch 1953 wurde Eugen Kranz zum Pfarrer einer Krefelder Gemeinde ernannt. Doch seine Idee erwies sich als lebensfähig. Heute treffen sich bis zu 200 Pferde und mehrere Tausend Pilger auf einer Wiese am Schevener Weg. Dort beginnt der Georgsritt. Am Georgspütz zwischen Vollem und Kallmuth folgt der Festgottesdienst mit Segnung von Reitern und Pferden. Anschließend kehrt die Prozession nach Kallmuth zurück und klingt mit einem Volksfest aus.

Kloster Kamp in Kamp-Lintfort

Am Abteiplatz 13, 47475 Kamp-Lintfort
Tel.: 02842/91170, www.kloster-kamp.de

Kamp-Lintfort liegt etwa 10 Kilometer nordwestlich von Duisburg links des Niederrheins. Die in den 1930er Jahren durch Zusammenlegung mehrerer Ortschaften entstandene Gemeinde erhielt 1950 Stadtrecht.
Erzbischof Friedrich I. von Köln stiftete im Jahr 1122 auf dem sich über die Rheinebene erhebenden Kamper Berg das Zisterzienserkloster Altenkamp. Mönche aus Morimond besiedelten diese erste Zisterziensergründung in Deutschland. Kamp entfaltete durch seine vielen Tochterklöster eine weitreichende Wirkung. Im Jahre 1802 kam es im Zuge der Säkularisation zur Aufhebung der Abtei und zum Abbruch des Klosters.
Erhalten blieb die der Gottesmutter Maria geweihte Abteikirche, bestehend

aus dem zu Beginn des 15. Jahrhunderts erneuerten rechteckigen Chor und dem von 1683 bis 1700 errichteten Langhaus, einer dreischiffigen Backsteinhalle mit aufwendiger Barockausstattung. Besondere Beachtung verdienen Chorgestühl (1699), Kanzel und Orgelbühne sowie ein in der Marienkapelle aufbewahrtes Antependium. Diese in Köln gefertigte, kostbare gotische Stickerei (um 1320/30) zeigt eine Marienkrönung, Heilige und den Stifter.

Marienbasilika in Kevelaer

Basilikastraße, 47623 Kevelaer
Tel.: 02832/93380 (Wallfahrtsbüro)
www.wallfahrt-kevelaer.de

Seit der Zeit des Dreißigjährigen Krieges ist die »Muttergottes von Kevelaer« das Ziel vieler Wallfahrten. Nach einer Vision ließ der Hausierer Hendrick Busman 1642 für das Gnadenbild eine Kapelle errichten. Im Lauf der Jahrhunderte verblasste das Bild, ein kleiner Antwerpener Kupferstich, stark. Es zeigt Maria, auf dem linken Arm das bekrönte Jesuskind mit Weltkugel und in der Rechten ein Szepter haltend. Eine goldene Ehrenkrone, die zwei schwebende Engel halten, erhielt das Marienbild 1892 im Auftrag des Kapitels von

St. Peter in Rom. Heute besuchen jährlich etwa 700.000 Pilger den größten Wallfahrtsort Nordwesteuropas.

Um den Pilgerscharen ausreichend Raum für die Feier der Gottesdienste zu geben, errichtete man zwischen 1858 und 1864 die neogotische Basilika St. Maria. Etwa 5000 Personen finden in der Wallfahrtskirche Platz. Die gewaltige dreischiffige Backsteinbasilika mit Querhaus und vier Nebenchören zählt zu den Hauptwerken des Kölner Kirchenbaumeisters Vincenz Statz. In den Jahren 1883/84 kam es zum Anbau des 90 Meter hohen Westturms. Eine

reiche Ausmalung (1894 bis 1920er Jahre), die das Heilsgeschehen und die Stellung Mariens im Heilsplan Gottes thematisiert, prägt das Innere. 1923 wurde die Kirche zur päpstlichen »Basilica minor« erhoben.

Westportal im Hohen Dom St. Peter und Maria in Köln **130**
Kölner Dom, 50667 Köln, Tel.: 0221/17940-200, www.koelner-dom.de

Zweifellos zählt der Kölner Dom zu den bekanntesten deutschen Kirchen. Die Arbeiten an dem 1248 begonnenen Bau wurden im 16. Jahrhundert eingestellt und erst 1842 erneut aufgenommen. Am 15. Oktober 1880 erfolgte die Weihe. Zu dieser Zeit war der Dom mit einer Turmhöhe von 156 Metern das höchste Bauwerk der Welt. Heute ist das gotische Gotteshaus nach dem Ulmer Münster die zweithöchste Kirche Deutschlands und die dritthöchste der Welt überhaupt. Seit 1996 zählt die Kathedrale des Erzbistums Köln zum UNESCO-Weltkulturerbe.

Peter Fuchs schuf zwischen 1872 und 1880 die Figuren des Hauptportals, des mittleren der drei Westportale. Sie erzählen die gesamte Heilsgeschichte, beginnend bei Adam und Eva. Ausge-

zusammen. Als »porta coeli« (Tor des Himmels) steht Maria mit dem Jesuskind am Teilungspfeiler des Portals.

»Kolumba« – Kunstmuseum des Erzbistums Köln 131

Kolumbastraße 4, 50667 Köln
Tel.: 0221/933193-0, www.kolumba.de

Im Jahr 1853 gründete der »Christliche Kunstverein« in Köln das »Erzbischöfliche Diözesanmuseum«. Das Museum wurde im Zweiten Weltkrieg zerstört, die ausgelagerte Sammlung blieb erhalten. Nach mehreren Zwischenlösungen betrieb Joachim Kardinal Meisner Neubau und Neukonzeption des Museums. Peter Zumthor entwarf den 2007 eröffneten Museumsneubau, der die Ruine der kriegszerstörten Kirche St. Kolumba, die Kapelle »Madonna in

klammert bleibt die am mittleren Südportal dargestellte Leidensgeschichte Jesu. Auf dem Wimperg des Hauptportals erscheint Christus als Weltenrichter mit dem Buch des Lebens, umgeben von den vier großen Propheten. Die Tympanonreliefs spannen den Bogen vom Sündenfall bis zur Bergpredigt Jesu. Das Hauptportal fasst so das gesamte Bildprogramm am Äußeren der Kathedrale noch einmal in Christus als dem Weltenrichter

den Trümmern« (1950) und archäologische Ausgrabungen (1973–1976)
einbezieht. In dem Museum, das heute
den Namen »Kolumba« trägt, kann der
Besucher 2000 Jahre Kultur des Abendlandes erleben.

Das Museum versteht sich als Kunst-
museum in kirchlicher Trägerschaft und
versucht, das Thema der künstlerischen
Gestaltung umfassend darzustellen.
Neben traditionellen Objekten aus der
Kulturgeschichte des Christentums stehen auch moderne Rauminstallationen
oder Gebrauchsgegenstände des 20.
Jahrhunderts. Aus der Vielzahl der Ausstellungsstücke ragt Stephan Lochners
»Muttergottes mit dem Veilchen« (um
1440) heraus.

St. Andreas in Köln   132

Komödienstraße 6, 50667 Köln
Tel.: 0221/16066-0,
www.gemeinden.erzbistum-koeln.de/
st_andreas_koeln

An das alte Köln erinnern heute fast nur
noch die zahlreichen mittelalterlichen
Kirchen. Das Jahrhundert zwischen
1150 und 1250 gilt als das große der
Kölnischen Baukunst. Neben der Dom-
pfarre gab es im frühen Mittelalter aus-
gedehnte Landpfarreien aus römischer

Zeit, an denen sich Stifte ansiedelten.
Außer dem Domstift gab es sieben
Chorherrenstifte, drei Damenstifte und
drei Benediktinerabteien auf der rechten Rheinseite. Insgesamt zählte man
14 Männer- und 41 Frauenklöster.

Erzbischof Bruno I. gründete um 960
das Chorherrenstift St. Andreas noch
vor den Mauern der Stadt. Erst bei
der Stadterweiterung von 1106 bezog
man St. Andreas in den ummauerten
Bereich ein. Der um 1200 errichtete
staufische Neubau erlitt 1221 durch
Blitzschlag schwere Schäden. Seit Ende
des 13. Jahrhunderts baute man längs
der Seitenschiffe Kapellen an, um 1414
folgte der gotische Langchor. Nach der

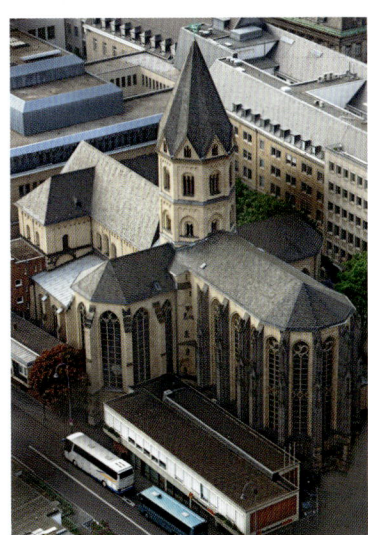

Aufhebung des Stifts 1802 übertrug man die Gebeine des hl. Albertus Magnus aus der abgebrochenen Dominikanerkirche hierhin. Kardinal Frings übergab Kirche und Pfarrei 1947 den Dominikanern. Bereits Anfang der 1950er Jahre hatte man die Kriegsschäden beseitigt.

Zur sehenswerten Ausstattung zählen das Kreuzigungstriptychon von Barthel Bruyn d. Ä. (um 1550), ein Ölgemälde mit der Kreuzigung des hl. Andreas vom barocken Hochaltar (1685), das Altartriptychon der Rosenkranzbruderschaft und der Machabäer-Schrein (1520–1527). Die Gebeine des hl. Albertus Magnus befinden sich in der Krypta in einem römischen Sarkophag.

St. Severin in Köln 133

Im Ferkulum 29, 50678 Köln
Tel.: 0221/931842-0
www.sankt-severin.de

Die ehemalige Stiftskirche St. Severin liegt im südlichen Teil der Kölner Altstadt. Sie entstand über einem Gräberfeld an der alten römischen Straße nach Bonn. Eine kleine, nach Westen ausgerichtete Kapelle wurde noch in rö-

mischer Zeit dreischiffig erweitert und im frühen Mittelalter verlängert. Die im 9. Jahrhundert errichtete dreischiffige Pfeilerbasilika nahm die Gebeine des hl. Severin in einer Confessio unter dem Hochaltar auf. Mitte des 11. Jahrhunderts legte man unter dem Chor eine Hallenkrypta an. Den Langchor wölbte man im 13. Jahrhundert ein, gleichzeitig entstanden die beiden Türme an der Apsis. Bei Umbauten an der Wende vom 15. zum 16. Jahrhundert entstand die spätgotische Pfeilerbasilika in ihrer heutigen Form.

Eine Kreuzigungsdarstellung (um 1260) blieb am Apsisbogen des Chores erhalten. Hinter dem Hochaltar steht auf romanischen Säulen ein im Jahre 1819 neu geschaffener Gitterkasten – der Schrein mit den Reliquien des hl. Severin, des dritten bekannten Kölner Bischofs († um 400). Das Chorgestühl aus Eichenholz entstammt dem 13. Jahrhundert. Erwähnung verdienen auch einige Epitaphe, ein Memorialaltar (1614), ein hölzernes Gabelkreuz (um 1330) und das spätgotische Taufbecken.

St. Peter und Paul in Kranenburg

134

Kirchplatz, 47559 Kranenburg
Tel.: 02826/226, www. kirchensite.de/
bistumshandbuch/k/kranenburg

Direkt an der niederländischen Grenze, nicht weit entfernt von Kleve, liegt die Gemeinde Kranenburg. Der von den Klever Grafen gegründete Ort besaß im Mittelalter Stadtrecht, verlor diesen Status aber zu Beginn des 19. Jahrhunderts.

Zahlreiche Menschen pilgerten Anfang des 14. Jahrhunderts aufgrund eines Hostienwunders nach Kranenburg. Im Jahre 1280 spuckte ein Hirt eine Hostie in einen Baum, 28 Jahre später beichtete er diesen Vorfall. Als man daraufhin den Baum fällte, soll man bei der Spaltung des Holzes eine Christusfigur gefunden haben. Schnell sprach sich die Nachricht von dem »aus der Hostie gewachsenen Kreuz« herum und Kranenburg entwickelte sich zum größten Wallfahrtsort in der Grafschaft Kleve.

Die vermutlich bereits im 14. Jahrhundert fertiggestellte Pfarr- und Wallfahrtskirche St. Peter und Paul ersetzte man in der ersten Hälfte des 15. Jahrhunderts durch eine Pseudobasilika mit Westturm. Bis heute verehrt wird das »Wundertätige Kreuz«, ein schlichter

Holzkorpus in silberner Fassung. Am ersten Sonntag nach dem 14. September findet die alljährliche Kreuzprozession statt.

Domschatz in Minden

135

Haus am Dom, Kleiner Domhof 30,
32423 Minden
www.dom-minden.de

Minden wuchs aus einem erstmals im Jahre 798 erwähnten Fischerdorf, dem um 800 gegründeten Bischofssitz und einer Kaufmannssiedlung zusammen. Der den hl. Petrus und Gorgonius geweihte Dom geht auf das 9. Jahrhundert zurück. Häufige Umbauten und Erweiterungen fanden erst um 1340 ein Ende. Im Zweiten Weltkrieg bis auf die Außenmauern zerstört, erfolgte bis 1957 die Rekonstruktion der Kirche. Unmittelbar neben der Kathedrale bewahrt das »Haus am Dom« einen der bedeutendsten Kirchenschätze Deutschlands auf. Wertvolle Kreuze, liturgisches Gerät, Reliquiare und Gewänder machen die über 850-jährige Geschichte des Bistums Minden lebendig. Herzstück der Schatzkammer ist der berühmte »Mindener Kruzifixus«, ein ursprünglich vollständig vergoldetes Bronzekreuz (um 1070/1120). Jesus ist ohne Dornenkrone und Seitenwunde dargestellt. Sein geneigter Kopf zeigt den Augenblick des Todes an. Doch wenn man Christus länger ins Gesicht schaut, dann erkennt man

nicht das Bild eines Toten, sondern das des Siegers, der auferstehen wird. Mit dem Petrischrein (um 1070) zeigt der Mindener Domschatz ein weiteres einzigartiges Stück.

Evangelische Hauptkirche in Mönchengladbach-Rheydt

Hauptstraße, 41236 Mönchengladbach OT Rheydt, Tel.: 02166/94860
www.kirche-rheydt.de

Bereits im 10. Jahrhundert existierte in Rheydt eine Pfarrei. 1856 erhielt Rheydt Stadtrecht. Mit der Industrialisierung verbunden war ein starker Anstieg der Bevölkerung. Trotz seiner rund 100.000 Einwohner vereinigte man Rheydt 1975 mit Mönchengladbach. Da, wo sich heute die evangelische Hauptkirche erhebt, befand sich bis 1899 die »Alte Hauptkirche«. Ihre Ursprünge reichten ins Mittelalter zurück. Im 16. Jahrhundert setzte sich in der Herrschaft Rheydt das reformierte Bekenntnis durch. Für die wachsende Zahl von Einwohnern reichte die Dorfkirche im 19. Jahrhundert nicht mehr aus. Als auch die 1866 gebaute Friedenskirche die Besucher nicht mehr fasste, riss man die alte Kirche ab. Den Neubau errichtete der Berliner Kirchenbaumeister Johannes Otzen (1839–1911). Sein Zentralbau erfüllte die Anforderungen der reformierten Gemeinde und knüpfte an die große Tradition protestantischer Gemeinde- und Predigtkirchen des 17. und 18. Jahrhunderts an. Otzen verband romanische und gotische Stilelemente. Trotz erheblicher Kriegsschäden blieb die Ausstattung mit Kanzelaltar und Sauer-Orgel in weiten Teilen erhalten. Zur Zeit restauriert man die Jugendstilausmalung. Neue Fenster sind in Planung, um Teile der wenig geglückten Fenster (1962) zu ersetzen.

Kardinal Clemens August Graf von Galen in Münster 137

Einer der eindrucksvollsten Prediger, der seine Stimme gegen den Nationalsozialismus erhob, war Clemens August Graf von Galen. Der »Löwe von Münster« kam 1929 als Pfarrer an die Lambertikirche in Münster, nachdem er 23 Jahre als Seelsorger in Berlin gewirkt hatte. Vier Jahre später berief ihn der Papst zum Bischof von Münster. Als die Nazis 1941 in Münster erste Klöster beschlagnahmten und die Ordensleute vertrieben, prangerte Bischof von Galen bereits am nächsten Tag bei einer Predigt in St. Lamberti die Methoden der Herrschenden an. In einer zweiten Predigt am 3. August 1941 verurteilte er die Tötung von Geisteskranken als Mord. Die Texte seiner Predigten verbreiteten sich in Windeseile. Es gab viel Zustimmung für den Bischof und die Machthaber wagten es nicht, gegen ihn vorzugehen. Papst Pius XII. ernannte den Münsteraner Bischof Anfang 1946 zum Kardinal. Doch schon eine Woche nach der Rückkehr aus Rom starb Kardinal Clemens August Graf von Galen am 22. März 1946 überraschend an einem Blinddarmdurchbruch. Sein Grab findet sich in der Ludgerus-Kapelle des St.-Paulus-Doms zu Münster.

Kreuzigungsgruppe am Dom in Münster

Domplatz, 48143 Münster
www.paulusdom.de

Seit 2004 bereichert ein eindrucksvolles Kunstwerk den Domplatz in Münster. Der Künstler Bert Gerresheim aus Düsseldorf schuf eine neue Kreuzigungsgruppe, die an der Nordseite des Doms ihren Platz fand. An einem tauförmigen Astkreuz hängt ein geschundener Christus. Der Körper ist entstellt durch die Geißelungen, der Kopf umschlossen von einer Dornenkrone, die aus Stacheldraht gemacht zu sein scheint. Nicht Maria und Johannes stehen unter dem Kreuz, sondern die Seligen Clemens August Kardinal von Galen, Anna Katharina Emmerick und Schwester Maria Euthymia. Etwas

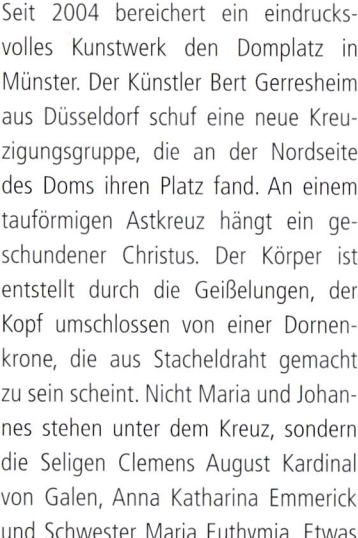

abseitig sitzt Jan van Leiden, der Wiedertäuferkönig. Er ist für Gerresheim das Symbol verfehlter Nachfolge in der Verbindung von apokalyptischer Vision und Gewalt. Zu seinen Füßen weisen zerbrochene Symbole auf schreckliche Zeiten der Geschichte: Ein Figurentorso erinnert an die Bilderstürmer, die Herrschaftsinsignien des Jan van Leiden an die Wiedertäuferherrschaft in Münster, Hakenkreuz und Judenstern an die Zeit des Nationalsozialismus und Hammer und Sichel an den Kommunismus.

Finanziert wurde die Bronzeskulptur durch eine private Spende. Sie ersetzt eine durch Witterungseinflüsse stark beschädigte barocke Kreuzigungsgruppe aus Sandstein.

Bibelmuseum in Münster **139**

Pferdegasse 1, 48143 Münster
Tel.: 0251/83-22580
www.uni-muenster.de/Bibelmuseum

Mittlerweile gibt es bereits einige Bibelmuseen. Doch das Bibelmuseum der Universität Münster ist anders. Hier steht nicht das Leben zurzeit der Entstehung der Bibel im Mittelpunkt, sondern das Buch selbst.

Das Museum gehört zum Institut für neutestamentliche Textforschung der

Evangelisch-Theologischen Fakultät in Münster und zeigt eine Fülle von Originalen, angefangen bei einem kleinen Stück Pergament aus dem 5. Jahrhundert mit einem Abschnitt des Johannesevangeliums bis zu Handschriften des 16. Jahrhunderts. Ein langer Schaukasten birgt eine Torarolle (14. Jahrhundert). Aus der Zeit des frühen Buchdrucks gibt es zum Beispiel die deutsche Bibel von Anton Koberger (1483), das erste griechische Neue Testament (1514) und die erste vollständige Lutherbibel (1534) zu sehen. Aber auch moderne Bibelübersetzungen und Bibelillustrationen sind Gegenstand der Dauerausstellung. Jüngere Besucher interessieren sich besonders für die kleinste Bibel der Welt, den originalgetreuen Nachbau einer Gutenbergpresse oder die Sammlung von Kinderbibeln.

St. Quirinius-Münster in Neuss

Münsterplatz, 41460 Neuss
Tel.: 02131/222327
www.st-quirinus-neuss.de

Neuss, gegenüber von Düsseldorf auf der linken Rheinseite gelegen, geht auf ein römisches Kastell zurück. Über dem römischen Gräberfeld entstand eine mittelalterliche Siedlung, bei der wohl um 850 ein Kloster gegründet wurde. Die im 12. Jahrhundert befestigte Stadt entwickelte sich zu einem wichtigen Fernhandelsplatz.

Die ehemalige Klosterkirche der Benediktinerinnen trug spätestens Ende des 10. Jahrhunderts den Weihenamen St. Quirinius. Wahrscheinlich kam es im 11. Jahrhundert nach der Überführung von Reliquien des Kirchenpatrons, eines römischen Märtyrers, zu einem Neubau. Auf diesen könnte die fünfschiffige Krypta zurückgehen. Nach der Umwandlung des Klosters in ein adliges Damenstift begann 1209 der Bau der bestehenden Kirche, die sich an Kölner Vorbildern orientiert.

St. Quirinius ist eine der letzten Kirchen der glanzvollen Reihe spätromanischer Gotteshäuser am Rhein. Der ungewöhnlich reich dekorierte Bau weist schon Einflüsse der frühen Gotik auf. Zur Ausstattung gehören eine Madonna des »weichen Stils«, das geschnitzte Chorgestühl (15. Jahrhundert), ein Gabelkruzifixus (um 1360) und ein überlebensgroßer hl. Christophorus.

St. Pankratius in Odenthal

51519 Odenthal, Tel.: 02202/79805
www.pankratius-odenthal.de

Odenthal liegt im Westen des Bergischen Landes, nicht weit entfernt von Leverkusen und Köln. Fränkische Siedler kamen im 10. Jahrhundert in diese waldreiche Gegend. Im nahen Ortsteil Altenberg stand die Burg Berge der Grafen von Berg. Graf Adolf II. stiftete die Burg dem Zisterzienserorden, der hier das Kloster Altenberg anlegte.

Mitten im historischen Ortskern mit seinen Fachwerkhäusern steht die romanische Pfarrkirche St. Pankratius. Die im 11. Jahrhundert errichtete Pfeilerbasilika zählt zu den ältesten Kirchen des Bergischen Landes und ersetzte einen wohl 100 Jahre alten hölzernen Vorgänger. Vorbild der Kirche waren römische Basiliken mit rechteckigem Langhaus und einer abschließenden Apsis. Am Ende des 19. Jahrhunderts erneuerte man die Kirche: Die Apsis brach man ab, Querschiff, Apsis und seitliche Sakristeien wurden neu errichtet und die Außenmauern mit Kalkstein verblendet.

Den Innenraum des dreischiffigen Gotteshaus prägt der Kontrast zwischen der dunklen Kassettendecke und den weiß gekalkten, mit Blattornamenten bemalten Wänden. Ins 12. Jahrhundert datiert man die achteckige Granittaufe. Im Kirchturm hängen vier wertvolle Glocken (11.-14. Jahrhundert), darunter die vermutlich älteste des Rheinlands (1050).

Liborischrein in Paderborn   142

Domplatz, 33098 Paderborn
Tel.: 05251/125-1630
www.erzbistum-paderborn.de/dom

Der Paderborner Liboriusdom ist die Kathedrale des Erzbistums Paderborn. Kaiser Karl der Große ließ hier eine erste Kirche bauen. Im Jahre 836 überführte man die Gebeine des hl. Liborius aus Le Mans nach Paderborn.

Bis heute steht der kostbare Schrein, der die Reliquien des Heiligen birgt, im Mittelpunkt des alljährlich Ende Juli stattfindenden Diözesanfestes. Dabei wäre die Liboriusverehrung im Dreißigjährigen Krieg fast zu Ende gegangen. Im Jahre 1622 plünderte Herzog Christian von Braunschweig-Wolfenbüttel, der »tolle Christian«, den Dom. Dabei fiel ihm auch der mittelalterliche Liborischrein in die Hände, den er einschmelzen ließ. Die Reliquien tastete er aber nicht an und übergab sie kurz vor seinem Tod dem Rheingrafen Philipp Otto. So konnten die Gebeine des Heiligen 1627 nach Paderborn zurückkehren. Ein neuer Schrein erwartete die Reliquien. Hans Krako von Dringenberg schuf das wertvolle Reliquiar, das mit seiner altertümlichen Hausform an den mittelalterlichen Vorgänger anknüpft. Auf den Dachschrägen sind die Dompatrone Liborius und Kilian sowie die lateinischen Kirchenväter zu sehen. Die vordere Schmalseite zeigt die Kreuzigung, die rückwärtige eine Marienkrönung. Eine Vielzahl kleiner Heiligenfiguren ziert First und Traufenzone des Schreins.

Krippenmuseum in Telgte   143

Herrenstraße 1-2, 48291 Telgte
Tel.: 02504/93120
www.museum-telgte.de

Vor den Toren Münsters, nur rund 12 Kilometer in östlicher Richtung entfernt, liegt Telgte. Bereits im Jahre 1934 fand hier eine Ausstellung von Weihnachtskrippen statt. Das heutige Krippenmuseum entstand 1994 nach Plänen des renommierten Museumsarchitekten Josef Paul Kleihues als lang gestrecktes, dreigeschossiges Gebäude aus Sandstein und mit einem Kupferdach. So steht das Museum im Einklang mit der nahe gelegenen barocken Wallfahrtskapelle.

Zahlreiche traditionelle und moderne Exponate veranschaulichen die Geschichte der Weihnachtskrippe. Zu den historisch wertvollen Krippen zählt die um 1820 entstandene aus der Jesuitenkirche in Münster. Doch das Museum beschränkt sich nicht auf deutsche Krippen, auch solche aus Südamerika oder Afrika zählen zu den etwa 150 Ausstellungsstücken. Wechselnde Sonderausstellungen ergänzen die ganzjährig geöffnete Dauerausstellung.

Syrisch-orthodoxes Kloster in Warburg

Klosterstr. 10, 34414 Warburg
Tel.: 05641/740564
http://sor.cua.edu/ChMon/Germany/WarburgDYSarug.html

Warburg ist eine Kleinstadt im Kreis Höxter im Osten Nordrhein-Westfalens. Der Name der Stadt leitet sich ab vom »Wartberg«, einem Burgberg und Grafensitz. Bei der an einer Furt der Diemel gelegenen Siedlung kreuzten sich mehrere Fernhandelswege, welche die Entwicklung der 1010 erstmals erwähnten Stadt förderten.

Im Jahre 1281 kamen die Dominikaner nach Warburg. Das im 19. Jahrhundert aufgehobene und nach dem Kulturkampf wiedergegründete Dominikanerkloster erhielt Anfang des 20. Jahrhunderts einen neuen Gebäudekomplex (1906–1915). In den 1990er Jahren musste der Orden das Kloster aufgeben. Doch er fand einen Nutzer, der das Klosterleben weiterführt: die deutsche Diözese der syrisch-orthodoxen Kirche. Heute sind die Gläubigen dieser altorientalischen Kirche auf der ganzen Welt zu Hause, rund 60.000 auch in

Syrisch-orthodoxes Kloster, Warburg

Deutschland in 43 Gemeinden mit 28 Kirchen.

Jetzt trägt das Kloster den Namen »Jakob von Sarug« nach einem syrischen Bischof und Hymnendichter (451–521). In Warburg selbst leben etwa 60 syrisch-orthodoxe Familien. Bischof Mor Dionysius Isa Gürbüz rief 1998 im Kloster ein theologisches Seminar ins Leben, in dem 25 Studenten unterrichtet werden.

Wallfahrt und Wallfahrtskirche Mariä Heimsuchung in Werl

145

Klosterstr. 17, 59457 Werl
Tel.: 02922/982116 oder 9820 (Wallfahrtsleitung), www.wallfahrt-werl.de

Bereits um 900 war das östlich von Dortmund gelegene Werl Sitz eines Grafengeschlechtes. Die sich entwickelnde Siedlung lag an der Kreuzung des Hellweges und einer Ruhr-Lippe-Straße.

Vermutlich um 1170 in Schweden entstand das heute in Werl verehrte Gnadenbild. Doch die würdevolle romanische Maria mit Kind kam auf Umwegen nach Werl. Zuerst verehrt wurde das Bild im nahen Soest, zu seinen Ehren errichtete man um 1370 die Wiesenkirche. Doch im Reformationszeitalter nahm Soest die evangelische Lehre an, das Marienbild kam auf den Kirchenboden. Als 1649 Kapuziner nach Werl kamen, bemühten sie sich erfolgreich um eine Übertragung des Gnadenbildes. Seit 1661 ist Werl Marienwallfahrtsort. Heute betreuen Franziskaner die Werler Wallfahrt. Zwischen 1904 und 1906 entstand die große neoromanische Wallfahrtskirche, 1953 von Papst Pius XII. zur »Basilica minor« erhoben. Erhalten blieb auch die alte, spätbarocke Wallfahrtskirche (1786–1789), mit dem bemerkenswerten Drehtabernakel des Hochaltars. Das Altargemälde zeigt eine Darstellung der Heimsuchung Mariens.

Rheinland-Pfalz und Saarland

St. Peter in Bacharach **146**

Blücherstr. 1, 55422 Bacharach
Tel.: 06743/1219

Bacharach liegt zwischen Mainz und Koblenz am Rhein. Traurige Berühmtheit erlangte die Kleinstadt im Mittelalter: Der ungeklärte Tod des Tagelöhners Werner im Jahre 1287 führte zu blutigen Ausschreitungen gegen die Juden, da Werner bei einer jüdischen Familie in Stellung war. Eine Legende berichtet, die Juden hätten ihn ermordet, weil sie sein Blut für das Passah-Fest benötigten. Diese Vorstellung war im Mittelalter weit verbreitet. Nach der Auffindung der Leiche am Gründonnerstag erschütterte eine Pogromwelle die Gegend. Heinrich Heine verarbeitete die Legende in der Erzählung »Der Rabbi von Bacharach«. Die ehemalige Stifts- und heutige evangelische Pfarrkirche St. Peter wurde seit dem Ende des 12. Jahrhunderts als dreischiffige Basilika er-

richtet. Ein massiver Westturm, dessen zinnenbewehrtes Obergeschoss man im spätgotischen Stil ausführte, dominiert die eher kleine Kirche. Zwei kleine Rundtürme flankieren die halbkreisförmige Apsis. Das nur 11 Meter lange Mittelschiff ragt 17 Meter in die Höhe. In vier Geschosse gliedert sich der Innenraum: Arkadenzone mit längsrechteckigen Pfeilern, Empore, blindes Triforium und kleine Obergadenfenster.

Laurentiuskirche in Bad Neuenahr-Ahrweiler

Marktplatz, 53474 Bad Neuenahr-Ahrweiler, Tel.: 02641/34737
www.laurentius-aw.de

Bad Neuenahr-Ahrweiler entstand im Jahre 1969 durch Zusammenschluss der vorher selbstständigen Städte Bad Neuenahr und Ahrweiler und liegt im nördlichen Rheinland-Pfalz. Ahrweiler wurde erstmals im Jahre 893 in einem Güterverzeichnis der Benediktinerabtei Prüm erwähnt, seit 1204 ist die Pfarrkirche bezeugt.

Den Grundstein der heutigen Laurentiuskirche, der ältesten Hallenkirche des Rheinlandes, legte man 1269. Strebepfeiler gliedern das Äußere des dreischiffigen gotischen Gotteshauses.

Giebelkranz und Spitzhelm schließen den dreigeschossigen Turm ab. Charakteristisch sind die Walmdächer über den je vier Jochen der Seitenschiffe. Die großen gotischen Fenster geben dem Chorraum und den beiden Nebenchören viel Licht, während Emporeneinbauten die Helligkeit im Langhaus dämpfen. Kräftige Rundpfeiler tragen die Kreuzrippengewölbe. Ein schönes schmiedeeisernes Gitter aus dem 18. Jahrhundert trennt den Chorraum vom Schiff. Die bei der Restaurierung im Jahre 1903 entdeckten Fresken des 15. Jahrhunderts zeigen biblische Szenen, Heilige und die Kirchweihe.

St. Nikolaus-Hospital in Bernkastel-Kues **148**

Cusanusstr. 2, 54470 Bernkastel-Kues
Tel.: 06531/2260, www.cusanus.de

Bernkastel-Kues liegt zwischen Trier und Koblenz an der Mosel. Nikolaus von Kues (1401–1464) stiftete in seiner Heimatstadt ein Hospital, das den Namen »Cusanusstift« trägt. Der Sohn einer wohlhabenden Bürgerfamilie war eine der großen Gestalten der Kirchengeschichte des 15. Jahrhunderts. Als Kardinal, päpstlicher Legat, Konzilstheoretiker und Streiter für die Einheit und Erneuerung der Kirche trat der Theologe Nikolaus von Kues in Erscheinung. Darüber hinaus trug ihm seine umfassende Bildung den Ruf eines Universalgelehrten ein.

Nikolaus von Kues stiftete das St. Nikolaus-Hospital im Jahre 1458. Er bestimmte, dass in dem Armenhospital 33 alleinstehende Männer aus Adel, Klerus und einfachem Volk aufgenommen werden sollten. Bis heute erfüllt das Stift diese Aufgabe. Seit Ende der 1960er Jahre leben auch Frauen in dem Altenheim.

Zu den Sehenswürdigkeiten des am Moselufer errichteten Hospitals zählen die Kapelle mit dem Grab des Stifters, der historische Kreuzgang und die mittelalterliche Bibliothek mit ihrer einzigartigen Sammlung von Handschriften. Eine schlanke, achteckige Mittelsäule trägt das Gewölbe der Kapelle. Das Gerichtsbild an der Kapellennordwand sollte eine ständige Mahnung für die Bewohner des Hospitals sein. Ein Kölner Meister schuf den prächtigen Passionaltar (um 1460/70).

Serbisch-Orthodoxe Mönchsskite in Geilnau

149

Lahnstraße 31, 56379 Geilnau, Tel.: 06439/7364, www.spyridon-skite.de

Eine Skite ist eine klösterliche Gemeinschaft von Mönchen, die formell einem Kloster untersteht, sich aber selbst verwaltet. Namensgeber des Wortes »Skite« war die Sketische Wüste in Ägypten, in die sich im 4. Jahrhundert Eremiten zurückzogen. Seit Ende der 1980er Jahre existiert auch in Deutschland eine Skite: In Geilnau, zwischen Koblenz und Limburg an der Lahn gelegen, befindet sich die zur serbisch-orthodoxen Kirche gehörende Skite des hl. Spyridon.

Eine kleine Gemeinschaft orthodoxer Mönche erwarb 1989 in Geilnau einen ehemaligen Gasthof und richtete sich eine Kapelle ein. Der serbisch-orthodoxe Bischof Konstantin von Mitteleuropa erhob die Gemeinschaft in den 1990er Jahren zur Skite und ordnete sie dem serbischen Kloster in Hildesheim zu. Besucher sind gern gesehen, die Mönche bitten lediglich um vorherige Anmeldung. Erwachsene Männer, auch nicht-orthodoxe Christen, können eine Zeitlang in der Skite leben und das klösterliche Leben kennenlernen. Die Gottesdienste werden meist auf Deutsch, aber auch in anderen Sprachen gefeiert. Zur Zeit besteht die Gemeinschaft aus dem Abt, einem Priestermönch und einem Mönch.

Felsenkirche in Idar-Oberstein

Im Gebück, 55743 Idar-Oberstein
Tel.: 06781/22270
http://www.felsenkirche-oberstein.de

Durch ihre Lage wurde die Felsenkirche zum Wahrzeichen der im Jahre 1933 aus mehreren Orten gebildeten Stadt Idar-Oberstein. Eine Felswand und die Burg Bosselstein überragen die Kirche, unterhalb liegt der Stadtteil Oberstein. Seit 1981 betritt man die Kirche durch einen in den Felsen geschlagenen Tunnel.
Verschiedene Sagen ranken sich um die Entstehung der Kirche. Eine erzählt von den Brüdern Wirich und Emich, die auf der Burg Bosselstein lebten. Beide liebten Bertha von Lichtenburg. Als Wirich von der Verlobung seines jüngeren Bruders mit Bertha erfuhr, stürzte er ihn aus dem Fenster. Zur Sühne für diese Tat errichtete er mit eigenen Händen eine Kapelle, den Vorläufer der heutigen Kirche.

Wahrscheinlich steht die Felsenkirche auf den Fundamenten einer hochmittelalterlichen Burg. Erstmals findet eine Kapelle um 1340 Erwähnung. Im Jahre 1484 schließlich weihte man die neu errichtete Kirche. Aus der Ausstattung der Kirche ragt das Altarbild heraus. Der gemalte Flügelaltar (um 1400) zeigt die Kreuzigung Jesu, umrahmt von vier Passionsszenen.

Stiftskirche in Landau

Stiftsplatz, 76829 Landau in der Pfalz, Tel.: 06341/922255
www.stiftskirche-landau.de

Im Südwesten von Rheinland-Pfalz liegt Landau, die drittgrößte Stadt der Pfalz. Graf Emich IV. von Leiningen-

Landeck gründete hier um 1260 eine vorgelagerte Befestigung seiner Burg Landeck. König Rudolf I. von Habsburg erhob Landau 1291 zur Reichsstadt.

Die im Jahr 1333 geweihte Stiftskirche ist die älteste Kirche der Stadt. Ursprünglich diente sie den Augustiner-Chorherren als Stiftskirche. Bald nach der Fertigstellung des Baus (um 1340) begann die Errichtung des Westturms, die sich bis Mitte des 15. Jahrhunderts hinzog. Wenig später baute man auf der Nordseite ein zweites Seitenschiff an. In der Reformationszeit traten die meisten Landauer zur lutherischen Leh-

re über, doch die Stiftsherren blieben katholisch. Sie bekamen den Chor zugesprochen, die evangelische Gemeinde erhielt das Langhaus. So entstand eine Simultankirche, bis 1893 von beiden Konfessionen genutzt.

Das obere Bildfeld des frühgotischen Westportals erzählt aus dem Leben Marias, der die Kirche ursprünglich geweiht war. Durch seinen einheitlichen gotischen Stil und seine schlichte Ausstattung beeindruckt der Innenraum. Einige der ehemaligen Kunstwerke, wie z. B. der Taufstein (1506), erfüllen bis heute ihren Zweck in der Augustiner- oder der Marienkirche. Das beeindruckende historische Orgelgehäuse aus der Barockzeit (1772) birgt ein modernes Werk der Orgelbaufirma Rieger aus Österreich mit 47 Registern, verteilt auf drei Manuale und Pedal.

Bischöfliches Dom- und Diözesanmuseum in Mainz

Domstraße 3, 55116 Mainz
Tel.: 06131/253344
www.dommuseum-mainz.de

Mit mehr als 2000 Quadratmetern Ausstellungsfläche zählt das 1925 eröffnete Mainzer Dom- und Diözesanmuseum zu den größten seiner Art. Die ehemaligen Räume des Domkapitels und der zweigeschossige spätgotische Domkreuzgang bilden den Rahmen für Kunstwerke aus zwei Jahrtausenden. Gezeigt werden Objekte, die ehemals zur Ausstattung des Domes oder der Kirchen der Diözese Mainz gehörten. Darüber hinaus veranstaltet das Museum zahlreiche Wechsel- und Sonderausstellungen.

Im Untergeschoss, einer vor wenigen Jahren freigelegten zweischiffigen Gewölbehalle aus staufischer Zeit, sind Zeugnisse aus der römischen Epoche der Stadt sowie aus Romanik und Gotik zu sehen. Besonders beeindrucken die einzigartigen Fragmente der Westchorschranke (um 1240) des »Naumburger Meisters«. Das Obergeschoss des Kreuzgangs beherbergt die Abteilung Spätmittelalter und Neuzeit. Hier zieht gleich am Eingang eine triumphale, sechs Meter hohe Kreuzigungsgruppe (1519) aus der Werkstatt des Hans Backoffen die Blicke auf sich. Mehr als 60 weitere Kunstwerke sind zu sehen, so Gemälde aus der Cranach-Werkstatt, ein Drehtabernakel oder das 1841 geschaffene Denkmal für den »Frauenlob« genannten Sänger Heinrich von Meißen († 1318). Nikolauskapelle und Sakristei beherbergen den reichen Domschatz.

Mainz, Domkreuzgang

Schlosskirche in Meisenheim 153

Schlossplatz, 55590 Meisenheim
Tel.: 06753/2381

Vermutlich ins 7. Jahrhundert zurück reichen die Anfänge der am Nordrand des Pfälzer Berglandes gelegenen Kleinstadt Meisenheim. An die Zeit als Residenz der Grafen von Veldenz und der Herzöge von Pfalz-Zweibrücken erinnern heute noch das »Schloss Magdalenenbau« und vor allem die Schlosskirche.

Wahrscheinlich besaß Meisenheim bereits im 10. Jahrhundert eine Kirche. Als nach dem Aussterben der Veldenzer die Grafschaft an Pfalz-Zweibrücken gefallen war, ließ Herzog Ludwig I. in seiner neuen Residenz Meisenheim seit 1479 eine neue Schlosskirche errichten. Ab 1482 wirkte Philipp von Gmünd von

St. Peter in Merzig

Propsteistraße 1, 66663 Merzig
Tel.: 06861/2434
www.sankt-peter-merzig.de

Merzig, Kreisstadt und Bahnstation an der Linie Saarbrücken-Trier, zählt zu den ältesten Orten im Saarland. Schon in römischer Zeit bestand hier eine Siedlung, auf die ein fränkischer Königshof folgte. Im 9. Jahrhundert kam Merzig in den Besitz der Erzbischöfe von Trier. Ein erstmals 1152 bezeugtes Augustiner-Chorherrenstift wurde 1182 in ein Priorat der Prämonstratenser umgewandelt. Damals begann auch der Neubau der bereits Anfang des 13.

der Frankfurter Dombauhütte als Baumeister. Er schuf die 1504 geweihte dreischiffige, netzrippengewölbte Hallenkirche.

Mit dem Übertritt der Herzöge von Pfalz-Zweibrücken wurde die Schlosskirche lutherische und später reformierte Kirche. Zwischen 1766 und 1770 erfolgte durch Philipp Heinrich Hellermann eine barocke Umgestaltung. Aus dieser Zeit stammen Kanzel, Emporen und Orgelprospekt. Besondere Beachtung verdienen die Renaissance-Epitaphien in der herzoglichen Grabkapelle, insbesondere das Grabmal von Herzog Wolfgang und seiner Frau Anna von Hessen.

Jahrhunderts vollendeten Klosterkirche. Die dreischiffige, kreuzförmige Basilika mit Westturm, ehemals flach gedecktem Langhaus, gewölbtem Querschiff, halbrunder Apsis, Chorflankentürmen und Nebenapsiden zählt zur sogenannten »Rhein-Maas-Romanik«. Besonders an der Ostseite wird die ideelle Nähe zur Klosterkirche von Maria Laach deutlich. Das gotische Gewölbe kam im 16. Jahrhundert nach einem Brand hinzu. Obwohl romanisch anmutend, stammt der Westturm in seiner jetzigen Form aus dem 18. Jahrhundert.

Zur reichen Ausstattung zählen ein überlebensgroßes Gabelkreuz mit Corpus (um 1300), eine Pietà (17. Jahrhundert), Sandsteinfiguren Jesu, Mariens und der Apostel (um 1700), die Taufe (um 1700) und der von einem Pelikan bekrönte Hochaltar in Formen des Rokoko (um 1738).

Pfarrkirche in Monreal 155

56729 Monreal, Tel.: 02656/240,
www.pfarrei-monreal.de

Idyllisch liegt Monreal im Tal des Elzbaches zwischen Hoher Eifel und Voreifel, rund 30 Kilometer westlich von Koblenz. Ursprünglich hieß der Ort »Cunis-

berch« (Königsberg). Später übersetzte man den Namen ins Französische: »Monroial«. Daraus wurde der heutige Name »Monreal«. Bekanntheit erlangte das Dorf durch seinen gut erhaltenen Ortskern mit zahlreichen restaurierten Fachwerkhäusern.

Die kleine katholische Pfarrkirche wurde um 1460 erbaut. Bruchsteinmauerwerk, der Westturm mit seinem spitz zulaufenden Dach und die hoch ansetzenden Strebepfeiler geben dem Äußeren sein typisches Aussehen. Über drei Joche erstreckt sich das einschiffige und kreuzrippengewölbte Langhaus. Im Osten schließt sich der polygonal

geschlossene Chor mit Netzgewölbe an. Zur Ausstattung gehören ein von Johanna von Horn gestiftetes, reich verziertes gotisches Sakramentshäuschen (1464) und Skulpturen der Apostel vom nicht mehr vorhandenen Apostelaltar (1482). Aus dem 19. Jahrhundert stammen der neogotische Hochaltar und die Glasmalereien, auf denen Auffindung und Erhöhung des hl. Kreuzes und Szenen aus dem Marienleben zu sehen sind. Erhalten blieben auch spätgotische und barocke Heiligenfiguren.

Kloster Arnstein in Obernhof 156

Kloster Arnstein, 56379 Obernhof/Lahn
Tel.: 02604/97040
www.arnsteiner-patres.de

Die ehemalige Prämonstratenserabtei Arnstein liegt an der Lahn, rund

20 Kilometer östlich von Koblenz. Im Jahre 1919 besiedelten Brüder der Ordensgemeinschaft von den Heiligsten Herzen Jesu und Mariens (SSCC) das zu Beginn des 19. Jahrhunderts aufgehobene Kloster neu. Arnstein war die erste Niederlassung des im Jahre 1800 gegründeten Ordens, deshalb werden die Mönche in Deutschland auch »Arnsteiner Patres« genannt.

Ludwig III., der letzte Graf von Arnstein, schenkte seine Burg im Jahre 1139 den Prämonstratensern und trat selbst in das neue Kloster ein. Die romanische Klosterkirche des 12. Jahrhunderts erhielt um 1360 ein Gewölbe. Gleichzeitig erhöhte man den Ostchor und die beiden Nebenchöre. Mitte des 18. Jahrhunderts ließ Abt Nikolaus Matzenbach die Kirche zurückhaltend barockisieren.

Heute leben sieben Patres im Kloster Arnstein. Sie betreuen umliegende Pfarreien und arbeiten in der Krankenhaus- und Wallfahrtsseelsorge. Besonders zwischen Mai und Oktober zieht es alljährlich viele Pilger in den Herz-Jesu-Wallfahrtsort Arnstein. Eine weitere wichtige Aufgabe sehen die Patres in der Seelsorge an Jugendlichen. Eine Jugendbegegnungsstätte mit Selbstversorgerhaus kann Gruppen von bis zu 60 Jugendlichen aufnehmen.

Liebfrauenkirche in Oberwesel

157

Mainzer Straße, 55430 Oberwesel
Tel.: 06744/94077
www.pfarrei-oberwesel.de

Die Anfänge der kleinen Stadt Oberwesel am Mittelrhein reichen bis in die keltische und römische Epoche zurück. Von der einstigen Bedeutung der Stadt – Oberwesel hatte kurzzeitig sogar den Status einer freien Reichsstadt – zeugen neben den Stadtmauern zwei Stifte, zwei Klöster und ein Beginenhof.

Erzbischof Arnold II. von Trier erhob die im Jahre 1213 ersterwähnte Marienkirche 1258 zu einem Kollegiatstift. 1308 begann der Bau der heutigen Kirche. Der verputzte und rot gestrichene Bruchsteinbau wurde 1331 geweiht, nach 1351 stellte man den Westturm fertig. Das Äußere der dreischiffigen, querhauslosen Basilika wirkt sehr kompakt. Direkt aus dem hoch aufragenden Mittelschiff erhebt sich der eingebaute Westturm.

Das gotische Hochaltarretabel zählt zu den kostbarsten in Deutschland und wird in die Zeit der Kirchweihe datiert. Zu sehen sind eine Vielzahl von Einzelfiguren, die sich zu einem heilsgeschichtlichen Zyklus zusammenfügen. Dieser beginnt mit dem Sündenfall und endet mit einer Marienkrönung im Kreise der Apostel und Märtyrer. Feinste Holzschnitzerei, die alle Formen gotischer Architektur aufnimmt, gliedert den Schrein. Zur reichen Ausstattung zählen auch das Chorgestühl, eine geschnitzte Grablegung Christi (1. Hälfte 14. Jahrhundert), ein turmförmiges Sakramentshaus, der Lettner, fünf spätgotische Altäre, der ehemalige barocke Hochaltaraufsatz (1625), ein gotischer Taufstein und zahlreiche Grabmäler.

Friedenskirche in Saarbrücken

Wilhelm-Heinrich-Straße, 66117 Saarbrücken, Tel.: 0681/9850909 (Alt-Kath. Pfarramt), www.saar-orthodox.de

Aus einem im Jahr 999 ersterwähnten »castellum Sarabruca« entwickelte sich Saarbrücken, die heutige Hauptstadt des Saarlandes. Zusammen mit dem benachbarten St. Johann erhielt Saarbrücken 1321 Stadtrechte. Fürst Wilhelm Heinrich ließ Saarbrücken im 18. Jahrhundert zur Residenz ausbauen und legte 1762 den Grundstein für die zentral gelegene Ludwigskirche als evangelische Hof- und Pfarrkirche. Von 1743 bis 1751 hatte der fürstliche Hofbaumeister Friedrich Joachim Stengel für die reformierte Gemeinde Saarbrückens die nur einen Steinwurf entfernte Friedenskirche erbaut. Deren prominentestes Mitglied war die Mutter des Fürsten Wilhelm Heinrich. Die Bausumme kam aus Stiftungen des Fürsten, ergänzt durch Kollekten aus England und Holland.

Seit seiner Fertigstellung durchlebte das Gotteshaus eine wechselvolle Geschichte. Im Zuge der Französischen Revolution machte man nach 1793 die Kirche zum »Tempel der Tugend«. 1820 zur Schule umgebaut, diente das Gebäude nach 1892 der alt-katholischen Gemeinde als Kirche. Beim Bombenangriff am 5. Oktober 1944 wurde die Kirche bis auf Außenwände und Turm völlig zerstört. Bis 1967 wiederaufgebaut, nutzen heute sowohl die alt-katholische als auch die russisch-orthodoxe Gemeinde die Friedenskirche als Simultankirche.

Kaiserdom zu Speyer

Domplatz, 67346 Speyer
Tel.: 06232/102118
www.dom-speyer.de

Der Kaiserdom zu Speyer, das größte erhaltene romanische Gotteshaus der Welt, entstand zwischen dem ersten Drittel des 11. und dem Anfang des 12. Jahrhunderts. Kaiser Konrad II. legte 1030 den Grundstein für den heutigen Dom, eine dreischiffige Basilika mit Querhaus. In der Krypta, der größten romanischen Säulenhalle Europas, fanden acht Könige und Kaiser des Heiligen Römischen Reiches und einige ihrer Gemahlinnen die letzte Ruhestätte. Kaiser Heinrich IV. wohnte 1061 der Hauptweihe des Domes bei, doch nur 20 Jahre später veranlasste er einen gewaltigen Umbau des Gotteshauses.

In den Revolutionskriegen nach 1789 erlitt der Dom schwere Schäden. Nur das energische Einschreiten des Mainzer Bischofs Jean Louis Colmar verhinderte den Abbruch. Als Speyer 1817 Bischofssitz der bayerischen Rheinpfalz wurde, besserte man die Schäden aus. In den 1850er Jahren errichtete Heinrich Hübsch das neoromanische Westwerk. Direkt über dem Portal stellte man Skulpturen der Dompatrone auf: in der Mitte Maria mit dem Jesuskind, rechts Johannes der Täufer und Bernhard von Clairvaux, links der Erzengel Michael und Stephanus. Der zwischen 1957 und 1966 in den romanischen Zustand zurückgeführte Dom zu Speyer zählt seit 1988 zum UNESCO-Weltkulturerbe.

Wallfahrt zum Heiligen Rock in Trier

Domfreihof, 54290 Trier,
Tel.: 0651/71058012 (Wallfahrtssekretariat)
www.bistum-trier.de/heilig-rock-tage

Der Dom St. Peter in Trier ist Deutschlands älteste Bischofskirche und Kathedrale des Bistums Trier. Auf einer Tribüne im Ostchor steht der Hochaltar, der den Blick frei gibt in die »Heiltumskammer«. Hier wird die bekannteste Reliquie des Domschatzes, der »Heilige

Rock«, aufbewahrt. Es handelt sich dabei nach der Legende um die von der Kaiserinmutter Helena nach Trier verbrachte Tunika Christi.

Zuerst erwähnt wurde der Heilige Rock im 11. Jahrhundert. 1196 übertrug man die Reliquie vom Westchor in den neuen Altar im Ostchor. Auf Wunsch Kaiser Maximilians öffnete Erzbischof Richard von Greiffenklau 1512 den Altar und ließ den Heiligen Rock ausstellen – die Wallfahrt war geboren.

Die Echtheit des Gewandes lässt sich natürlich nicht beweisen. Untersuchungen der auf Textilien spezialisierten Schweizer Abegg-Stiftung stellten fest, das die ältesten Teile der Tunika durchaus ins erste Jahrhundert zurückreichen könnten. Heute soll der Heilige Rock als Zeichen auf Christus selbst, seine Menschwerdung, sein Leiden und Sterben hinweisen. Als ungeteiltes Gewand

Jesu ist der Heilige Rock Symbol der ungeteilten Christenheit. So heißt es im Trierer Pilgergebet: »Jesus Christus, Heiland und Erlöser, erbarme dich über uns und die ganze Welt. Gedenke deiner Christenheit und führe zusammen, was getrennt ist. Amen.«

St. Gangolf in Trier ⬤ 161
Hauptmarkt, 54290 Trier
Tel.: 0651/17079-0
www.dominformation.de

Trier ist reich an historischen Kirchen. Auf eine über tausendjährige Geschichte kann die dem hl. Gangolf geweihte Stadtpfarr- und Marktkirche zurückblicken. Eindrucksvoll erhebt sich das fast vollständig von Häusern umgebene Gotteshaus an der Südseite des Hauptmarktes. Wahrscheinlich erfolgte die Gründung von St. Gangolf im Zusammenhang mit der im Jahre 958 belegten Errichtung eines Marktkreuzes. Der heutige Bau entstand zwischen 1284 und 1344 als Nachfolger einer baufälligen Kirche. Schon im 15. Jahrhundert erfolgte ein Umbau der mittlerweile zu klein gewordenen Kirche.

Ein schmales, zwischen Häusern eingezwängtes und reich geschmücktes Barockportal gibt den Zugang frei. Über einen engen Hof gelangt man in die Kirche, die keinen äußeren Schmuck aufweist. Alles konzentriert sich auf den wuchtigen, abwechslungsreich gestalteten Turm. An das Hauptschiff schließt sich ein nördliches Seitenschiff an. Das Innere lebt von den Farben: Die Wände sind weiß, Pfeiler, Bögen und Lisenen ockerfarben gestrichen. Zartes Pflanzenwerk sieht man in den Gewölbezwickeln. Reich bemalt sind Gewölberippen und Schlusssteine. Barocker Stuck ziert die Gewölbe im Seitenschiff. Von der reichen Ausstattung blieben Taufe und Weihwasserbecken (13. bzw. 15. Jahrhundert), der Marien-

altar (1602/03), eine Grablegungsgruppe mit zehn fast lebensgroßen Figuren (Mitte 15. Jahrhundert) und das Retabel des spätgotischen Michaelsaltars (1468) erhalten. Aus einer 1944 zerstörten Kapelle kam die vielverehrte »Zuckerberg-Madonna« (um 1320) nach St. Gangolf.

Liebfrauenkirche in Worms 162
Liebfrauenstift 21, 67547 Worms
Tel.: 06241/44267
www.liebfrauen-worms.de

Ganz von der Kirche gehörenden Weinbergen umgeben, erhebt sich die gotische Liebfrauenkirche unweit des Rheinufers. Diese Weinberge gaben einem lieblichen Weißwein den Namen: der Liebfrauenmilch.

Bereits im 4. Jahrhundert bildete sich in Worms eine christliche Gemeinde. Im Bereich der Liebfrauenkirche befand sich ein römischer Friedhof, auf dem man ins 5. Jahrhundert datierte christliche Grabsteine fand. Sehr früh entstand eine wahrscheinlich der Gottesmutter Maria geweihte Friedhofskirche. Im Jahre 1276 begann die Errichtung eines gotischen Gotteshauses. Geldmangel hat zur klaren Baugestalt beigetragen und so treten am Außenbau deutlich alle wesentlichen Bauelemente hervor: Doppelturmfassade, Langhaus, Querschiff und Umgangschor.

Die zwischen 1966 und 1995 von dem Mainzer Glasmaler Alois Plum geschaffenen Fenster tauchen den Innenraum in ein warmes und leuchtend buntes Licht. Seit dem 14. Jahrhundert pilgerten Menschen zum Wormser Gnadenbild, einer um 1260 entstandenen Gottesmutter. Im Mittelalter nannte man den Wallfahrtsort Worms in einem Atemzug mit Rom, Santiago oder Aachen. Auch eine Reliquie des hl. Valentinus von Terni befindet sich in der Kirche. So ist die Kirche gerade auch am Valentinstag das Ziel vieler Menschen.

Hessen

Stiftsruine Bad Hersfeld ⬤163

Im Stift, 36251 Bad Hersfeld
Tel.: 06621/4007131,
http://www.schloesser-hessen.de/schlo-
esser/badhersfeld/badhersfeld.htm

Bad Hersfeld liegt im Nordosten Hessens. Hier war um 736 der hl. Sturmius als Missionar tätig. In Hersfeld gründete er eine Einsiedelei, die Erzbischof Lullus aus Mainz um 770 in ein Benediktinerkloster umwandelte. Abt Bun ließ ab 831 eine gewaltige karolingische Basilika errichten. Nach einem Brand im Jahr 1038 begann der Neubau einer romanischen Stiftskirche, die sich am Grundriss des Vorgängerbaus orientierte. In Anwesenheit von König Konrad III. fand 1144 die Weihe der über 100 Meter langen Kirche statt.

Die im Spätmittelalter schwindende Macht der deutschen Könige hatte für die Reichsabtei einen starken Bedeutungsverlust zur Folge. Anfang des 17. Jahrhunderts starb der letzte Abt, das Kloster wurde aufgelöst. Im Siebenjährigen Krieg steckten französische Truppen 1761 schließlich die als Kornspeicher genutzte Stiftskirche in Brand. Noch immer beeindrucken die gewaltigen Ruinen der Kirche den Besucher. Querschiff und Apsis blieben in voller Höhe und Breite erhalten. Auch der südliche der beiden Glockentürme des Westwerks blieb unversehrt. Im Katharinenturm (12. Jahrhundert), einem frei stehenden Glockenturm an der Ostseite des Klostergeländes, hängt die Lullusglocke. Diese älteste datierte Glocke

Deutschlands ließ Abt Meginher im Jahre 1038 gießen. Bis heute läutet die Glocke am Todestag des Klostergründers Lullus und an hohen kirchlichen Feiertagen.

Russische Kirche St. Maria Magdalena in Darmstadt

Nikolaiweg 18, 64287 Darmstadt
Tel.: 06151/424235
www.darmstadt.russian-church.de

Auf Zar Nikolaus II. (1894–1918), der mit Prinzessin Alix von Hessen-Darmstadt verheiratet war, geht die russische Kirche in Darmstadt zurück. Nikolaus wünschte sich in Darmstadt, wo er mit seiner Familie oft für längere Zeit auf Besuch weilte, eine orthodoxe Kapelle. Diese entstand in den Jahren 1897–1899 als erstes Gebäude auf der Mathildenhöhe.

Als Vorbild der Darmstädter Kirche dienten russische Kirchen des 16. Jahrhunderts. Für die Größe war bestimmend, dass es sich um eine Privatkapelle handelte. Drei kleine, mit vergoldeten Kuppeln bekrönte Türmchen zieren das Gotteshaus. Ein Mosaikbild der Na-

menspatronin schmückt das Giebelfeld über dem Haupteingang. Es stammt, wie auch die anderen Mosaiken und die Ausmalung, von dem russischen Maler Viktor Michajlowitsch Wasnezow (1848–1926). Das Apsismosaik zeigt die thronende Maria mit dem Kind, in der Kuppel ist Christus zu sehen. Aus der Londoner Hauskapelle des Prinzen Alfred von Großbritannien, der mit einer russischen Großfürstin verheiratet war, stammt die Ikonenwand. Die Außenfassade der Apsis schmücken zwei Mosaiken: Christus Pantokrator, segnend auf einem Thron sitzend, und die Gottesmutter »Platytera«.

Ein besonderer Höhepunkt in der Geschichte der Kirche war die 1903 erfolgte Trauung des Prinzen Andreas von Griechenland (1882–1942) mit Prinzessin Alice von Battenberg, spätere Eltern von Prinz Philip, Gemahl der englischen Königin Elisabeth II.

Abtei St. Hildegard in Eibingen **165**

Klosterweg, 65385 Rüdesheim am Rhein, Tel.: 06722/499-0
www.abtei-st-hildegard.de

Eibingen liegt im Rheingau unweit von Rüdesheim. Die geschichtlichen Wurzeln der Abtei reichen zurück in das 12. Jahrhundert und knüpfen an die klösterliche Tradition der hl. Hildegard von Bingen an, die im Jahre 1165 das ehemalige Augustiner-Doppelkloster Eibingen erwarb und bis zu ihrem Tod leitete. Im Zuge der Säkularisation wurde das Kloster 1803 aufgehoben. Die Reliquien der hl. Hildegard kamen nach Eibingen in die Pfarrkirche, wo sie noch heute verehrt werden.

Bischof Peter Josef Blum aus Limburg verfolgte Mitte des 19. Jahrhunderts den Plan einer Neugründung des Klosters und förderte die Verehrung der hl. Hildegard. Fürst Karl zu Löwenstein unterstützte in der Zeit des Kulturkampfes diese Gedanken. Schließlich konnte Erzabt Placidus Wolter aus Beuron im Jahr 1900 den Grundstein der neuen Abtei St. Hildegard auf einer Anhöhe über Eibingen legen. Vier Jahre später zogen 12 Benediktinerinnen aus Prag in den monumentalen neoromanischen Bau ein. Heute leben hier 51 Schwestern nach den Regeln des hl. Benedikt.

Elisabethpfad **166**

Tel.: 06421/65683 (Elisabethpfad e. V.)
www.elisabethpfad.de

Der ökumenische Verein Elisabethpfad e. V. hat sich das Ziel gesetzt, die Tradition des Pilgerns zu stärken. Zuerst ent-

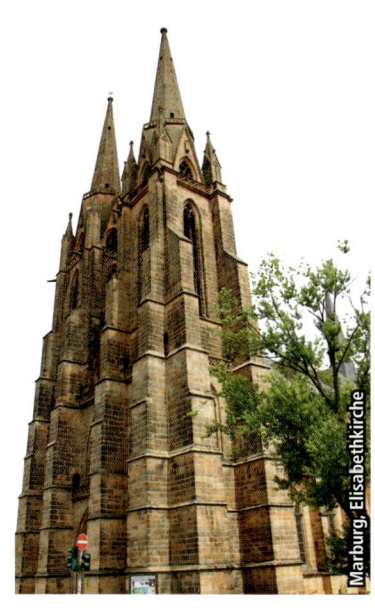

Marburg, Elisabethkirche

Ziel aller Wege ist Marburg, das Elisabeth 1228 als Witwensitz wählte. Sie baute ein Hospital, in dem sie sich bei der Pflege Kranker aufopferte. Elisabeth starb 1231 im Alter von nur 24 Jahren und wurde schon 1235 heiliggesprochen. Der Deutsche Orden begann sogleich mit dem Bau einer gotischen Hallenkirche über ihrem Grab. Wichtigstes Ausstattungsstück der Elisabethkirche ist der gotische Elisabethschrein mit den Darstellungen Christi, Mariens, der hl. Elisabeth und der Apostel.

Fachwerkkirche in Feldatal-Stumpertenrod

An der Kirche, 36325 Feldatal-Stumpertenrod, Tel.: 06645/331
www.feldatal.de

stand der Elisabethpfad von Frankfurt am Main nach Marburg. Diese Strecke knüpft an den Weg von Marburg zum Kloster Altenberg bei Wetzlar an, den die hl. Elisabeth selbst gegangen ist, weil sie ihre Tochter Gertrud dort erziehen ließ. Ein zweiter Pfad führt von der Wartburg bei Eisenach, auf der Elisabeth als Landgräfin lebte, über die Creuzburg und Treysa nach Marburg. Der dritte Elisabethpfad beginnt in Köln. Über weitere Strecken, etwa von Kassel nach Marburg, denken die Vereinsmitglieder nach.

Stumpertenrod ist ein Ortsteil der im Jahre 1972 gebildeten Großgemeinde Feldatal im mittelhessischen Vogelsbergkreis. Der auf im Zuge der Besiedlung durchgeführte Rodungen zurückgehende Ortsname legt eine Gründung zwischen 800 und 1000 nahe. Erstmals erwähnt wurde das Dorf im Jahre 1335. Mitten im Ort steht Hessens größte Fachwerkkirche. Das im Jahr 1696 erbaute und 1712 eingeweihte Gotteshaus ersetzte einen bereits 1628 als baufällig bezeichneten Vorgänger. Doch die Arbeiten kamen nur langsam voran, da die Mittel fehlten. Zunächst hielt man die Gottesdienste in der unausgebauten Kirche ab, auch der kleine Dachreiter fehlte noch.

Das Äußere des schlichten Kirchsaals prägen dreiseitiger Schluss, Satteldach und kraftvolles Fachwerk. Eine flache Holztonne mit Quergurten umfängt den von Emporen geprägten Innenraum. Aus dem Vorgängerbau stammt die 1617 geschaffene Kanzel an der Nordwand. Hier befindet sich auch ein sehenswertes barockes Epitaph des Pfarrers Kreuder. Zwei Anfang des 20. Jahrhunderts gestiftete Fenster zeigen Christus als den guten Hirten und das Gleichnis vom Sämann.

. . . .

Dommuseum Frankfurt am Main

Domplatz 14, 60311 Frankfurt am Main
Tel.: 069/133761-84
www.dommuseum-frankfurt.de

Der Kaiserdom in Frankfurt am Main geht auf eine kleine, vor 680 entstandene Kapelle zurück, in der ein adeliges Mädchen sein Grab fand. König Ludwig II. der Deutsche stiftete hier die im Jahr 852 geweihte Kirche der karolingischen

Kaiserpfalz. Um 1250 begann der Bau der gotischen Stiftskirche St. Bartholomäus, in der seit 1356 die Wahl der deutschen Könige stattfand.

Im mittelalterlichen Domkreuzgang befindet sich seit 1987 das Dommuseum. Der chronologische Rundgang vermittelt mit seiner wertvollen Sammlung von Paramenten und gottesdienstlichen Geräten einen lebendigen Eindruck der 1300-jährigen Liturgiegeschichte der katholischen Kirche in Frankfurt am Main. Zu sehen sind wertvolle Grabbeigaben aus dem merowingischen Mädchengrab (7. Jahrhundert), zwei kostbare Reliquiare sowie eine Vielzahl liturgischer Geräte und Gewänder (14. bis 20. Jahrhundert). Der Rundgang endet im Quadrum, einem lichten Raum, der für Sonderausstellungen genutzt wird. Diese zeigen neben zeitgenössischer Kunst auch immer wieder Exponate zur Geschichte des Doms.

. . . .

Ikonen-Museum der Stadt Frankfurt am Main

Brückenstraße 3-7, 60594 Frankfurt
Tel.: 069/21236262
www.ikonenmuseumfrankfurt.de

In die ganze Vielfalt der ostkirchlichen Bilderwelt hinein nimmt das im

Jahr 1990 eröffnete Ikonen-Museum in Frankfurt. Eine Schenkung des Arztes Dr. Jörgen Schmidt-Voigt machte die Gründung des Museums möglich. Er schenkte der Stadt Frankfurt seine Privatsammlung von 800 Ikonen. Mittlerweile konnte die Ikonen aus dem 16. bis 19. Jahrhundert umfassende Sammlung durch Ankäufe, Leihgaben und Schenkungen auf über 1000 Stücke erweitert werden. Allein 82 Ikonen erhielt man von den Staatlichen Museen Preußischer Kulturbesitz zu Berlin als Dauerleihgabe.

Ikonen geben dem Besucher einen Einblick in die orthodoxe Glaubenswelt. Die Exponate stammen z. B. aus Russland, Griechenland, dem Nahen Osten oder Äthiopien. Eine koptische Papier-Ikone (12./13. Jahrhundert) zählt ebenso zu den Raritäten der Ausstellung wie signierte Ikonen solch berühmter Ikonenmaler wie Emmanuel Tzanes oder Michail Miljutin. Auch Kreuze, Reise-Ikonen, Kirchengerät und Textilien gehören zu den Ausstellungsobjekten. Alte äthiopische Ikonen und Manuskripte vermitteln einen Eindruck von einer der ältesten christlichen Kirchen.

Alte Nikolaikirche in Frankfurt am Main

170

Römerberg, 60311 Frankfurt am Main
Tel.: 069/284235
www.paulsgemeinde.de/alte_nikolaikirche

Die bis heute das Stadtbild prägende Alte Nikolaikirche in Frankfurt am Main hat ihre Ursprünge in einer Hofkapelle aus der Mitte des 12. Jahrhunderts. Hier fanden Hof- und Reichstage, vielleicht sogar Königswahlen statt. Das im 15. Jahrhundert als Ratskirche genutzte und gotisch umgebaute Gotteshaus wurde nach der Reformation nicht mehr benötigt und diente als Archiv und Lagerhalle. Erst ab 1721 hielt man wieder Gottesdienst in der Alten Nikolaikirche ab. Bei den Bombenangriffen im Zweiten Weltkrieg erlitt die Kirche relativ geringe Schäden und konnte

seit 1949 wieder genutzt werden. Zwischen 1989 und 1992 erfolgte eine umfassende Renovierung. Die Alte Nikolaikirche ist eine zweischiffige, frühgotische Hallenkirche. Fast unverändert erhalten blieb der Ende des 13. Jahrhunderts errichtete hochgotische Chor. Sehenswert sind die Kopie eines Schmerzensmannes (Steinplastik, um 1370; Original im Historischen Museum), zwei farbig gefasste Grabplatten des Frankfurter Bildhauers Madern Gerthener und die floral gestalteten Schlusssteine des Kreuzrippengewölbes. Als besonders gelungen ragt der

mittlere Schlussstein im Hauptschiff mit der Figur des hl. Nikolaus hervor, der auf einer Wolke schwebt.

Dom St. Peter in Fritzlar

Doktor-Jestädt-Platz, 34560 Fritzlar
Tel.: 05622/9999-0
www.basilika-dom-fritzlar.de

Heute ist Fritzlar eine 15.000 Einwohner zählende Kleinstadt in Nordhessen. Doch nicht zu unterschätzen ist Fritzlars historische Bedeutung als Dom- und Kaiserstadt. Im nahen Geismar begann mit der Fällung der Donareiche durch Bonifatius im Jahr 723 die Christianisierung Mittel- und Norddeutschlands. Mit dem Reichstag des Jahres 919, auf dem Heinrich I. zum deutschen König gewählt wurde, nahm die Geschichte des mittelalterlichen Deutschen Reiches in Fritzlar ihren Anfang.

Der Dom zu Fritzlar ist eine spätromanische, zwischen 1120 und 1230 erbaute Stiftskirche. Später kamen die Marienkapelle (1354), gotische Maßwerkfenster und eine barocke Ausstattung hinzu. Vom reichen Inventar sind die »Verherrlichung Mariä« (1320) an der Ostwand des südlichen Querhauses, der barocke Hochaltar (1685/86) und das gotische Sakramentshäuschen erwähnenswert. Ein Pultträger in Gestalt eines Diakons und eine überlebensgroße Sitzfigur des Apostels Petrus stammen aus der Zeit der Romanik. Die dreischiffige Gewölbebasilika mit Querhaus und Zweiturmfassade besitzt drei Krypten, die bereits zu einem Vorgängerbau gehörten.

St. Michael in Fulda

172

Michaelsberg 1, 36037 Fulda
Tel.: 0661/73370 (Kath. Dompfarramt)
www.dompfarrei-fulda.de

Als kreisrunder Zentralbau folgt die Fuldaer Michaeliskirche dem Typus frühchristlicher Grabbauten. Abt Eigil ließ die Kirche zwischen 820 und 822 im karolingischen Baustil, einem Vorläufer der Romanik, errichten. Sie diente dem Fuldaer Kloster als Totenkapelle. Ein einfacher Umgang führt um den runden Mittelraum. Säulen und Rundbögen trennen das Obergeschoss optisch vom unteren Geschoss. In der Bausymbolik des Hrabanus Maurus, Abt des Klosters Fulda und späterer Erzbischof von Mainz, deuten die acht

Säulen auf die Auferstehung und die acht Seligpreisungen der Bergpredigt hin. Wer die Seligpreisungen erfüllt, wird damit wie eine Säule zur Stütze der Kirche. Die Mittelsäule in der Krypta symbolisiert Christus. Mit der Kreisform verbindet sich die Vorstellung des ewigen Lebens.

Auf das Jahr 820 geht die Krypta zurück. Im 10. und 11. Jahrhundert erweiterte man den kreisrunden Bau in Kreuzesform und fügte einen Westturm hinzu. Den Turm über der Rotunde erhöhte man 1618. Fresken des 11. Jahrhunderts blieben im Innenraum erhalten.

St. Peter in Gelnhausen

Am Schlachthaus 8, 63571 Gelnhausen
Tel.: 06051/2583
www.st-peter-gelnhausen.de

Kaiser Friedrich I. Barbarossa gründete das osthessische Gelnhausen im Jahr 1170. Die günstige Lage an einer Straßenkreuzung förderte eine frühe Blüte der Stadt. Auf einer Insel in der Kinzig ließ Friedrich Barbarossa eine Kaiserpfalz errichten, 30 Besuche der Stauferkaiser sind bezeugt.

St. Peter ist heute katholische Pfarrkirche. Reiche Bürger planten das Gotteshaus im frühen 13. Jahrhundert als Stadtkirche. Dabei gerieten sie in Streit mit dem Prämonstratenserkloster Selbold, das über das Patronatsrecht verfügte. Letztlich entschied der Papst zugunsten des Klosters. Die heute evangelische Marienkirche blieb Hauptkirche, St. Peter wurde notdürftig zu Ende gebaut. Ursprünglich war eine große dreischiffige Basilika im spätromanischen Stil geplant, Langhaus und Seitenschiffe kamen aber nur verkürzt zur Ausführung.

Die nach der Reformation nicht mehr genutzte Kirche wurde 1920 von der katholischen Gemeinde gekauft und in den nachfolgenden 18 Jahren restauriert. Damals errichtete man den Chorraum und die beiden viereckigen Glockentürme. In den Jahren 1982/83 erfuhr die Kirche ihre letzte Sanierung. Der Bildhauer Hubert Elsässer schuf den von einer Kreuzigungsgruppe bekrönten Lettner (1983). Zeugnis von der meisterlichen Steinmetzkunst der Spätromanik geben die Kapitelle des Triumphbogens. Die Hinter-Glas-Bilder des Kreuzweges entstanden um 1800 in der Oberpfalz. Im Westfenster (1962) wird in figürlichen Darstellungen das biblische Verständnis von Kirche thematisiert.

Jesus-Bruderschaft in Gnadenthal

Hof-Gnadenthal 19a, 65597 Hünfelden
Tel.: 06438/81-0
www.jesus-bruderschaft.de

Das Dorf Gnadenthal im Landkreis Limburg-Weilburg ging aus den Ruinen eines alten Klosters hervor. Im Jahr 1969 erwarb die Kommunität Jesus-Bruderschaft einen Teil des ehemaligen Klostergebäudes, das alte Kloster erwachte zu neuem Leben.

Eine Handvoll Ordensbrüder begann 1961 mit der Sammlung junger interessierter Menschen. Die Brüder schlossen sich 1964 zu einem Verein zusammen. Schwestern und Familien kamen hinzu, ein wichtiges Merkmal der Kommunität. Die Gemeinschaft brauchte ein Zentrum. Da stand ein Bauernhof in dem Ort mit dem verlockenden Namen Gnadenthal zum Verkauf. Heute ist Gnadenthal Heimat für 13 Brüder, 16 Schwestern und 25 Familien, die verbindlich der Jesus-Bruderschaft angehören. Sie kommen aus der evangelischen und der katholischen Kirche, aber auch aus Freikirchen.

Zweimal täglich versammelt sich die Gemeinschaft zum Gebet, jeden Morgen feiert man das Abendmahl. Die Bewohner betreiben ökologische Landwirtschaft, eine Schreinerei, einen kleinen Verlag, Mediendienstleistung, eine Buchhandlung und eine Galerie. In der Gemeinschaft mit Christus und den anderen Mitbewohnern des Klosters haben sie ihre Lebensmitte gefunden.

St. Cäcilia in Heusenstamm 175

Schloßstraße 8, 63150 Heusenstamm
Tel.: 06104/2551, www.stcaecilia.de

Die im Jahre 1211 ersterwähnte Klein-stadt Heusenstamm liegt im Ballungs-raum Frankfurt am Main, nur wenige Kilometer südlich von Offenbach. Barockbaumeister Johann Balthasar Neumann erbaute die katholische Pfarrkirche St. Cäcilia 1739–1741 als Begräbniskirche des Heusenstammer Zweiges der Grafen von Schönborn. Maria Theresia von Schönborn, Witwe des Anselm von Schönborn, ließ die Kirche nach Abbruch eines gotischen Vorgängerbaus errichten. Die drei Brü-der ihres Mannes, allesamt Bischöfe, übernahmen die Finanzierung.

Ein Barockportal und der schlanke, von einer Zwiebelhaube bekrönte Glockenturm prägen das Äußere der einschiffigen Kirche. Durch Einschub eines kurzen Querschiffs entsteht eine von einem flachen Gewölbe über-spannte Vierung. Die Gruft unter dem Chor diente als letzte Ruhestätte der gräflichen Familie. Auf diese Funktion der Kirche nehmen die Deckenge-mälde Bezug. Zu sehen sind die Auf-erweckung des Lazarus, Christi Auf-erstehung, Erlösung der Menschheit und Höllensturz sowie im Chor der Strom des lebendigen Wassers und die Anbetung des Gotteslammes aus den Visionen des Johannes. Christoph Thomas Scheffler aus Augsburg malte die Bilder (1741). Auf der Mensa des barocken Hochaltars befindet sich ein Drehtabernakel. Aus Rankenwerk erwächst ein Kreuz. Rechts und links vom Gekreuzigten knien Engel.

Diözesanmuseum in Limburg 176

Domstr. 12, 65549 Limburg
Telefon: 06431/5847200
www.staurothek.bistumlimburg.de

Bischof Dominikus Willi gründete 1903 das Diözesanmuseum Limburg. Es konnte 1905 in der Kapelle und einigen Räumen des Limburger Schlosses eingeweiht werden. Seit 1985 sind der Domschatz und die Bestände des Diözesanmuseums im »Leyenschen Haus« zu sehen. Nach umfassender Sanierung öffnet das Museum im Frühjahr 2011 wieder seine Pforten.

Das Limburger Diözesanmuseum zeigt sakrale Kunst aus zwölf Jahrhunderten. Geräte für den Gebrauch im Gottesdienst, Reliquiare und bischöfliche Insignien wie Stab und Mitra gehören zu den Beständen. Die berühmte Staurothek mit mehreren Partikeln vom Kreuz Christi bildet das Herzstück. Sie entstand im 10. Jahrhundert und zählt zu den bedeutendsten Goldschmiedearbeiten aus Byzanz. Reiche Emaillearbeiten in Zellenschmelztechnik schmücken sowohl das Innere als auch den Deckel.

Die reiche Sammlung gibt einen Einblick in die Geschichte von Bistum und Dom. Zu sehen sind Beispiele sakraler Goldschmiedekunst, liturgische Gewänder und Reliquiare. Eine spätbarocke Lederkasel, das Petrusstab-Reliquiar (um 980), die Kusstafel aus Kloster Eberbach und die Dernbacher Beweinung, eine um 1420 aus Terrakotta geschaffene Figurengruppe, gehören zu den bemerkenswertesten Ausstellungsobjekten.

Einhardbasilika in Michelstadt-Steinbach 177

64720 Michelstadt-Steinbach
Tel.: 06061/73967 (Basilika)
http://www.schloesser-hessen.de/schloesser/steinbach/steinbach.htm

Michelstadt ist die größte Stadt des südhessischen Odenwaldkreises. Der Ortsteil Steinbach besitzt mit der Einhardbasilika ein bedeutendes karolingisches Baudenkmal.

Die von Einhard, dem Chronisten und Vertrauten Karls des Großen, erbaute Kirche zählt zu den ältesten Kirchenbauten Deutschlands. Durch eine

Schenkung erhielt Einhard im Jahr 815 von Ludwig dem Frommen die Mark Michelstadt. Zwischen 824 und 827 ließ er eine Basilika errichten. Kurze Zeit ruhten die Gebeine der römischen Märtyrer Petrus und Marcellinus in der Krypta der Basilika, bevor sie ins nahe Seligenstadt gebracht wurden.

Die Einhardbasilika wurde mehrfach umgebaut, erweitert und diente ab 1542 als Hospital. Nach dem Abbruch der Seitenschiffe und der Vermauerung der Mittelschiffsarkaden blieb nur ein einschiffiger Raum übrig. In den 1970er Jahren führte man die Seitenschiffe wieder auf und deckte sie mit Pultdächern. Heute ist die Kirche bis auf einige Grabmäler und den romanischen Bogensturz mit Palmettenfries

leer. Gelegentlich feiert die katholische Kirchgemeinde Michelstadt in der Einhardbasilika Gottesdienste.

Basilika St. Ägidius in Oestrich-Winkel

An der Basilika, 65375 Oestrich
Tel.: 06723/2097
www.kath-oestrich-winkel.de

Die Kleinstadt Oestrich-Winkel liegt im südwesthessischen Rheingau-Taunus-Kreis. Den Ortsteil Mittelheim prägen Höfe und Bürgerhäuser des 16. bis 18. Jahrhunderts. Fast schon am Rhein steht die schlichte romanische Basilika St. Ägidius. Bereits im 10. Jahrhundert stand an dieser Stelle eine ottonische

Turmburg. Eine dazugehörige Eigenkirche des Burgherrn in Form einer einschiffigen romanischen Kapelle nahm den Platz der heutigen katholischen Pfarrkirche St. Ägidius ein.

Der Bau der dreischiffigen Pfeilerbasilika mit Querhaus begann noch vor der Mitte des 12. Jahrhunderts. Nach 1170 stockte man das Mauerwerk des Chores auf, verzichtete aber auf eine Einwölbung. Auf der Südseite wurde eine Empore eingezogen, ursprünglich wohl für die Nonnen des hier Anfang des 12. Jahrhunderts gegründeten Klosters bestimmt. Heute nutzt man den Raum unter der Empore als Taufkapelle. Noch

in der ersten Bauphase erhielt der Chor einen südlichen Anbau, der im Untergeschoss die Sakristei aufnimmt. Im Obergeschoss befindet sich ein kreuzgratgewölbter Kapellenraum. Bemerkenswert sind eine spätgotische Pietà (um 1420) aus Terrakotta und die holzgeschnitzte Kanzel (1511). Auf dem romanischen Altarblock befindet sich eine barocke Kreuzigungsgruppe (1720).

Fachwerkkapelle in Wagenfurth

179

34327 Körle, OT Wagenfurth
Tel: 05665/1073 (Fam. Lanzenberger, Schlüssel der Kapelle)
www.ekkw.de/melsungen/gemeinden/koerle.html

Wagenfurth gehört heute zu Körle, rund 20 Kilometer südlich von Kassel gelegen. Zwischen den Fachwerkhäusern des Ortes fällt die kleine, ebenfalls aus Fachwerk errichtete Kapelle zunächst fast gar nicht auf. Unauffällig erhebt sich der frei stehende Bau im Dorfzentrum.

Eine erste Kirche in Wagenfurth wurde unter dem Jahr 1341 erstmals urkundlich erwähnt. Der heutige Fachwerkbau entstand um 1480. Bereits um 1660 wies die Kapelle starke Schäden auf.

Auch in den folgenden 200 Jahren besserte sich der Zustand nicht, sodass die Kirchenbehörden die Kapelle 1863 auf Abbruch verkauften. Als die bürgerliche Gemeinde die Kapelle übernahm, diente sie als Hühnerstall, Spritzenbau oder Abstellraum. Doch nach dem Zweiten Weltkrieg weckte ein Lehrer das Interesse für das Gebäude. Die evangelische Gemeinde kaufte das Grundstück, 1964 konnte die Kapelle wieder eingeweiht werden. Heute ist das Gotteshaus nach einer grundlegenden Sanierung (1997/98) wieder ein Schmuckstück.

Der zweigeschossige Bau trägt ein Satteldach mit einem achteckigen, geschieferten Dachreiter. Das Obergeschoss kragt nach außen. Eine profilierte, rechteckige Rahmung zeichnet das spitzbogige Portal aus. Im sonst schlichten und fachwerksichtigen Innenraum sind noch Reste von Wandmalereien mit barockem Rankenwerk zu erkennen (um 1700).

Marktkirche in Wiesbaden

Schloßplatz, 65183 Wiesbaden
Telefon: 0611/9001611
www.marktkirche-wiesbaden.de

Die Geschichte Wiesbadens reicht bis in die römische Zeit zurück. Lange Zeit unbedeutend, begann der Aufstieg ab 1806, als Wiesbaden Hauptstadt des Fürstentums Nassau wurde. Im 19. Jahrhundert gewann der Kurbetrieb an Bedeutung, Wiesbaden trug den Beinamen »Nizza des Nordens«.

Als vieltürmiges Gebilde erhebt sich die Marktkirche über das Häusermeer der Stadt. Die aus rotem Backstein errichtete Kirche bezieht sich in ihrer Längsachse auf das ehemalige Palais der Herzöge und heutige Landtagsgebäude. Zum Vorplatz hin präsentiert die Kirche ihre hohe und von drei Türmen bekrönte Schaufront. Carl Boos errichtete die Kirche von 1853 bis 1862 als »Nassauer Landesdom« und Nachfolger der 1850 abgebrannten spätgotischen Stadtkirche. Vom Typ her handelt es sich um eine dreischiffige Basilika mit polygonaler Apsis, aber ohne Querhaus. Im Inneren lenken die hohen spitzbogigen Arkaden die Blicke nach oben. Zu den sehenswerten Ausstattungsstücken zählen die spätklassizistische Kanzel und der in Deutschland einzigartige Statuenzyklus im Chorraum. Die Standbilder Christi und der vier Evangelisten umstehen den Altar. Sie orientieren sich an den berühmten Statuen von Berthel Thorvaldsen in der Kopenhagener Frauenkirche.

Anglikanische Kirche in Wiesbaden

181

Frankfurter Straße 3, 65189 Wiesbaden
Tel.: 0611/306674
www.staugustines.de

Zu den ausländischen Kurgästen Wiesbadens zählten auch zahlreiche Engländer. Diese hatten das Bedürfnis nach anglikanischen Gottesdiensten. Herzog Adolph von Nassau und die Stadt Wiesbaden stellten den Bauplatz zur Verfügung, auf dem Oberbaurat Theodor Götz zwischen 1863 und 1865 eine neogotische Kirche errichtete. Den Bau erweiterte man 1887/88 um Chor und Turm. Bei einem Bombenangriff 1945 schwer beschädigt, brannte das wiederhergestellte Gotteshaus 1966 erneut aus: Aber bereits ein Jahr später konnte die Kirche wieder geweiht werden.

Heute versammelt sich hier eine internationale englischsprachige Gemeinde, zu der vor allem Amerikaner, Briten und Deutsche zählen. Sehenswert sind das Taufbecken, die Glasfenster und ein Seitenaltar. Ein Ölgemälde zeigt den hl. Augustinus von Canterbury, den Patron der Kirche. Auch ein Triptychon erzählt von ihm: Zu sehen sind König Ethelbert von Kent, seine Frau Berta und Augustinus, der den von seiner Frau zum Christentum bekehrten König taufte.

SÜDDEUTSCHLAND

Baden-Württemberg

Ruine der Klosterkirche Allerheiligen

77728 Oppenau, Tel.: 07804/910830
(Tourist-Information Oppenau)
www.schloesser-magazin.de/
de/267809.html

Im Schwarzwald, nahe der Stadt Oppenau, liegt die Ruine des Klosters Allerheiligen in einer Höhe von 620 Metern über N.N. Herzogin Uta von Schauenburg stiftete hier zwischen 1191 und 1196 das Stift Allerheiligen für Prämonstratenser-Chorherren. Diese machten sich um Schulbildung und Seelsorge verdient. Mit dem Bau der Klosteranlage begann man im frühen 13. Jahrhundert. In der Reformationszeit drohte dem Kloster die Auflösung, um 1600 hielt sich nur noch ein einziger Kanoniker im Kloster auf. Unter Propst Johannes Schüßler, der aus dem Kloster Strahov in Prag kam, begann ein neuer Aufschwung. Das Stift erlebte seine größte Blüte, zeitweise lebten über 20 Kanoniker in Allerheiligen. Im Jahre 1773 erwarb die Abtei Reliquien der hll. Bonifatius und Clemens von Metz. Über 2000 Pilger an hohen Festtagen weisen auf die Anziehungskraft als Wallfahrtsort hin. Nach der Säkularisation hob Karl Friedrich von Baden das Stift 1802 auf. Das Inventar der Kirche wurde verkauft oder verschenkt, die Klosteranlage 1812 auf Abbruch versteigert. Schon 1820 stürzte die Klosterkirche ein. Doch noch heute sind die beeindruckenden Ruinen der Klosterkirche und der Klausurgebäude sowie die auf Terrassen angelegte spätbarocke Gartenanlage zu bewundern.

Alt-Katholische Spitalkirche in Baden-Baden

Römerplatz 13 / An der Caracalla-
Therme, 76532 Baden-Baden
Tel.: 07221/53428
www.ak-bad.de

Die Maria und den vierzehn Nothelfern geweihte Spitalkirche in Baden-Baden wurde 1351 ersterwähnt. Lange lag die mit einem Spital verbundene Kirche außerhalb der Stadtmauern. Schwere Schäden erlitt die Kirche 1689 im Pfälzischen Erbfolgekrieg. Beim Wiederaufbau Mitte des 18. Jahrhunderts erhielt das Gotteshaus ein kleines barockes Türmchen. Das heutige Aussehen der Spitalkirche geht auf die große Restaurierung 1963–1966 zurück.

Hans Kern aus Pforzheim schuf das wertvolle Chorgestühl (1512). An den Gestühlswangen sind die hll. Barbara und Katharina zu sehen. Eindrucksvoll ist ein Mädchenkopf: die eine Hälfte zeigt ein hübsches Gesicht mit langem Haar, die andere einen Totenschädel. Zwischen 1951 und 1959 schuf Harry Mac Lean aus Heidelberg die zehn farbigen Fenster, gefertigt von der Heidelberger Kunstglaswerkstätte P. Meysen in farbigem Antikglas. Grundlage der Fenstergestaltung war die Offenbarung des Johannes. Zu sehen sind Christus als König der Herrlichkeit am Ende der Zeiten, die Scharen der Erlösten und Märtyrer, die Gebete der Heiligen, Michael im Kampf mit Satan, Gottes Gericht, das himmlische Jerusalem, die vier apokalyptischen Reiter und die Wiederkunft Christi. Erstmals wurden damit an den Fenstern einer Kirche die Bilder aus der Offenbarung in sich geschlossen künstlerisch dargestellt.

Ehemalige Stiftskirche in Baden-Baden

Bernhardusplatz 2, 76530 Baden-
Baden, Tel.: 07221/394979
www.stiftskirche-liebfrauen.de

In römischer Zeit gab es in Aquae Aureliae, dem heutigen Baden-Baden, die Kaiserthermen, in denen im Jahr 213 auch Kaiser Caracalla gebadet haben soll. Über den verfallenen Thermen der Römerstadt errichtete man eine im Jahr 987 erstmals erwähnte Kirche. Der untere Teil des Turmes blieb von diesem Bau erhalten. Mitte des 15. Jahrhunderts erfolgte die Umgestaltung zur Hallenkirche mit einem hohen Mittelschiff und einem das nördliche Seitenschiff abschließenden Chor. Nach dem Stadtbrand von 1689 erhielten die Turmobergeschosse ihre heutige Gestalt. Im 18. Jahrhundert barockisierte man die Kirche, 1867 aber erhielt der Innenraum wieder ein gotisches Aussehen.

Ein fast sechs Meter hohes spätgotisches Sandsteinkruzifix (1467) von Gerhaert von Leyden beherrscht seit 1967 anstelle eines Hochaltares den Chorraum. Hervorzuheben ist auch das rund 13 Meter hohe spätgotische

Sakramentshaus (um 1490), umgeben von reichem Ast- und Wurzelwerk und biblischen Gestalten. In der Stiftskirche befindet sich die Grablege von 12 badischen Markgrafen, besonders aufwendig gestaltet wurde das Grabmal des Markgrafen Ludwig Wilhelm. Johann Andreas Silbermann aus Straßburg erbaute 1753 die Orgel.

Russische Kirche in Baden-Baden

Lichtentaler Straße 76, 76530 Baden-Baden, Telefon: 07221/3732138
www.pravoslavie-baden-baden.de

Seit Ende des 18. Jahrhunderts bestanden dynastische Beziehungen zwischen Russland und Baden. Im frühen 19. Jahrhundert kamen vermehrt begüterte russische Familien als Kurgäste nach Baden-Baden. So hielten sich z. B. die Schriftsteller Fjodor Dostojewskij (1821–1881), Nikolaj Gogol (1809–1852), Leo Tolstoj (1828–1910) und Iwan Turgenjew (1818–1883) oder der Pianist Anton Rubinstein (1829–1894) über längere Zeit in Baden-Baden auf. Je länger der Aufenthalt, desto größer wurde der Wunsch des Besuchs orthodoxer Gottesdienste. Zunächst konnte 1859 eine kleine Hauskirche geweiht werden, bevor man 1881 den Grundstein für den Bau einer Kirche legte.

Die 1882 geweihte Kirche zur Verklärung des Herrn entwarf der St. Petersburger Architekt Iwan Strom im nordrussischen Stil. Schon aus der Ferne grüßt die vergoldete Zwiebelkuppel. Über dem Hauptportal zeigt ein Mosaik die Verklärung Jesu. Fürst Grigorij Gagarin entwarf die aus weißem Marmor gefertigte Ikonenwand. Ikonen und Fresken entsprechen mit ihrem italienischen Stil dem Zeitgeschmack, sind für russische Kirchen aber völlig untypisch. Christus mit Maria und Johannes dem Täufer sind über dem Altarraum zu sehen. Die Fresken in den Seitenschiffen zeigen Szenen aus dem Leben Jesu.

Autobahnkirche St. Christophorus in Baden-Baden (186)

A5 Karlsruhe – Basel (zwischen Baden-Baden und Rastatt),
Tel.: 07221/3978980
www.3d-autobahnkirche.com

Die Autobahnkirche St. Christophorus steht direkt neben der Raststätte Baden-Baden. Architekt Friedrich Zwingmann aus Karlsruhe entwarf den Bau in Pyramiden- bzw. Zeltform. Ahornalleen führen kreuzförmig aus allen vier Himmelsrichtungen direkt auf das Gotteshaus zu. Am Beginn der Alleen steht jeweils ein großer Bildturm. Diese Türme tragen die Namen Noah, Johannes der Täufer, Mose, Elia.

Die 1978 eingeweihte Kirche untergliedert sich in Oberkirche und Krypta. Emil Wachter übernahm die Ausgestaltung des Innenraumes: Tiefplastische Betonreliefs überziehen Decken und

Wände der fensterlosen, achteckigen Unterkirche. Licht durchflutet den oberen Raum. Farbiger Glasbeton, aus dem die ringsum laufenden Wände gestaltet sind, verleiht ihm eine besondere Transparenz. Mittelpunkt des quadratischen Kirchenraumes ist ein barockes Standkreuz, ein Geschenk aus der benachbarten Gemeinde. Herausgehoben in der Nähe der Altarinsel wurde eine barocke Marienstatue platziert.

Damenstift in Bad Buchau 187

Schlossplatz, 88422 Bad Buchau
Tel.: 07582/91200
www.kloester-bw.de/kloster1.
php?nr=618

Bad Buchau liegt im Südosten Baden-Württembergs. Mit der Kirche St. Cornelius und Cyprian des ehemaligen Damenstifts findet man in Bad Buchau das wohl bedeutendste frühklassizistische Gotteshaus in Süddeutschland.

Gräfin Adelindis gründete um 770 ein adliges Damenstift. Ihr Grab ist noch heute in einer Hallenkrypta unter dem Chor erhalten. Eine erste Kirche aus dem 8. oder 9. Jahrhundert wurde mehrfach umgebaut und erweitert. Das Stift beauftragte 1769 den Architekten Pierre Michel d'Ixnard mit dem Umbau der Stiftsgebäude. Offensichtlich gefiel das Ergebnis, denn zwischen 1773 und 1776 durfte d'Ixnard auch eine neue Kirche errichten. Erhalten blieb der mittelalterliche Grundriss. Durch Erhöhung der Seitenschiffswände und Abbruch der Gewölbe gestaltete d'Ixnard die Basilika zu einer Hallenkirche um.

Den Innenraum prägen hohe, längsrechteckige Pfeiler. Überall dominiert der rechte Winkel. Eine mit Medaillons

besetzte Empore umzieht an drei Seiten das Kirchenschiff. Ganz anders als im Barock beschränkt sich der Schmuck der Wände auf ein Minimum. Die von Andreas Brugger (1737–1812) im Jahr 1775 gemalten Deckenfresken heben sich deutlich von der ganz in Weiß gehaltenen Architektur ab. Zu sehen sind die Verehrung des apokalyptischen Lammes (im Chorraum), die Krönung Mariens und Bilder aus der Stiftsgeschichte.

Deutschordensmuseum in Bad Mergentheim

Schloß 16, 97980 Bad Mergentheim
Tel.: 07931/52212
www.deutschordensmuseum.de

Bad Mergentheim liegt im Nordosten Baden-Württembergs. Der 1058 erstmals urkundlich erwähnte Ort wurde im Jahre 1340 auf Bitten des Deutschen Ordens zur Stadt erhoben. Von 1529 bis 1809 residierte der Hoch- und Deutschmeister des Deutschen Ordens in der Stadt. Heute befindet sich im Schloss der Hochmeister ein Museum.
Um 1190, während der Belagerung der Festung Akko durch die Kreuzfahrer, richteten Kaufleute aus Bremen und Lübeck ein Feldhospital ein. Wenig später wurde die geistliche Spitalgemeinschaft zum geistlichen Ritterorden erhoben. Die Gemeinschaft erhielt die Bezeichnung »Deutscher Orden«. Im 13. Jahrhundert beteiligte sich der Orden an der deutschen Ostkolonisation und errichtete im Baltikum einen eigenen Staat. Die Reformation brachte das Ende des Ordensstaates, nun wurde Mergentheim zur Zentrale des Ordens. Das 1996 eingerichtete Deutschordensmuseum informiert auf rund 3000 Quadratmetern über Geschichte und Gegenwart des noch immer existierenden Ordens. Heute besteht der Deutsche Orden aus drei Instituten (Brüder, Schwestern, Familiare), die Aufgaben im karitativen Bereich wahrnehmen. In den fürstlichen Repräsentationsräumen

16. Februar 1497 in Bretten als Philipp Schwartzerdt zur Welt. Seine ersten Lebensjahre verbrachte er im Haus der Großeltern am Marktplatz der im westlichen Kraichgau gelegenen Kleinstadt. Schon früh wandte sich Melanchthon den alten Sprachen zu. Sein Lehrer Johannes Reuchlin war von den Griechischkenntnissen des Knaben so beeindruckt, das er den Familiennamen »Schwartzerdt« ins Griechische übersetzte. Melanchthon studierte in Heidelberg und Tübingen. Bereits 1518 berief man ihn auf den Lehrstuhl für Griechische Sprache an der Universität Wittenberg. Bis zu seinem Tod 1560 lehrte Melanchthon in Wittenberg. Der enge Freund Luthers gehört zu den wichtigsten Vertretern der lutherischen Reformation.

Melanchthons Geburtshaus brannte bereits 1689 ab. An seiner Stelle errichtete man 1897 bis 1903 ein neogotisches Haus, das heute das Museum »Melanchthonhaus« beherbergt. Die Gedächtnishalle widmet sich Melanchthons Leben und Wirken, das Theologenzimmer erinnert an mit dem Reformator befreundete Kirchenmänner, im Fürstenzimmer begegnet man wichtigen Herrschern der Reformationszeit und das Humanistenzimmer präsentiert Melanchthons Kollegen aus dem Be-

des Schlosses ist die barocke Herrlichkeit des Ordens zu spüren. Auch die Ausstellung zur Stadtgeschichte macht die engen Verbindungen Bad Mergentheims zum Deutschen Orden deutlich.

Melanchthonhaus in Bretten ⓵⑧⑨

Melanchthonstr. 1, 75015 Bretten
Tel: 07252/94410
http://melanchthon.com/Melanchthonhaus-Bretten

Philipp Melanchthon, Mitstreiter Martin Luthers und »Praeceptor Germaniae« (Lehrer Deutschlands), kam am

reich der Wissenschaft. In den Jahren 2002 und 2003 konzipierte man die gesamte Ausstellung neu.

St. Dionys in Esslingen

Marktplatz, 73728 Esslingen
Tel.: 0711/39697342
www.stadtkirche-esslingen.de

Esslingen grenzt im Nordwesten direkt an die Landeshauptstadt Stuttgart. Spätestens im Jahr 777 bestand hier eine klösterliche Niederlassung. Von den Staufern erhielt der Ort 1228 Stadtrecht. Im 13. Jahrhundert stieg Esslingen zur Reichsstadt auf und kam erst 1802 an Württemberg.

Bei Ausgrabungen unter der St. Dionys entdeckte man die Reste zweier um 700 und Ende des 9. Jahrhunderts errichteter Vorgängerbauten. Im 13. Jahrhundert erbaute man den aufwendig gestalteten frühgotischen Chor, den Nordturm und das hochgotische Langhaus. Bereits ab 1297 ersetzte man den kaum 50 Jahre alten Chor durch einen neuen und größeren, dessen Dach weit über das Langhaus hinausragt. Schließlich erweiterte man im 14. Jahrhundert das Schiff nach Westen, baute neue Chorseitenkapellen und vermauerte aus statischen

Gründen fast alle Öffnungen in den Turmuntergeschossen.

Zahlreiche Kostbarkeiten finden sich im Inneren. An den Pfeilerkapitellen gibt es Kentauren und Drachen, das erste Menschenpaar, Schafe und Hunde zu sehen. Ein Beispiel der späten Renaissance ist die Kanzel (1609). Im nördlichen Seitenschiff erhielt sich mit Szenen aus der Leonhards-Legende ein Rest mittelalterlicher Ausmalung (1410/20). Zur Ausstattung des Chores gehören eine spätgotische Pietà, das 50 Plätze umfassende Chorgestühl (1518), der 1604 geschaffene Hochaltar und wertvolle mittelalterliche Bleiglasfenster (um 1300).

Augustinermuseum in Freiburg im Breisgau

Augustinerplatz, 79098 Freiburg im
Breisgau, Tel.: 0761/2012521
www.museen.freiburg.de

Im Zentrum der Freiburger Altstadt lebten spätestens 1278 Mönche des Augustinerordens. Ihr zuletzt von Franziskanern bewohntes Kloster fiel 1821 der
Stadt Freiburg zu. In der Kirche richtete
man ein Theater ein. Nach einer Restaurierung in den Jahren 1921 bis 1923
zogen die Städtischen Kunstsammlun-
gen in Museum und Kloster ein.
Heute präsentiert hier das Augustiner-
museum Kunstschätze aus der Zeit vom
Mittelalter bis zum Barock sowie Malerei des 19. Jahrhunderts. Die umgebaute

Klosterkirche macht aus dem Museums-
besuch ein einzigartiges Erlebnis und
erlaubt ein Betrachten der Kunstwerke
aus verschiedenen Perspektiven. Gezeigt
werden originale Sandsteinskulpturen
(Marienkrönung des Hauptportals, Propheten, Wasserspeier) und Glasfenster
(Kaiserfenster, Fenster der Chorkapellen)
aus dem Freiburger Münster, mittelalterliche Holzskulpturen und Tafelbilder sowie herausragende Goldschmiedearbeiten. Einen Schwerpunkt der Graphischen
Sammlung bilden Druckgraphiken des
16. Jahrhunderts (Hans Baldung Grien,
Albrecht Dürer und Hans Holbein). Barocke Altäre, Gemälde und Plastiken werden im Chor der Kirche ausgestellt.

Jesuitenkirche in Heidelberg 192

Richard-Hauser-Platz, 69117 Heidelberg, Tel.: 06221/90080 (Kath. Pfarramt); 06221/166391 (Museum)
www.heidelberg-neckartal.de

Die Geschichte Heidelbergs geht zurück
bis ins 13. Jahrhundert. 1386 wurde
hier die nach Prag zweitälteste deutsche Universität gegründet. Während
des Dreißigjährigen Krieges kamen
Jesuiten in die Stadt. Bald darauf vertrieben, kehrten sie unter der katholischen Linie Pfalz-Neuburg zurück und

unterstützten den Kurfürsten bei seinen Bemühungen, die evangelische Kurpfalz zum katholischen Bekenntnis zurückzuführen.

Im Jahre 1712 begann die Errichtung der ehemaligen Jesuitenkirche nach Plänen von Johann Adam Breunig, Franz Wilhelm Rabaliatti führte den Bau ab 1745 zu Ende. Die Hauptfassade weist deutliche Bezüge zur Kirche Il Gesù in Rom, der Mutterkirche des Jesuitenordens, auf. Über dem Hauptportal sieht man eine Skulptur Jesu, über den Seitenportalen die Ordensheiligen Ignatius und Franz Xaver. Fast vollständig verloren ging die barocke Innenausstattung. Man ersetzte sie durch Stücke aus Kirchen der Umgebung sowie neugeschaffene Kunstwerke des 19. Jahrhunderts.

Im Inneren findet sich der Eingang zum »Museum für sakrale Kunst und Liturgie«, das kirchliche Kunst vom 16. bis 19. Jahrhundert zeigt. Liturgisches Gerät, Augsburger Gold- und Silberschmiedearbeiten, liturgische Gewänder und religiöse Malerei bilden Schwerpunkte der Ausstellung.

Kapellen auf der Burg Hohenzollern

Burg Hohenzollern, 72379 Burg Hohenzollern, Tel.: 07471/2428
www.burg-hohenzollern.com

Auf einem der Schwäbischen Alb vorgelagerten Bergkegel thront majestätisch die Burg Hohenzollern. Die beiden Zweige des Hauses Hohenzollern einigten sich 1846 auf eine gemeinschaftliche Wiederherstellung der Burg und beauftragten den Schinkel-Schüler Friedrich August Stüler (1800–1865) mit der Ausführung, die sich an spätgotischen Vorbildern orientierte.

Drei Kapellen befinden sich auf Burg Hohenzollern. Aus dem Mittelalter blieb die 1461 geweihte, bis heute katholische St. Michaelskapelle erhalten. Sehenswert sind die Glasgemälde des späten 13. Jahrhunderts. Sie wurden aus dem nahen Kloster Stetten, zeitweise Grablege der Hohenzollern, hierher übertragen. Beim Wiederaufbau der Burg fand man die spätromanischen Sandsteinreliefs. Aufgrund der unterschiedlichen konfessionellen Zugehörigkeit der beiden Familienzweige errichtete man im 19. Jahrhundert die evangelischen Christuskapelle, die sich an den Westchor des Naumburger Doms anlehnt. Sie besitzt eine prächtige neogotische Ausstattung. Nicht zugänglich ist die darunter befindliche

Burg Hohenzollern, Christuskapelle

orthodoxe Auferstehungskapelle, die man als Grablege für die aus dem russischen Herrscherhaus der Romanows stammende Prinzessin Kira von Preußen (1909–1967) anlegte.

Staatliche Kunsthalle Karlsruhe 194

Hans-Thoma-Straße 2-6, 76133 Karlsruhe, Tel.: 0721/9263359
www.kunsthalle-karlsruhe.de

Auf die Markgrafen von Baden gehen die Anfänge der Sammlungen der Staatlichen Kunsthalle in Karlsruhe zurück, die zu den wichtigsten deutschen Gemäldegalerien überhaupt zählt. Die Bestände umfassen deutsche, französische und niederländische Malerei vom 14. bis zum 20. Jahrhundert sowie Skulpturen des 19. Jahrhunderts. Eine umfangreiche Sammlung druckgraphischer Blätter bewahrt das Kupferstichkabinett auf.

Zahlreiche herausragende Werke widmen sich biblischen und christlichen Themen. Von Matthias Grünewald stammen die Bilder »Kreuztragung« und »Kreuzigung« des Tauberbischoffsheimer Altares, an Eindringlichkeit kaum zu übertreffende Werke der spätmittelalterlichen Malerei. Mitte des 15. Jahrhunderts entstanden die sechs Tafeln des Meisters der Karlsruher Passion – ein Zeugnis der oberrheinischen Kunst der Spätgotik. Lucas Cranach d. Ä. malte das Tafelbild »Friedrich der Weise in Verehrung der apokalyptischen Muttergottes«. Vertreten sind auch Hans Baldung Grien mit einer »Geburt Christi« und Albrecht Dürer mit dem um 1492 entstandenen »Schmerzensmann«.

»Museum zur Geschichte von Christen und Juden« in Laupheim **195**

Schloss Großlaupheim, Claus-Graf-Stauffenberg-Str. 15, 88471 Laupheim
Tel.: 07392/96800-0
www.museum-laupheim.de

Im oberschwäbischen Laupheim entstand bereits im 18. Jahrhundert eine jüdische Gemeinde. Damals war der Ort noch Teil der habsburgischen Monarchie. Innerhalb weniger Jahrzehnte entwickelte sich Laupheim zur zeitweise größten jüdischen Gemeinde im Königreich Württemberg. Um 1869 lebten 843 jüdische Einwohner in der Stadt. Das »Museum zur Geschichte von Christen und Juden« im Schloss Großlaupheim dokumentiert das Zusammenleben beider Religionen. Dabei

sollen die verschiedenen Phasen der Beziehung deutlich werden: Im 18. und frühen 19. Jahrhundert lebten Christen und Juden nebeneinander. Nach den württembergischen Emanzipationsgesetzen (1828 und 1864) kam man sich näher. In der Zeit des Kaiserreichs und der Weimarer Republik kann man von einem Miteinander sprechen. Schließlich thematisiert die Ausstellung die Vernichtung der jüdischen Gemeinde und die Haltung der Nichtjuden in der Zeit des Nationalsozialismus. Gedenksteine in der Stadt erinnern an die Synagogen und das Rabbinat. Erhalten ist der mitten in der Stadt auf dem Judenberg gelegene jüdische Friedhof. Hier sind etwa 1000 Grabsteine zu sehen, der älteste aus dem Jahr 1740.

Laupheim, Jüdischer Friedhof

Wallfahrtskirche »Mariae Krönung« in Lautenbach

Hauptstr. 73, 77794 Lautenbach
Tel.: 07802/4198, www.se-o.de

Lautenbach liegt im mittleren Schwarzwald, rund 15 Kilometer nordöstlich von Offenburg. In einer Urkunde des Klosters Allerheiligen aus dem Jahre 1233 wurde Lautenbach als Hofgut erwähnt. Bis 1803 gehörte der Ort zum Besitz des Erzbistums Straßburg.

Auf Initiative der Ortenauer Ritterschaft und unterstützt durch Mönche aus Allerheiligen errichtete Hans Hertwig von Bergzabern zwischen 1471 und 1488 die spätgotische Wallfahrtskirche »Mariae Krönung«. Kurz vor 1900 erweiterte man das Gotteshaus um zwei Joche nach Westen und baute den Turm an. Eine Marienkrönung im Tympanon des Westportals vermittelt dem Besucher am sonst schlichten Außenbau einen Vorgeschmack auf die reiche Innenausstattung.

Rippengewölbe überspannen den weiten Saal. Ein leicht wirkender, sich in fünf Spitzbogenarkaden öffnender Lettner leitet in den Chorraum über. Unter dem Lettner befinden sich zwei spätmittelalterliche Flügelaltäre. Im Mittelpunkt des geschnitzten Hochaltars steht eine Mondsichelmadonna. Zierliche und reich dekorierte Türmchen sowie mehrteilige Maßwerkfenster prägen die an der Südwand angebaute Gnadenkapelle, in der sich eine Kopie des Gnadenbildes befindet. Die Fenster von Langhaus und Chor zieren 59 Glasgemälde, die meisten zwischen 1482 und 1488 in Straßburg geschaffen.

Jesuitenkirche in Mannheim  197

A4, 68159 Mannheim, Tel.:
0621/127090, www.jesuitenkirche.de

Im Nordwesten Baden-Württembergs, am Zusammenfluss von Rhein und Neckar, liegt die rund 300.000 Einwohner zählende Industriestadt Mannheim. Kurfürst Friedrich IV. ließ hier ab 1606 nach dem Vorbild niederländischer Festungen eine Zitadelle errichten. Typisch für Mannheim ist die konsequent schachbrettartige Anlage der Innenstadt.

Die Jesuitenkirche befindet sich direkt dem Schloss gegenüber und wurde zwischen 1733 und 1760 als Große Hofkirche und Grablege der kurfürstlichen Familie errichtet. Kurfürst Carl III. Philipp versuchte mit Hilfe der Jesuiten die unter seinen Vorgängern reformierte Kurpfalz für die katholische Kirche zurückzugewinnen.

Alessandro Galli da Bibiena fertigte den Entwurf. Er orientierte sich an »Il Gesu«, der Hauptkirche des Jesuitenordens in Rom. So entstand eine Pfeilerbasilika auf kreuzförmigem Grundriss. Zwischen den Wandpfeilern legte man Kapellennischen an. Das Innere vereint den Stil des Spätbarock mit dem aufkommenden Klassizismus. Wesentliche Teile der Ausstattung gingen im Zweiten Weltkrieg verloren. Den zerstörten Hochaltar rekonstruierte man zwischen 1988 und 1997 originalgetreu. Sehenswert sind eine in Augsburg geschaffene Silbermadonna im Strahlenkranz (um 1745), die barocke Kanzel sowie das restaurierte Orgelgehäuse.

Benediktinerabtei Neresheim 198

Benediktinerabtei, 73450 Neresheim
Tel.: 07326/8501
www.abtei-neresheim.de

Neresheim liegt im östlichsten Teil der Schwäbischen Alb, nicht weit entfernt von der bayerischen Grenze. Graf Hartmann von Dillingen und seine Frau Adelheid gründeten hier im Jahr 1095 eine Abtei für Augustiner-Chorherren. Schon 1106 wandelte man das Kloster in eine Benediktinerabtei der Hirsauer Reform um. Bis zur Säkularisation 1802 bestand die Abtei ohne Unterbrechung. Neresheim fiel an die Fürsten von Thurn und Taxis, die 1919 eine Neugründung mit Mönchen aus Beuron und Prag ins Leben riefen. Heute leben 13 Mönche in der Benediktinerabtei St. Ulrich und Afra.

Nach Abbruch des Vorgängerbaus errichtete Balthasar Neumann ab 1747 eine Kirche, die zu den bedeutendsten Sakralbauten des Spätbarock zählt. Diese letzte Kirche Neumanns wird als seine reifste architektonische Leistung bezeichnet. Langhaus und Zentralbau verschmelzen zu einem gewaltigen Gesamtraum. Nach Neumanns Tod (1753) führten seine Schüler den Bau bis 1792 zu Ende. Statische Bedenken und Geldmangel brachten jedoch Änderungen des Bauplanes mit sich. So führte man die Kuppel flacher auf, verwendete Holz anstatt Stein und verzichtete auf eine Laterne. Der Tiroler Martin Knoller malte die Fresken, die durch die Ausgewogenheit der Komposition, zahlreiche Details und Frische der Farben bestechen.

Kapelle Maria Einsiedeln in Rastatt

Kapellenstraße, 76437 Rastatt
Tel.: 07222/9721220 (Tourist-Information), www.rastatt-info.de/einsiedler-kapelle.htm

Die barocke Residenzstadt Rastatt liegt rund 20 Kilometer südlich von Karlsruhe. 1689 verwüsteten französische Truppen den Marktflecken. Mit dem Wiederaufbau der Siedlung verbunden war die Errichtung eines Jagdschlosses,

das ab 1699 zum Residenzschloss umgebaut wurde.

Markgräfin Sibylla Augusta unternahm 1703 eine Wallfahrt nach Einsiedeln, um für den lang ersehnten Erbprinzen zu beten. Doch schon bald zeigte sich, das der Thronfolger nicht sprechen lernte. So unternahm Sibylla Augusta 1708 eine erneute Pilgerfahrt, während der der Erbprinz zu sprechen anfing. Zum Dank ließ die Markgräfin 1710 in Schlackenwerth einen Nachbau der Einsiedelner Gnadenkapelle errichten.

Nach Abschluss des Friedens von Rastatt 1714 bezog Sibylla Augusta wieder ihre Residenz. Auch hier ließ sie eine Kopie der Gnadenkapelle erbauen. Die prächtige Barockfassade der 1717 benedizierten Kapelle orientierte sich detailgetreu am Original: Reliefs zeigen die Verkündigung an Maria und die Geburt der Mutter Jesu. Im Giebelfeld ist eine Darstellung des Marientodes zu sehen. Statuen einer Mondsichelmadonna und der hll. Benedikt und Meinrad bekrönen den Giebel. Eine mächtige Gloriole mit der Nachbildung des Einsiedelner Gnadenbildes bildet den wichtigsten Schmuck des Raumes. Im nur von außen zugänglichen Untergeschoss befindet sich eine Nachbildung der Geburtsgrotte von Bethlehem.

Münster St. Markus und St. Maria in Mittelzell auf der Reichenau

OT Mittelzell, 78479 Reichenau/Baden
Tel: 07534/995852
www.benediktiner-reichenau.de

Seit 1848 verbindet ein Damm die Reichenau, die größte der drei Bodenseeinseln, mit dem Festland. Zur Zeit der Klostergründung durch Karl Martell im Jahre 724 war die Insel wohl noch unbewohnt. Bereits unter Abt Waldo (786–806) kam es zu einer ersten Blüte des Benediktinerklosters. Das Kloster wurde bereits 1757 aufgelöst und 1803 säkularisiert. Drei der ehemals fünf romanischen Inselkirchen blieben erhalten.

In mehreren Etappen wandelte man die erste, um 724 errichtete Kirche,

in eine dreischiffige Basilika mit zwei Querschiffen um. Ein spätgotischer, polygonaler Langchor (1447–1453) schließt sich an das östliche Querhaus an. Den wuchtigen romanischen Turm (1027–1048) und den halbkreisförmigen Markuschor fügte man an das Westquerhaus an.

Eine ungewöhnliche Breite weisen die flach gedeckten Seitenschiffe auf. Sie öffnen sich in Doppelarkaden zum westlichen Querschiff. Den einzigen Bauschmuck der Arkaden bilden farbig abgesetzte Steine. Beachtung verdienen eine Steinmadonna (1310/20), das schön gestaltete Chorgitter (1746) und die kleine Schatzkammer, die zahlreiche Reliquienschreine und Kultgegenstände (5.–18. Jahrhundert) aufbewahrt.

Benediktinerabteikirche St. Peter und Paul in Rheinmünster-Schwarzach

Münsterstraße, 77836 Rheinmünster
Tel.: 07227/2150, www.compastoral.de

Rund 40 Kilometer südwestlich von Karlsruhe liegt die Gemeinde Rheinmünster, die 1974 durch Zusammenschluss mehrerer Dörfer entstand. Der im Westen den Ort begrenzende Rhein und das Münster des Benediktinerklosters im Ortsteil Schwarzach gaben der neuen Gemeinde den Namen.

Wahrscheinlich gründete der hl. Pirmin um die Mitte des 8. Jahrhunderts in Schwarzach ein Kloster. Ausgrabungen brachten einen ersten Kirchenbau aus dieser Zeit ans Tageslicht. Heute betritt man den ehemaligen Klosterbezirk durch ein um 1770 erbautes Tor, das im Giebelfeld das von

Löwen gehaltene Abteiwappen und darüber den hl. Benedikt zeigt. Ende des 12. Jahrhunderts begann der Bau der heutigen Klosterkirche. Vom bald darauf errichteten Kloster blieb nichts erhalten. Mehrfach erlitt das Kloster schwere Zerstörungen. Nach der Säkularisierung 1803 erfolgte der Abbruch der barocken Klosteranlage.

Bei der Restaurierung in den 1960er Jahren stellte man den romanischen Zustand der Kirche wieder her. Weitgehend neu mauerte man Seitenschiffe und Apsiden auf. Die Apsiden und der kräftige, erst in der Gotik vollendete Vierungsturm prägen das Äußere. Im Tympanon des Westportals sind Christus und die beiden Kirchenpatrone zu sehen.

Klosterkirche in St. Märgen 202

Klosterhof 2, 79274 St. Märgen
Tel.: 07669/91030
http://www.erzbistum-freiburg.de/html/st_maergen639.html?t

St. Märgen liegt im Hochschwarzwald, nicht weit entfernt von Freiburg im Breisgau. Der Straßburger Dompropst und spätere Bischof Bruno von Hohenberg gründete im Jahr 1118 das regulierte Augustiner-Chorherrenstift St.

Märgen in der Nähe des kurz zuvor errichteten Benediktinerklosters St. Peter. Lothringer Chorherren brachten ein bis heute verehrtes romanisches Gnadenbild mit. 1806 wurde das Kloster säkularisiert. Pauliner aus Polen gründeten 1995 einen neuen Konvent.

Die heutige zweitürmige Kirche geht auf den barocken Neubau der Jahre 1716 bis 1723 zurück. Bei einem Brand 1907 wurde die Wallfahrtskirche zerstört, zwischen 1907 und 1914 erfolgte der Wiederaufbau in den alten Formen. Das Kirchenschiff öffnet sich links und rechts zu je einer Seitenkapelle, in der nördlichen befindet sich das Gnadenbild, eine romanische Sitzmadonna (um 1100). Matthias Faller, ein Holzbildhauer aus dem Schwarzwald, der zeitweise als Laienbruder im Kloster lebte, schuf die Inneneinrichtung. Der Hochaltar gilt als sein Hauptwerk. Von der Originalausstattung konnten nur das Gnadenbild und Fallers Schnitzfiguren bei der Brandkatastrophe des Jahres 1907 gerettet werden.

Kloster St. Peter

203

Klosterhof 2, 79271 St. Peter
Tel.: 07660/9301115
www.geistliches-zentrum.org

St. Peter liegt knapp 15 Kilometer östlich von Freiburg im Schwarzwald. Hierher verlegte Herzog Berthold II. von Zähringen im Jahre 1093 das Hauskloster der Familie. St. Peter erhielt zahlreiche Schenkungen im Schwarzwald, im Breisgau und in der Schweiz. Kriege zogen das Benediktinerkloster im 17. Jahrhundert mehrfach in Mitleidenschaft. Im 18. Jahrhundert wurde ein neuer Klosterkomplex errichtet.

Zwischen 1724 und 1727 erbaute Peter Thumb eine barocke Wandpfeilerkirche mit Emporen und Kapellen. Dabei lehnte er sich an Vorbilder seiner Heimat Vorarlberg an. Weithin sichtbar grüßt die Westfassade mit ihren beiden Türmen. Die Wandmalereien im Inneren erzählen aus dem Leben des hl. Petrus. Johann Anton Feichtmayr schuf die Figuren der hll. Benedikt, Scholastika, Clemens und Ursula vom Hochaltar. Johann Christoph Storer malte das Altarbild, eine Marienkrönung (1661). Nach Fertigstellung der Kirche errichtete man bis 1757 das Kloster mit der sehenswerten Bibliothek. Das Deckengemälde von Benedikt Gambs zeigt eine

Huldigung vor der Trinität. Von 1842 bis 2006 diente das in der Säkularisation aufgehobene Kloster als Priesterseminar. Jetzt nutzt das »Geistliche Zentrum St. Peter« die Räume.

Kloster Großcomburg bei Schwäbisch-Hall

Kloster Großcomburg, 74523 Schwäbisch Hall-Steinbach
Tel.: 0791/938185 (Verwaltung)
www.schloesser-magazin.de/de/kloster-grosscomburg

Graf Burkhard von Rothenburg-Comburg übergab 1078 seine Burg den Benediktinern, die hier ein Kloster gründeten. Im 12. Jahrhundert erlebte das Kloster, das zu den Klöstern der Hirsauer Reform zu rechnen ist, eine erste Blüte. Ende des 15. Jahrhunderts erfolgte die Umwandlung in ein adliges Chorherrenstift, das 1803 aufgehoben wurde.

Von der romanischen Anlage blieben die drei Kirchtürme, der untere Teil des südlichen Querschiffs, Sechseckkapelle, Kreuzgang und Kapitelsaal erhalten. Anstelle der 1088 geweihten Basilika errichtete der Würzburger Baumeister Joseph Greising 1706 bis 1715 eine barocke Hallenkirche. Den Hochaltar (1713–1717) schuf der Würzburger Künstler Balthasar Esterbauer. Im Kapitelsaal sind zahlreiche Grabdenkmäler ab dem frühen 13. Jahrhundert zu sehen. Nach der Adelsfamilie der Schen-

ken von Limpurg trägt der Kapitelsaal auch die Bezeichnung »Schenkenkapelle«. Bedeutendste Ausstattungsstücke der Kirche sind ein vergoldetes Antependium und ein romanischer Radleuchter. Altäre, Chorgestühl, Kanzel und Orgelgehäuse stammen aus der Zeit des Barock.

St. Gallus in Sontheim-Brenz

 **205**

OT Brenz, 89567 Sontheim an der Brenz, Tel.: 07325/919697, evkirchebrenzbergenweiler. homepage.t-online.de/Brenz/ Brenz.html

Brenz gehört seit 1972 zur Gemeinde Sontheim im Landkreis Heidenheim. Bereits in römischer Zeit war die Gegend besiedelt. Ausgrabungen auf dem Kirchberg brachten Reste einer um 650 errichteten Holzkirche sowie ein alemannisches Gräberfeld ans Tageslicht. Ende des 7. Jahrhunderts ersetzte ein Steinbau die Holzkirche.

Mit drei Apsiden, Westturm und erhöhtem Langhaus bietet schon das Äußere der Kirche ein beeindruckendes Bild romanischer Baukunst. Die Errichtung der heutigen Kirche begann um 1190. Doch der Bau einer traditionellen Pfei-

lerbasilika, von der ein achteckiges Pfeilerpaar erhalten blieb, verlief zögerlich. Schließlich ging man um 1235 dazu über, eine Säulenbasilika zu bauen. Der Bauplanwechsel wird im Inneren des dreischiffigen, flachgedeckten Gebäudes deutlich.

Die Hauptapsis weist ein Kreuzgratgewölbe auf, typisch für viele Kirchen der Spätromanik. Freskenreste aus der Erbauungszeit sind in der Südapsis zu sehen. Sie zeigen eine Darstellung Christi in der Mandorla. Besonders prächtig gestaltete man das Südportal mit dem segnenden Christus, umgeben von Maria und Johannes. Bemerkenswert sind die reich verzierten Rundbogenfriese mit Darstellungen von Menschen, Tieren und Pflanzen am Außenbau.

Grabkapelle in Stuttgart-Rotenberg

Württembergstr. 340, 70327 Stuttgart-Rotenberg, Tel.: 0711/337149
www.grabkapelle-rotenberg.de

Nach nur dreijähriger Ehe starb im Januar 1819 die württembergische Königin Katharina Pawlowna, eine Tochter des russischen Zaren Paul (1754–1801). Ihr Ehemann, König Wilhelm I., ließ die noch gut erhaltene Stammburg der Württemberger schleifen und in den Jahren 1820 und 1821 an herausragender Stelle inmitten von Weinbergen eine Grabkapelle errichten. Die Inschrift über dem Eingang lautet: »Die Liebe höret nimmer auf«. Giovanni Salucci errichtete die Grabkapelle in klassizistischen Formen mit rundem Grundriss und drei Vorhallen mit ionischen Säulen. Schlicht ist der Innenraum: Statuen der Evangelisten nach Entwürfen von Thorvaldsen bilden den einzigen Schmuck. In der Gruft stehen die Särge des Königspaares. Wilhelm ließ sich trotz zweier weiterer Ehen neben seiner zweiten Frau Katharina beisetzen. Von 1825 bis 1899 diente die Kapelle als russisch-orthodoxe Kirche. Alljährlich findet hier noch immer ein orthodoxer Pfingstgottesdienst statt.

Bayern

Basilika St. Michael in Altenstadt

St.-Michael-Straße, 86972 Altenstadt
Tel.: 08861/7315
www.altenstadt-st-michael.de

Die Gemeinde Altenstadt liegt im oberbayrischen Pfaffenwinkel. Hier errichteten schon die Römer am Schnittpunkt zweier Straßen ein Versorgungslager.

Altenstadt trug früher den Namen Schongau. Nachdem die meisten Bewohner im 13. Jahrhundert eine neue Stadt Schongau gründeten, bekam der alte Ort den Namen »Altenstadt«.

Zwischen 1170 und 1220 wurde die Basilika St. Michael als herausragendes Beispiel alpenländischer Romanik errichtet. Die drei Schiffe enden in drei Apsiden. Über den Chorräumen der beiden Seitenschiffe erheben sich zwei mächtige Osttürme. Das Bauschema der querschifflosen Kirche verweist auf oberitalienische Vorbilder.

Große Teile der mittelalterlichen Ausstattung blieben erhalten. Der »Große Gott von Altenstadt«, eine mehr als drei Meter große Holzplastik des frühen 13. Jahrhunderts, zieht die Blicke der Besucher auf sich. Christus, flankiert von Maria und Johannes, steht als König am Kreuz. Er hat Leid und Tod überwunden. Die Kreuzigungsgruppe wurde auf dem modernen Lettnerbalken über dem Zugang zum Chor angebracht. Ebenfalls aus der Zeit der Romanik stammen der Taufstein mit einer Darstellung des Erzengels Michael und ein mehr als 8 Meter hohes Christophorusbild. Hingegen stammen die Fresken im Chor (Mariä Verkündigung, Erzengel Michael als Seelenwäger, Adam und Eva) aus der frühgotischen Epoche.

St. Georg in Amberg

Malteserplatz 1, 92224 Amberg
Tel.: 09621/49350
www.amberg-st-georg.de

Noch heute präsentiert sich Amberg in der Oberpfalz als wehrhafte Stadt mit Toren und Türmen. Die erste urkundliche Erwähnung der Stadt erfolgte 1034.

St. Georg, seit 1094 bezeugt, war viele Jahrhunderte lang die einzige Pfarrkirche Ambergs. Die gotische Basilika mit langgestrecktem Chor und hohem Westturm kam in den Jahren 1359 bis 1407 zur Ausführung. In den Wirren der Reformationszeit zerstörten die Calvinisten fast die gesamte Ausstattung. Mit der Gegenreformation erwählten die Jesuiten St. Georg 1621 zu ihrer Ordenskirche. In die gotische Bauhülle fügten sie einen barocken Sakralraum mit Stuck und Fresken ein. Rund um die Kirche entstand zwischen 1665 und 1687 das mächtige Jesuitenkolleg, das 1782 von den Maltesern übernommen wurde. Der Münchener Hofmaler Johann Nepomuk Schöpf malte 1766 das Hochaltarbild, auf dem der hl. Georg zu sehen ist. Joseph Adam Müller schuf 1723 die Deckengemälde, die Szenen aus dem Leben des Kirchenpatrons zeigen. Rund einhundert Jahre älter sind die beiden den Ordensheiligen Franz Xaver und Ignatius von Loyola geweihten Seitenaltäre.

Wallfahrtskirche Maria Hilf in Amberg

Franziskanerkloster, Auf dem Mariahilfberg 3, 92224 Amberg
Tel.: 09621/376060
www.franziskaner-amberg.de

In den Jahren 1633 und 1634 wütete in Amberg die Pest. Die Bevölkerung wandte sich in ihrer Not an die Gottesmutter um Hilfe. Zum Dank für die erhörten Gebete errichtete man auf einem Hügel oberhalb der Stadt 1634 eine kleine Votivkapelle in Form eines Rundbaus. Caspar Heil, der Rektor

des Jesuiten-Gymnasiums, stiftete das Gnadenbild, eine Kopie des Maria-Hilf-Bildes von Lucas Cranach dem Älteren im Innsbrucker Dom.

Johann Wolfgang Dientzenhofer erbaute anstelle der Kapelle in den Jahren 1696 bis 1703 die heutige barocke Wallfahrtskirche und das dazugehörige Franziskanerkloster. Seit 1859 führt eine monumentale dreiseitige Treppe zur Kirche hinauf. Zwischen den Wandpfeilern zog man Emporen ein, unter denen je drei Seitenkapellen entstanden. Ab 1702 schuf Giovanni Battista Carlone die Stuckaturen der Decke und den Hochaltar. Cosmas Damian Asam

malte 1717/18 die Deckenfresken mit der Geschichte der Amberger Wallfahrt und die Fresken in den Kapellen, die Szenen aus dem Marienleben zeigen. In der Weihnachtszeit lohnt die ab 1850 von Frater Vinzenz Haffner geschaffene Bergkrippe mit rund 300 Personen einen Besuch.

St. Peter am Perlach in Augsburg

Rathausplatz 6, 86150 Augsburg
Tel.: 0821/50101-11
www.sankt-peter-am-perlach.de

Augsburg zählt zu den ältesten deutschen Städten und geht auf das römische Augusta Vindelicorum zurück. Der Augsburger Religionsfrieden des Jahres 1555 brachte die endgültige Gleichstellung von Katholiken und Protestanten im Heiligen Römischen Reich.

St. Peter am Perlach steht inmitten der Altstadt, Rathaus und Kirchturm gehören zu den Wahrzeichen der Stadt. Um 1060 ließ der Augsburger Bischof Embrico hier eine Kirche errichten. Als diese 1182 während eines Gottesdienstes einstürzte, entstand der heutige Bau. Gegen den 1805 vom bayrischen Staat geplanten Abriss protestierten die Augsburger und erzwangen die Wiedereröffnung des Gotteshauses. Nach schweren Bombenschäden 1944 wurde die Kirche bis 1954 wiederaufgebaut. Das Innere präsentiert sich als romanische Hallenkirche mit reicher Ausstattung. Bemerkenswert ist das im Jahr 1700 von einem Patrizier der Stadt gestiftete Wallfahrtsbild »Maria Knotenlöserin«. Auf dem Bild löst Maria einen Knoten, Symbol für das Lösen von Problemen im Leben der Menschen, während sie den Kopf der Schlange zertritt.

Kurios stellen sich die Besitzverhältnisse dar. Dem Freistaat Bayern gehören die Mauern und dem Bürgerverein »St. Peter am Perlach e. V.« das Innere der Kirche. Die Stadt wiederum besitzt den Turm, die Sakristei befindet sich in Privatbesitz.

St. Martin in Bamberg   211

Grüner Markt, 96047 Bamberg
Tel.: 0951/98121-0
www.st-martin-bamberg.de

Die Geschichte des oberfränkischen Bamberg ist eng verbunden mit dem 1007 von Kaiser Heinrich II. gegründeten Bistum. Zahlreiche Kirchen prägen bis heute das Bild der Stadt. St. Martin wurde als Jesuitenkirche gegründet. Fürstbischof Johann Gottfried von Aschhausen (1609–1622) rief die Jesuiten nach Bamberg, um ihnen in seinem Bistum Bildungswesen und Priesterausbildung zu übertragen. Georg Dientzenhofer (1643–1689) entwarf die Baupläne, 1686 erfolgte die Grundsteinlegung. Bereits 1693 konnte die Kirche geweiht werden, lediglich der Turmbau zog sich länger hin.

Die breitgelagerte und reich gegliederte Fassade tritt ganz besonders in Erscheinung. Zahlreiche Skulpturen sind zu sehen: Christus, Maria, Laurentius, Ottilie, Ignatius, Franz Xaver, Anna und Sebastian. Eine große Flachkuppel überspannt das erste Joch des breit angelegten Langhauses. Giovanni Francesco Marchini malte das Kuppelfresko, das in gekonnter Manier eine Scheinkuppel vortäuscht. Aus der zu Beginn des 19. Jahrhunderts abgebrochenen Martinskirche übernahm man

das Hochaltarbild (1708), das den Tod des Kirchenpatrons zeigt. Ebenfalls aus Alt-St. Martin stammen eine Pietà (Mitte 14. Jahrhundert) und die »Angsttafel«. Dieses Mittelfeld eines kleinen spätgotischen Altars stellt die Todesangst Christi am Ölberg dar.

Stiftskirche in Baumburg an der Alz

Baumburg 28, 83352 Altenmarkt a. d. Alz, Tel: 08621/2753
www.baumburg.de/index.php?id=22

Graf Berengar von Sulzbach gründete um 1107/09 das Stift St. Margareth in Baumburg als Grablege für seine Frau Adelheid und besetzte es mit Augustiner-Chorherren aus Rottenbuch. Eine romanische Basilika wurde 1156 vollendet. Um 1600 begann die Umgestaltung der Anlage. Zunächst erhielten die Türme der mittelalterlichen Kirche ihre charakteristischen Zwiebelhauben. Anfang des 18. Jahrhunderts veranlassten die Pröpste Michael Doegger und Patricius Stöttner Um- und Neubauten der Stiftsgebäude. Baumeister Franz Alois Mayr aus Trostberg errichtete ab 1755 eine völlig neue Kirche. Sie gilt als »Juwel des Rokoko« im Chiemgau. Im Zuge der Säkularisation hob der bayerische Staat das Stift 1803 auf, die Kirche diente fortan als Pfarrkirche von Altenmarkt an der Alz.

Filigrane Stuckaturen und Fresken bestimmen den Innenraum. Das Deckengemälde im Chor, ein Werk des böhmischen Hofmalers Felix Anton Scheffler, erzählt die Gründungsgeschichte des Stifts. Auf dem mittleren Deckenfresko sind Szenen aus dem Leben des hl. Augustinus und ein ganzer »Augustinerhimmel« zu sehen. Joseph Hartmann aus Augsburg malte das der Kirchenpatronin Margareta gewidmete Altarbild.

Anastasiakapelle in Benediktbeuern

Don-Bosco-Straße 1, 83671 Benediktbeuern, Tel.: 08857/88-0
www.kloster-benediktbeuern.de

Rund 15 Kilometer südwestlich von
Bad Tölz liegt Benediktbeuern. An der
um 739 erfolgten Gründung des Klosters vor der imposanten Kulisse der
1801 Meter hohen Benediktenwand
wirkte der hl. Bonifatius mit. Ende des
17. Jahrhunderts erlebte Benediktbeuern seine größte Blüte. Damals erhielt
der Klosterkomplex sein heutiges Aussehen. Hans Georg Asam, der Vater der
berühmten Asam-Brüder, malte nach
italienischen Vorbildern die Deckenfresken der ab 1672 erbauten Klosterkirche
St. Benedikt.
Ein Meisterwerk des Rokoko ist die
Anastasiakapelle an der Nordostecke
der Kirche. Johann Michael Fischer
lieferte den Entwurf für die zwischen
1751 und 1753 zu Ehren der Märty-
rerin Anastasia († um 305) erbaute
Kapelle. Ihrer Fürbitte schrieb man die
Rettung des Klosters und der umliegenden Dörfer aus Kriegsgefahr zu. Einer
der Hauptmeister des Rokoko, Johann
Michael Feuchtmayer, schuf den for-
menreichen Stuck. Johann Jakob Zeiller malte das grandiose Deckenfresko:

Alles schwebt auf Wolken, in deren
Zentrum die Trinität steht. Ein Engel
trägt die Märtyrerpalme der Heiligen
in den Himmel. Maria und zahlreiche
Engel vervollständigen die Bildkomposition. Die drei Altarbilder malte Jakob
Amigoni. Als Fürbitterin der Kopf- und
Nervenkranken sieht man Anastasia
auf dem Bild des Hauptaltars.

Benediktweg

Tel.: 08671/506228 (Tourismus-
gemeinschaft Inn-Salzach e. V.)
www.benediktweg.info

Zahlreiche Stationen bayrischer Volks-
frömmigkeit vereint der Benediktweg.
Klöster prägen das Land. Wallfahrts-
orte zeugen von der tiefen Verehrung
der Gottesmutter, der »Patrona Bavariae«. Auch Heilige brachte die Gegend
hervor: Irmingard, die Gründerin des
Klosters Frauenchiemsee, und Bruder

Marktl am Inn, Geburtshaus Papst Benedikts XVI.

Konrad aus Parzham, Pförtner im Altöttinger Kapuzinerkloster. Zwischen Inn und Salzach folgt der 248 Kilometer lange Radwanderweg den Spuren, die Papst Benedikt XVI. in seiner Heimat hinterlassen hat. Hier verbrachte Joseph Ratzinger die prägenden Jahre seines Lebens.

Seinen Anfang nimmt der Benediktweg in Altötting. Über Marktl am Inn (Geburtsort Joseph Ratzingers), Tittmoning (ab 1929 Wohnort der Familie Ratzinger), Traunstein (hier feierte Joseph Ratzinger 1951 Primiz), den Chiemsee, Wasserburg und Aschau am Inn (hier besuchte Joseph Ratzinger die Volksschule, empfing die Erstkommunion und war Ministrant) erreicht

man Tüßling. Von hier sind es noch sieben Kilometer bis zum Ausgangsort Altötting.

Wendelsteinkircherl bei Brannenburg

83098 Brannenburg, Tel.: 08034/90710
www.pv-degerndorf-brannenburg.de

Mit 1838 Metern Höhe ist der Wendelstein der höchste Berg des Wendelsteinmassivs im östlichen Teil der bayerischen Voralpen. Das Wendelsteinkircherl liegt auf einem Felsrücken, etwa 100 Meter unterhalb des Gipfels. Rosa Krimbacher, die Wirtin des Wendelsteinhauses, hatte sich beklagt, »dass ma halt da herob'n des ganze Jahr in koa Kirchn ned kimmt«. Der Münchner Kunstprofessor Max Kleiber hörte die Klage. Am 1. Juli 1889 legte man den Grundstein der Kirche, am 20. August 1890 fand die Weihe statt. Bis heute ist das Wendelsteinkircherl die höchstgelegene Kirche Deutschlands und wird als Nebenkirche der Pfarrei Brannenburg geführt. Die Kirche ist Maria als der »Patrona Bavariae« gewidmet. In den Sommermonaten finden regelmäßig Messen und auch Trauungen statt.

Neben der Kirche gibt es auf dem Gipfel des Wendelsteins auch noch eine dem heiligen Wendelin geweihte Holzkapelle, die spätestens seit Anfang des 19. Jahrhunderts besteht.

Kartause Buxheim (216)

Heimatdienst Buxheim e. V.,
Ganghoferstr. 5, 87740 Buxheim
Tel.: 08331/61804
www.kartause-buxheim.de

Ein um 1100 gegründetes Kollegiatstift in Buxheim im Allgäu wurde 1402 an die Kartäuser übergeben. Das Kloster »Maria Saal« profitierte von der Freigebigkeit vieler Gönner. Sie schenkten neben Grundbesitz, Geld, Kunstgütern und Kirchengerät immer wieder Bücher. Hildebrand von Brandenburg stiftete 1508 neben 450 Büchern auch die Annakapelle. Im Bauernkrieg 1525 flohen die Mönche, Kirche und Altäre wurden geschändet und verwüstet. Während der Reformation verbot man kurzzeitig Messe und Chorgebet. Doch erst der bayerische Staat hob das Kloster 1803 endgültig auf. Seit 1926 leben Salesianer Don Boscos in einem Teil des Klosters.

Authentisch restauriert wurden drei Mönchszellen, in denen sich heute das Kartausenmuseum befindet. Im Stil des Barock präsentiert sich die Klosterkirche. Ignaz Waibel schuf das prachtvolle Chorgestühl (1687–1691), Johann Baptist Zimmermann und seine Mitarbeiter fertigten den lichten Stuck und die Gemälde (1709–1712). Die Annakapelle, die Hauskapelle des Priors, gestaltete Dominikus Zimmermann 1738 bis 1741 im Stil des Rokoko um.

Maria-Dank-Kapelle in Degerndorf (217)

82541 Münsing, OT Degerndorf
Tel.: 08171/26678
www.degerndorf-online.de

Degerndorf liegt im Alpenvorland, rund 35 Kilometer südwestlich von München. Seit 1979 gehört das Dorf zur Ge-

Kilometerweit wurden die Flugzeugteile verstreut, Phosphor regnete brennend vom Himmel. Doch wie durch ein Wunder kam kein Einwohner zu Schaden. Sechs der sieben Flugzeuginsassen starben. Entgegen der Weisung der NSDAP-Kreisleitung bestattete man sie würdig auf dem Friedhof. Als nach Kriegsende die das Dorf besetzenden amerikanischen Soldaten davon hörten, verschonten sie den Ort. Dankbar über die wiederholte Bewahrung ihres Dorfes erbauten die Degerndorfer aus den Schuttsteinen Münchens die neobarocke Maria-Dank-Kapelle.

meinde Münsing. Bereits um das Jahr 800 bestand in Degerndorf eine Kirche. Die Maria-Dank-Kapelle auf dem 719 Meter hohen Fürst-Tegernberg ist Degerndorfs bekannteste Sehenswürdigkeit. Seit 1948 ziehen die Degerndorfer zwischen Mai und Oktober an jedem 13. eines Monats in einer Dankprozession zur Kapelle. Ihre Wurzeln hat die Prozession in der Zeit des Zweiten Weltkrieges. Am 17. Dezember 1944 drohte ein mit Phosphorbomben beladenes englisches Bombenflugzeug auf Degerndorf zu stürzen. Doch die Maschine explodierte noch in der Luft.

Franziskanerinnenkloster Dillingen an der Donau

Klosterstr. 6, 89407 Dillingen
Tel.: 09071/5090
www.dillinger-franziskanerinnen.de

Dillingen liegt im Norden des Regierungsbezirkes Schwaben am Ufer der Donau und wurde im 10. Jahrhundert erstmals urkundlich erwähnt. 1258 kam die Stadt zum Hochstift Augsburg, vom 15. Jahrhundert bis 1803 residierten im Schloss die Augsburger Bischöfe. Graf Hartmann IV. von Kyburg und Dillingen schenkte 1241 einer Beginengemeinschaft ein Haus und etwas Grundbesitz, um ihnen ein klösterliches Leben zu ermöglichen. Zu Beginn des 14. Jahrhunderts, so früh wie keine andere Frauengemeinschaft, verpflichtete diese sich auf die Drittordensregel des hl. Franziskus und unterstellte sich den Franziskanern in Augsburg. Reformation und Dreißigjährigen Krieg überstanden die Schwestern ebenso wie die Säkularisierung, da sie seit 1774 Mädchen unterrichteten. Heute leben die etwa 1000 Dillinger Franziskanerinnen in Deutschland, den USA, Brasilien und Indien.

Meisterin (Oberin) Aloysia Erlacherin beauftragte 1736 den Architekten Johann Georg Fischer mit dem barocken Neubau von Kirche und Konvent. Szenen aus dem Leben der Kirchenpatronin Maria und wichtige Ereignisse der Klostergeschichte zeigen die Fresken im Inneren. In der Kirche befindet sich die reich im Rokokostil ausgestattete Grabkapelle der 1979 seliggesprochenen Mystikerin Margareta Ebner (1291–1351).

St. Georg in Dinkelsbühl

Marktplatz, 91550 Dinkelsbühl
Tel.: 09851/2245
www.st-georg-dinkelsbuehl.de

Dinkelsbühl liegt im mittelfränkischen Landkreis Ansbach. Hier kreuzten sich bereits im Mittelalter an einer Furt zwei Handelsstraßen. Um 1130 legten die

Staufer Dinkelsbühl an und befestigten die Stadt. Der gut erhaltene mittelalterliche Stadtkern macht Dinkelsbühl zu einem Hauptanziehungspunkt an der »Romantischen Straße«.

Inmitten der Altstadt erhebt sich die mächtige spätgotische Stadtpfarrkirche St. Georg. Im Jahre 1448 legte man den Grundstein für den Bau der dreischiffigen Hallenkirche, Niclaus Eseler lieferte die Pläne. Chor und Langhaus des Vorgängerbaues wurden umbaut und erst nach Fertigstellung des größeren Neubaus abgerissen. Die Arbeiten dauerten bis 1499 an. In den folgenden Jahrzehnten veränderte man den Westturm noch mehrfach.

Frei stehende achteckige Pfeiler tragen die Netzgewölbe. Alle 26 Spitzbogenfenster weisen unterschiedlich gestaltetes Maßwerk auf. Aus dem Jahr 1892 stammt der Hochaltar, in den man jedoch das ursprüngliche Altarbild integrierte: eine überaus figurenreiche Kreuzigung (um 1490). Das Kreuz Jesu tritt aus dem gemalten Bild hervor – Plastik und Malerei scheinen sich zu verbinden. Hinzu kommen noch fünf weitere, meist spätmittelalterliche Seitenaltäre. Aber auch die prächtige Kanzel, der Taufstein und das Sakramentshaus verdienen Beachtung.

Wallfahrtskirche Maria Ettenberg in Ettenberg

Ettenberg, 83487 Marktschellenberg
Tel.: 08650/873 (Mesnerin Anna Angerer), www.ettenberg.de/KIRCHE.HTM

Ettenberg ist ein Ortsteil von Marktschellenberg im Berchtesgadener Land. Eine kleine Straße und ein 1997 eingeweihter Kreuzweg führen von Marktschellenberg hinauf zu der kleinen Barockkirche. Sie steht malerisch auf einem Bergrücken, umgeben von Wiesen und Wäldern.

Um die Entstehung des Wallfahrtsortes rankt sich eine Legende: Ein Marienbild gelangte auf unerklärliche Weise von einem Bauernhof an eine Linde auf dem Almberg, der später den Namen Ettenberg bekam. Nachdem sich der Vorgang mehrfach wiederholte, wurde für das Marienbild eine Kapelle gebaut. Bald kamen erste Wallfahrer. Fürstpropst Julius Heinrich von Rehlingen ließ das spätbarocke Gotteshaus in den Jahren 1724 und 1725 erbauen. Hell und freundlich ist das Innere. Auf dem Deckenbild ist zu Füßen des Gnadenthrones der Erbauer der Kirche abgebildet. Weißer und hellgrüner Stuck schmückt die Decke. Sehenswert ist eine überlebensgroße Schnitzfigur des hl. Christophorus auf

der Orgelempore. Jeweils am letzten Sonntag im Juli wird das Annafest mit Messen und einer Sakramentsprozession gefeiert.

Bildstock- und Kapellenwanderweg Herrieden

91567 Herrieden
Tel.: 09825/808-0 (Stadt Herrieden)
www.herrieden.de/sehenswuerdigkeiten_bildstoecke_herrieden_112.htm

Am Oberlauf der Altmühl, etwa 10 Kilometer entfernt von Ansbach, liegt die Kleinstadt Herrieden. Seit der Reformation umschloss die protestantische Markgrafschaft Ansbach den katholischen Ort. Wohl als sichtbares Zeichen ihres katholischen Glaubens errichteten die Bewohner im Umfeld der Stadt zahlreiche Kapellen, Bildstöcke und Kreuze. Heute führt der »Bildstock- und Kapellenwanderweg« zu diesen Glaubenszeugnissen.

Wanderweg A (23 Kilometer) verbindet 43 Stationen südlich der Stadt. Man gelangt über die Altmühlbrücke mit dem hl. Johannes Nepomuk, vorbei an der Siechkapelle, der Liebfrauenkapelle in Lammelbach und zahlreichen Bildstöcken und Kriegerdenkmälern, zur kleinen Dorfkapelle in Elbersroth. Durch den Wald geht der Weg über Stadel mit seiner prächtigen Kapelle zurück nach Herrieden.

Der längere Wanderweg B (29 Kilometer) führt zunächst entlang der Altmühl nach Norden. Bei Neunstetten trifft man auf sechs, ursprünglich sieben Steinkreuze. Hier sollen sieben Fuhrmänner über einen Brotlaib in Streit geraten sein. Mit Messern gingen sie aufeinander los. Am nächsten Tag fanden die Dorfbewohner alle Männer tot auf und setzten zu ihrem Andenken die Kreuze. Weiter geht der Weg in südöstlicher Richtung an Herrieden vorbei und wieder zurück in die Stadt. Letzte Station ist die Dreifaltigkeitskapelle (18 Jahrhundert). Wegen Einsturzgefahr baute man die Kapelle in den Jahren 1996/97 etwas versetzt neu auf.

St. Nikolaus in Inzell

Adlgaß, 83334 Inzell, Tel.: 08665/219
www.kath-pfarrei-inzell.de

Inzell liegt im oberbayrischen Landkreis Traunstein. Wahrscheinlich missionierte der hl. Rupert von Salzburg, der Apostel Bayerns, um 700 auch in dieser Gegend. Gut und Wald Inzell übergab 1177 der Salzburger Erzbischof Conrad »dem heiligen Zeno und seinen Klosterbrüdern«.

Im Ortsteil Adlgaß steht malerisch an einem kleinen See die Kirche St. Niko-

laus. Man erreicht das Gotteshaus aus Inzell nach etwa 45 Minuten Fußweg in Richtung Einsiedl. Der Einsiedler Luitpold tat in der Nähe der Kirche Buße für ein Verbrechen, das er 1167 begangen hatte. Aus der Zeit um 1200 stammt das Langhaus, in der zweiten Hälfte des 15. Jahrhunderts kam der Chor hinzu. Von besonderem Wert ist das nördliche Chorfenster (um 1420/30) mit den Darstellungen der Verkündigung an Maria und der Geburt Jesu. Das Kreuz im Chorbogen aus der zweiten Hälfte des 14. Jahrhunderts ist als Lebensbaum gestaltet. Von Interesse ist auch der 1938 zusammengebaute Altar mit Schnitzfiguren des hl. Nikolaus (um 1700), der Diakone Laurentius und Stephanus (um 1500) und modernen Ergänzungen.

Stadtkirche St. Martin in Kaufbeuren

Salzmarkt 18, 87600 Kaufbeuren
Tel.: 08341/952311
www.st-martin-kaufbeuren.de

Kaufbeuren in Schwaben entstand aus einem fränkischen Königshof, der um 740 gegründet wurde. Erstmals erwähnt wird die Stadt 1126. Lange Zeit war Kaufbeuren freie Reichsstadt, bevor es 1803 an Bayern kam.

Die heutige katholische Stadtpfarrkirche St. Martin erhebt sich über der ehemaligen Burg. Ein romanischer Vorgängerbau existierte schon im 13. Jahrhundert, von dem Spuren im Südportal und im Taufstein erhalten blieben. In den Jahren 1438 bis 1443 erfolgte der völlige Neubau des Gotteshauses im gotischen Stil. Meister Michael Erhart aus Ulm fertigte um 1480 einen bedeutenden Schnitzaltar, von dem Schreinfiguren erhalten sind. Eine Relief der Anbetung der Heiligen Drei Könige stammt aus der Zeit um 1525. Ab etwa 1520 fanden die Lehren Martin Luthers auch in Kaufbeuren Anhänger. Da sich bald die Mehrheit der Stadtbürger zur evangelischen Konfession bekannte,

erfolgte 1545 eine Umgestaltung der Kirche nach ihren Vorstellungen. Im 17. und 18. Jahrhundert erhielt die seit 1614 wieder katholische Kirche eine barocke Ausstattung. Schließlich erfolgte 1893 bis 1899 eine neogotische Umgestaltung.

Hl. Crescentia Höss von Kaufbeuren (1682–1744)

Crescentiakloster, Obstmarkt 5, 87600 Kaufbeuren, Tel.: 08341/9070
www.crescentiakloster.de

Crescentia Höss kam 1682 als sechstes von acht Kindern der Weberfamilie Höss zur Welt und wurde auf den

Namen Anna getauft. Seit dem 17. Lebensjahr verspürte sie den Wunsch, in das Franziskanerinnenkloster ihrer Heimatstadt einzutreten. Doch die Familie war nicht in der Lage, die erforderliche Aussteuer aufzubringen. Dem evangelischen Bürgermeister der Stadt gelang es, die Oberin von der Aufnahme Annas zu überzeugen. Bei ihrem Klostereintritt im Jahre 1703 nahm sie den Namen Crescentia an.

Doch aufgrund ihrer Herkunft feindeten die Mitschwestern sie an. Mit Gottvertrauen und Liebe ertrug Crescentia alle Missgunst. Eine neue Oberin erkannte die Echtheit ihrer Berufung, nach vielen Prüfungen vertraute man Crescentia verantwortungsvolle Ämter an. Bald suchten Bischöfe, Äbte und selbst die Kurfürstin bei ihr Rat, 1741 schließlich wurde Crescentia zur Oberin des Klosters gewählt. Bis zum ihrem Tod 1744 behielt sie dieses Amt. Bald danach begann der Seligsprechungsprozess, der aber erst im Jahr 1900 zum Abschluss kam. Am 25. November 2001 wurde Crescentia Höss heiliggesprochen.

Lüftlmalerei in Klais

82494 Krün, OT Klais
Tel.: 08825/1094 (Tourist-Information)
www.urlaub-in-klais.de/kapelle.htm

Klais zählt zu den ältesten Siedlungen des Werdenfelser Landes. Wahrscheinlich geht die Geschichte des Ortes bis in die Zeit der Römer zurück. Der Ortsname kommt wohl vom lateinischen »castra clausura«, was »befestigte Behausung« bedeutet. Die um 200 n. Chr. von Verona nach Augsburg gebaute Via Raetia führte an Klais vorbei. Seit

763 war der Ort kirchliches Zentrum des oberen Isartales, damals wurde in der Einöde des Scharnitzer Waldes ein Kloster gegründet. Aufgrund seiner Abgeschiedenheit gab man es jedoch bald wieder auf.

Die kleine Kapelle in Klais wird erstmals 1597 erwähnt. Sie ist ein schönes Beispiel für den ländlichen Kirchenbau in Oberbayern. Ein in Lüftlmalerei ausgeführtes Fassadenbild zeigt Christus am Kreuz. Unter Lüftlmalerei versteht man volkstümliche illusionistische Fassadenmalerei, wie sie besonders in Oberbayern und Tirol verbreitet ist. Die auf den noch frischen Putz aufgetragenen Bilder überdauern besonders lange. Ursache dafür ist eine chemische Reaktion, bei der Farbe und Putz verkieseln.

St. Peter und Paul in Mittenwald

Matthias-Klotz-Straße, 82481 Mittenwald, Tel.: 08823/92290
www.st-peter-und-paul-mittenwald.de

Im oberen Isartal, fast direkt an der Grenze zu Österreich, liegt zwischen Wetterstein- und Karwendelgebirge die Gemeinde Mittenwald. Bereits in der Antike verlief hier eine wichtige Römerstraße, die Bozen und Augsburg miteinander verband. Aus einer im Jahre 1096 erstmals erwähnten Rodungssiedlung entwickelte sich Mittenwald.

Der Wessobrunner Baumeister und Stukkateur Joseph Schmutzer erbaute die den Aposteln Petrus und Paulus geweihte Pfarrkirche zwischen 1734 und 1749. Dabei bezog er den spätgotischen Chor der im Jahre 1315 erstmals erwähnten Mittenwalder Kirche ein. Matthäus Günther, Augsburger Akademiedirektor und Geselle des berühmten Cosmas Damian Asam, malte die barocken Deckenfresken ebenso wie das Gemälde des Hochaltars, das die Verherrlichung der Kirchenpatrone darstellt. Auf Günther gehen auch die Entwürfe für die Lüftlmalereien am 1746 fertiggestellten Kirchturm zurück. Seine Gesellen führten die Bilder der Apostelfürsten Petrus und Paulus aus, die zu den besten Lüftlmalereien ihrer Art gezählt werden. Heute ist der bemalte Kirchturm das Wahrzeichen Mittenwalds. Im Kircheninneren verdient auch eine spätgotische Madonna (1520) am Seitenaltar Beachtung.

St. Michael in München-Berg am Laim **227**

Johann-Michael-Fischer-Platz 9a, 81673 München, Tel.: 089/436896-3
www.st-michael-bal.de

Berg am Laim zählt zu den kleinsten Stadtteilen der bayerischen Landeshauptstadt. Der bereits im Jahr 812 erstmals erwähnte Ort wurde 1913 nach München eingemeindet. St. Michael, ehemals Hauskirche des Michaelsordens sowie Hofkirche von Clemens August von Bayern, zählt heute zu den prächtigsten Kirchen Münchens.
Clemens August von Bayern, Kurfürst und Erzbischof von Köln, ließ die Kirche St. Michael zwischen 1735 und 1751

in seiner Hofmark Berg am Laim errichten. Die Baupläne entwarf der bayrisch-kurkölnische Architekt Johann Michael Fischer. Reiche Verzierungen und Rocaillen im Inneren machen St. Michael zu einem Hauptwerk des Rokoko in Süddeutschland.
Johann Baptist Zimmermann fertigte sowohl die Deckenmalereien als auch die Stuckaturen. Auf den Gewölbefresken erzählt er die Geschichte der Rettung der Stadt Sipontum durch den Erzengel Michael. Aus der Schlosskapelle der Josephsburg stammt das 1694 von Johann Andreas Wolff gemalte Hochaltargemälde »Erzengel Michael kämpft gegen Luzifer«. Als das Bild nach St. Michael umzog, musste es vergrößert werden. Der Erzengel Michael, der den Drachen besiegt, ist auch als Skulptur in einer Nische über dem Hauptportal zu sehen.

Schlosskapelle Blutenburg in München-Obermenzing

Schloss Blutenburg, Seldweg 15, 81247 München, Tel.: 089/17908-0
www.blutenburg.de

Im Westen von München liegt der Stadtteil Obermenzing mit dem ehemaligen Jagdschloss Blutenburg. Bereits

im 13. Jahrhundert bestand in Obermenzing eine Wasserburg. Herzog Albrecht III. ließ die Burg zwischen 1431 und 1440 zu seinem Landsitz ausbauen. Sein Sohn Sigismund, der 1476 auf die Regentschaft verzichtete, zog sich nach Blutenburg zurück und ließ 1488 durch die Bauhütte der Münchner Frauenkirche eine neue und repräsentative Schlosskapelle errichten. Die Baupläne gehen vermutlich auf Jörg von Halsbach zurück.

Das spätgotische, der Hl. Dreifaltigkeit geweihte Gotteshaus und seine Ausstattung blieben bis auf den barocken Dachreiter unverändert erhalten. Ein Netzgewölbe überspannt das Innere. Um 1490/95 entstand der Apostelzyklus an den Seitenwänden. Da einige Attribute vertauscht wurden oder verloren gingen, ist eine eindeutige Benennung der Apostel nicht mehr in jedem Fall möglich. Zum Zyklus gehören auch ein Schmerzensmann und die »Blutenburger Madonna«. Die Bilder des Flügelaltares im Chorraum zeigen einen Gnadenstuhl, eingerahmt von der Taufe Christi und einer Marienkrönung. Zwei weitere Altäre, ein prächtiges Sakramentshaus und ein Teil der Butzenscheiben der Fenster gehören zur Originalausstattung.

Kloster Maria Bildhausen in Münnerstadt

Maria Bildhausen, 97702 Münnerstadt
Tel.: 09766/81-0, www.bildhausen.de

Hermann von Stahleck, Pfalzgraf bei Rhein, stiftete im Jahre 1156 ein der Gottesmutter Maria geweihtes Zisterzienserkloster. Zwei Jahre später besiedelten Mönche aus dem Kloster Ebrach das im unterfränkischen Münnerstadt gelegene Maria Bildhausen.

Infolge der Säkularisierung löste der bayerische Staat 1803 den Konvent auf. Basilika, Kreuzgang, Torkapelle

Jahrhundert) und der Konventbau St. Maria (1165 bzw. 17./18. Jahrhundert) erhalten. Zu Beginn des 20. Jahrhunderts errichtete man die schlichte Kapelle.

Hofkirche in Neuburg an der Donau

Karlsplatz 10, 86633 Neuburg a. d. Donau, Tel.: 08431/9945
www.schwabenmedia.de/Kirchen/Neuburg/Hofkirche-mariae-himmelfahrt.php

Bereits die Römer legten in Neuburg ein Kastell an. Im 13. Jahrhundert zur Stadt erhoben, wurde Neuburg, nordöstlich von Augsburg gelegen, Mitte des 16. Jahrhunderts Residenz der Fürsten von Pfalz-Neuburg. Pfalzgraf Ottheinrich erbaute 1530 bis 1545 den größten Teil des Schlosses. Die Kapelle gehört zu den ältesten evangelischen Schlosskapellen in Deutschland. Hans Bocksberger der Ältere schuf 1543 die bedeutenden Fresken.

Anstelle eines alten Benediktinerinnenklosters entstand 1607–18 eine evangelische Kirche, als »Trutzmichel« gegen die Jesuitenkirche St. Michael in München konzipiert. Doch noch vor Vollendung des Baues trat mit Pfalz-

und Gästebau wurden abgebrochen. Doch 1897 erwarb der Priester Dominikus Ringeisen das verlassene Kloster, Franziskanerinnen zogen in die noch erhaltenen Gebäude und betreuten ab 1929 Behinderte. Im Dritten Reich gelang es den Schwestern weitgehend, die ihnen anvertrauten Menschen zu schützen. Acht Heimbewohner wurden dennoch Opfer der Euthanasie-Politik der Nazis. Auch heute leben Franziskanerinnen der St. Josefskongregation im Kloster Maria Bildhausen. Die Arbeit mit Behinderten verantwortet seit 1996 die kirchliche Stiftung »Dominikus-Ringeisen-Werk«.

Von der Klosteranlage blieben das Torhaus (1788), der Abtei- und Syndikatsbau (1625), das Gartenhaus des Abtes Bonifaz Geßner (1765/66), ein fünfgeschossiger Treppenturm (1454 und 17.

graf Wolfgang Wilhelm ein katholischer Fürst die Herrschaft an, die Kirche wurde katholische Hofkirche. Die den Schlossplatz dominierende Einturmfassade zeigt schon Anklänge des frühen Barock. Obwohl spätgotisch gegliedert, prägt der Stil der Hochrenaissance das Innere. Hervorzuheben sind der reiche Stuck und Reliefs biblischer Figuren und Allegorien vor landschaftlichem Hintergrund. Hochaltar und Kanzel sind Werke aus der Mitte des 18. Jahrhunderts.

Doppelkapelle in der Burg zu Nürnberg

231

Auf der Burg 13, 90403 Nürnberg
Tel: 0911/244659-0 (Burgverwaltung)
www.schloesser.bayern.de/deutsch/
schloss/objekte/nbg_burg.htm

Hoch über Nürnberg thront die auf einem Sandsteinfelsen errichtete Burg als krönender Abschluss der Stadtanlage. Die Burg besteht aus den drei Teilen Kaiserburg, Burggrafenburg und Kaiserstallung. Ab der Mitte des 12. Jahrhunderts entstand die Kaiserburg mit

der im zweiten Viertel des 13. Jahrhunderts erbauten romanischen Doppelkapelle, die zu den wenigen im Zweiten Weltkrieg fast unbeschädigten Bauten der Burg zählt.

Kaiser und Hochadel verfolgten die Messe im oberen, hohen, fast quadratischen Raum, der Kaiserkapelle. Darunter liegt das von kurzen, gedrungenen Säulen geprägte Untergeschoss, die Margarethenkapelle, in der der Priester den Gottesdienst feierte. Beide Kapellen sind nur durch eine Deckenöffnung miteinander verbunden. Besonders beeindrucken die Kapitelle der Säulen. Das Adlerkapitell ist eines der schönsten Beispiele romanischer Plastik in Nürnberg. Bei dem spätgotischen Kruzifix in der Kaiserkapelle handelt es sich um ein Werk von Veit Stoß. Ein Rundbogenfries schmückt das Äußere der Kapelle.

Totenbretter in der Oberpfalz 232

Holzschnitzerei Meindl, Bach 3 1/2,
93471 Arnbruck, Tel.: 09945/2122
www.meindl-arnbruck.de/schnitzerei.
html

Im 19. Jahrhundert fand man Totenbretter im gesamten bayrisch-alemannischen Raum. Sie waren eine sichtbare Mahnung an die Lebenden, den Tod nicht aus dem Blick zu verlieren. Auf die Totenbretter legte man die Verstorbenen bis zur Beisetzung. Heute sind Totenbretter noch da und dort an Wegen, an Kirchenmauern oder unter Bäumen zu finden. Der Brauch wird vor allem noch im Bayrischen

Kapelle mit Totenbrettern, bei Weißenstein (Landkreis Regen)

Wald, in der Oberpfalz und vereinzelt in Oberbayern fortgeführt.

Etwa im 17./18. Jahrhundert wurde in Bayern die Bestattung in Särgen üblich. In der Stube bahrte man den Verstorbenen zunächst auf Brettern auf und trug ihn dann auf diesen zu Grabe. Entweder wurden die Bretter mit vergraben, verbrannt oder für weitere Todesfälle aufbewahrt. In der Oberpfalz und im Bayrischen Wald entwickelte sich der Brauch, das Brett aufzustellen. Erst erhielten die Bretter nur drei Kreuze als Schmuck, später widmete man den Verstorbenen ausführliche Texte und Lobgedichte. Seit der Mitte des 19. Jahrhunderts kamen Schnitzereien und Malereien hinzu. Noch heute wird das Brauchtum fortgeführt. Allerdings werden auf den Brettern keine Toten mehr aufgebahrt.

Zisterzienserinnenabtei Oberschönenfeld

233

86459 Gessertshausen,
Tel.: 08238/9625-0
www.abtei-oberschoenenfeld.de

Oberschönenfeld gehört als Ortsteil zu der im Landkreis Augsburg gelegenen Gemeinde Gessertshausen. Die Geschichte des Klosters begann damit, dass sich um 1186 einige Beginen zusammenfanden, um gemeinsam ein religiöses Leben zu führen. Wohl um 1211 siedelten sie sich in Schönenfeld an. Eine Urkunde von Papst Innozenz IV. aus dem Jahre 1248 erwähnt das nun zum Orden der Zisterzienserinnen gehörende Kloster erstmals. Zwischen 1718 und 1723 erbaute Franz Beer einen neuen barocken Klosterkomplex. Die 1803 aufgehobene Abtei konnte 1836 neu begründet werden. Im Jahr 1951 entsandte Oberschönenfeld erstmals Missionarinnen nach Brasilien.

Bereits aus der Ferne grüßt die Zwiebelkuppel der Klosterkirche. Eine erste Kirche konnte schon 1262 geweiht

werden. Das barocke Gotteshaus erhielt den größten Teil seiner Ausstattung im Stil des Augsburger Rokoko erst 30 bis 40 Jahre nach seiner Erbauung. Obwohl sich Auftraggeber und Künstler nicht an die für Kirchen des Zisterzienserordens vorgeschriebene Schlichtheit hielten, wirkt die mit Stuck und farbenfrohen Fresken ausgestattete Kirche doch auch einfach. Zahlreiche Kunstwerke zeigen Maria und den hl. Bernhard und geben damit Zeugnis von der Spiritualität des Ordens.

Kirchenburg in Ostheim vor der Rhön

Kirchstraße, 97645 Ostheim vor der Rhön, Tel.: 09777/661
www.ostheimrhoen.de/kirchenburg.html

Ostheim vor der Rhön liegt im Kreis Rhön-Grabfeld in Unterfranken, nicht weit entfernt von der thüringischen Grenze. Vermutlich um 525 gegründet, gehörte Ostheim bis 1945 als von bayrischem Gebiet umschlossene Enklave zu Thüringen. Fortan war Ostheim Bestandteil der amerikanischen Besatzungszone und kam 1972 an Bayern.
Am nördlichen Stadtrand von Ostheim erhebt sich die von doppelten, fünf bis acht Meter hohen Ringmauern umschlossene Stadtkirche St. Michael. Die wehrhafte Anlage wurde in der ersten Hälfte des 15. Jahrhunderts errichtet. Bei feindlichen Angriffen flüchtete die Bevölkerung in die von Wehrtürmen geschützte quadratische Anlage. Etwa 70 Gebäude fanden in der Kirchenburg Platz. Mit einer Fläche von 0,6 Hektar zählt die Kirchenburg in Ostheim zu den größten in Deutschland. Einzigartig sind die doppelte Ringmauer mit dazwischenliegendem Zwinger sowie die Türme und Bastionen.

Auf den Fundamenten eines Vorgängerbaues errichtete man zwischen 1615 und 1619 eine neue Stadtkirche im Stil der Renaissance. Nur den erst in den Jahren 1579/80 gebauten Turm übernahm man von der alten Kirche. Nicolaus Storant aus Meiningen malte direkt auf das hölzerne Tonnengewölbe ein Gemälde, das den himmlischen Thron Gottes zeigt.

Benediktinerkloster Ottobeuren   **235**

Sebastian-Kneipp-Str. 1, 87724 Ottobeuren, Tel.: 08332/7980
www.abtei-ottobeuren.de

Der Kneippkurort Ottobeuren im Unterallgäu entwickelte sich in enger Verbindung mit der ausgedehnten Klosteranlage. Silach, ein alemannischer Adliger, gründete das Kloster im Jahre 764. Karl der Große und seine Frau Hildegard beschenkten es großzügig mit Ländereien. Ottobeuren entwickelte sich im 13. Jahrhundert zu einer Abtei mit reichsfürstlichem Status. Im Zuge der Säkularisation wurde das Kloster 1802 aufgelöst, 1835 wiedererrichtet und 1918 erneut zur autonomen Abtei erhoben. In Ottobeuren kam 1821 Sebastian Kneipp zur Welt.

Das nach Bränden mehrfach erneuerte Kloster erhielt zu Beginn des 18. Jahrhunderts sein heutiges Aussehen. Den 1737 begonnen Neubau der spätbarocken Klosterkirche vollendete Johann Michael Fischer. Zur reichen Ausstattung der Basilika gehören Kuppel- und Deckenfresken von Johann Jakob Zeiller. Von ihm stammt auch das Dreifaltigkeitsbild des Hochaltars. Prägendstes Gestaltungselement ist der großartige Stuck von Johann Michael Feuchtmayer. Fast unverändert erhalten blieben zwei barocke Chororgeln. Das Chorgestühl gilt als eines der schönsten des süddeutschen Barock.

Kloster St. Nikola in Passau 236

Kleiner Exerzierplatz 15, 94032 Passau
Tel.: 0851/956980
www.deutschordensschwestern.de

In Passau, direkt am Inn, liegt das Kloster St. Nikola. Bischof Altmann von Passau gründete das Kloster um 1070 und besetzte es mit Chorherren. Das Kloster

sollte Vorbildwirkung für die geistliche Erneuerung der Pfarrer seines Bistums haben.

Aus der Gründungszeit stammt die Krypta. Die Kirche wurde dem hl. Nikolaus geweiht. Im 16. Jahrhundert gewann das Luthertum im Konvent an Einfluß. Lange dauerte die Konsolidierung, die mit dem barocken Umbau der Anlage ab 1680 ihren Abschluß fand. Carlo Antonio Carlone entwarf die Baupläne, Jakob Pawagner barockisierte die Kirche. Die Fresken schuf Wolfgang Heindl, Joseph Matthias Götz fertigte die Altarbauten. Das Kloster stand in voller Blüte, als es Anfang des 19. Jahrhunderts vom bayerischen Staat aufgehoben und profaniert wurde. Das Kircheninventar verkaufte man, sodass sich in der Kirche heute nur wenige ältere Ausstattungsstücke befinden. Nach 1945 brachte man Heimatvertriebene im Kloster unter. Zu ihnen gehörten auch 16 Deutschordensschwestern aus dem Sudetenland. Der Orden erwarb 1953 das Kloster und richtete hier das Mutterhaus der deutschen Provinz ein. Die Stiftskirche dient heute als Pfarr- und Universitätskirche. Einen Teil der Gebäude nutzt die Universität Passau. Im Jahr 1998 gestalteten die Schwestern den Innenhof des Klosters in der Tradition alter Klostergärten um.

Benediktinerabtei Plankstetten

(237)

Klosterplatz 1, 92334 Berching
Tel.: 08462/206-0
www.kloster-plankstetten.de

Die Benediktinerabtei Plankstetten liegt im gleichnamigen Ortsteil der Stadt Berching, rund 20 Kilometer südlich von Neumarkt in der Oberpfalz. Aus der Frühzeit des im Jahre 1129 gegründeten Klosters blieb die romanische Krypta erhalten. Auch das Äußere der Kirche zeigt weitgehend romanischen Charakter. Die gotische Apsis fügte Abt Ulrich IV. in der zweiten Hälfte des 15. Jahrhunderts hinzu. Ende des 17. Jahrhunderts begann der barocke Umbau der Klostergebäude. Schließlich gestaltete man in der ersten Hälfte des 18. Jahrhunderts behutsam auch das Kircheninnere barock um.

Im Jahr 1958 eröffneten die Mönche eine Mittelschule. Als in den 1980er Jahren die Schülerzahl zurückging, sah man sich zur Schließung der Schule veranlasst. Auf der Suche nach neuen Aufgaben und Einnahmequellen wandte man sich der ökologischen Landwirtschaft zu. So finden heute in

Plankstetten Tagungen zur Dorferneuerung statt. Im Klosterladen verkauft man die ökologischen Produkte der Abtei aus Landwirtschaft, Gärtnerei, Bäckerei und Fleischerei. Aber auch das nach Klosterrezept gebraute Bier und ökologische Produkte anderer Erzeuger sind im Angebot. Die Christophorus-Buchhandlung am Kirchplatz hält nicht nur Bücher bereit. Und im Gästehaus des Klosters können Urlauber Ruhe finden.

Dompfarrkirche Niedermünster in Regensburg 238

Niedermünstergasse, 93047 Regensburg, Tel.: 0941/560200
www.bistum-regensburg.de/borPage000390.asp

Über ein Jahrtausend lang war das Niedermünster in Regensburg die Kirche eines adligen Damenstifts. Eine erste Kirche existierte hier wohl schon um 700, das Stift soll bis ins 8. Jahr-

hundert zurückgehen. Herzog Heinrich I. von Bayern ließ das Niedermünster im 10. Jahrhundert zur Grablege für die Herzogsfamilie ausbauen. Nach einem Brand im Jahr 1152 entstand der heutige Bau, eine dreischiffige romanische Basilika.

Schlicht und schmucklos erscheint das Äußere, lediglich gegliedert durch drei Apsiden, das Turmpaar und eine zweigeschossige Vorhalle. Die Stiftsdamen veranlassten im 17. und 18. Jahrhundert die barocke Umgestaltung des Inneren. 1824 erhob man die Kirche des 1803 aufgelösten Stifts zur Dompfarrkirche. Bis heute werden hier die Reliquien des hl. Erhard in einem Reliquienschrein aus dem Jahr 1866 verehrt. Ein Holzschrein bewahrt den Hirtenstab und eine Stola des Heiligen auf.

Unter der Kirche erwarten den Besucher einzigartige Ausgrabungen. Beim Einbau einer Fußbodenheizung in den 1960er Jahren entdeckte man bauliche Reste aus der Römer- und der Völkerwanderungszeit sowie aus dem Mittelalter. So kamen Soldatenunterkünfte eines römischen Legionslagers (vor 400), germanische Einbauten (5. Jahrhundert), eine von einem Friedhof umgebene Pfalzkapelle (7. Jahrhundert) sowie die Fundamente der ersten Stiftskirche zum Vorschein.

Karmelitenkloster St. Joseph in Regensburg

239

Alter Kornmarkt 7, 93047 Regensburg
Tel.: 0941/585330
www.karmelitenkloster-stjoseph.de

Reich an Kirchen ist die alte Reichsstadt Regensburg. Neben Dom, Niedermünster und Alter Kapelle übersieht man leicht die in den strengen Formen des römischen Barock errichtete Karmelitenkirche St. Joseph.

Nach der Besetzung Regensburgs durch die Schweden im Dreißigjährigen Krieg berief Kaiser Ferdinand II. im Jahr 1635 unbeschuhte Karmeliten in die Stadt, von denen er sich eine Erneuerung des katholischen Lebens versprach. Den Grundstein der Kirche legte 1641 Kaiser Ferdinand III. Der frühbarocke Bau konnte 1672 geweiht werden. Nach der Säkularisation im Jahre 1810 diente die Kirche als Mauthalle, im Kloster hatte man ein Gefängnis eingerichtet. Ab 1836 erhielten der Orden Kloster und Kirche zurück. Die heutige barocke Ausstattung der Kirche stammt aus dem Dom (drei Altäre) und anderen Regensburger Kirchen.

Im Regensburger Karmelitenkloster pflegt man bis heute alte Traditionen. An den neun Tagen vor Weihnachten halten hohe geistliche Würdenträger der

Stadt die Christkindl-Andacht. Am Heiligen Abend wird das Gnadenbild, eine Kopie des Prager Jesuleins, feierlich auf den Hochaltar übertragen. Bekannt wurde das Kloster auch durch den „Echten Regensburger Karmelitengeist". Pater Ulrich Eberskirch erfand 1721 dieses Heilwasser, das sogar während der Auflösung des Klosters (1811–1836) weiterproduziert werden durfte.

Englmari-Suchen in St. Englmar

94379 St. Englmar
Tel.: 09965/840320 (Tourist-Information), www.sankt-englmar.de

Der Eremit Englmar lebte um das Jahr 1100 in einer kleinen Einsiedlerzelle im Bayrischen Wald in der Nähe des später nach ihm benannten Dorfes. Ein Pfarrer, der auf dem Weg zu einem Kranken war, fand am Pfingstmontag des Jahres 1100 den unter Reisig versteckten Leichnam Englmars. Ein Knecht des Grafen von Bogen oder aber ein Mitbruder, hier gibt es verschiedene Überlieferungen, hatte den Einsiedler erschlagen. Man brachte den Leichnam ins Tal und errichtete über dem Grab eine Kapelle. Da die Zahl der Wallfahrer immer mehr wuchs, erbaute man

schließlich eine Kirche – die Vorgängerin der Pfarrkirche.

Alljährlich am Pfingsmontag pflegen die Bewohner von St. Englmar das Englmari-Suchen. Tausende Gläubige ziehen betend durch das Dorf zum Kapellenberg, wo eine unter Reisig versteckte Figur des Heiligen gefunden wird. Nach einem Festgottesdienst im Freien kehrt man in feierlichem Zug ins Dorf zurück. Der Pfarrer im vollen Ornat reitet dem von Ochsen gezogenen Wagen mit der Englmar-Figur voran. Mit einem feierlichen Te Deum in der Pfarrkirche endet das Englmari-Suchen.

Klosterkirche in Schäftlarn **241**

82067 Kloster Schäftlarn
Tel.: 08178/790
www.abtei-schaeftlarn.de

Der Adlige und Freisinger Domkleriker Waltrich gründete im 8. Jahrhundert auf seinem eigenen Grund und Boden die heute im Landkreis München gelegene Benediktinerabtei Schäftlarn, deren Kirche um 762 geweiht wurde. Die Grundsteinlegung für das heutige Kloster erfolgte 1702, bereits fünf Jahre später waren die Arbeiten vollendet. Im Jahre 1731 begann der Bau einer neuen Kirche. Finanzielle Schwierigkeiten wa-

ren für die lange Bauzeit bis 1760 verantwortlich. Englische Fräulein erwarben 1845 das 1803 aufgelöste Kloster. Seit 1866 leben Benediktiner in Schäftlarn.

An der Westseite der Kirche erhebt sich der von zwei Kapellen flankierte Turm. Das Innere ist in charakteristischen Münchner Rokokoformen gehalten und besticht durch Klarheit, Harmonie und Helligkeit. Johann Baptist Zimmermann schuf die Stuckaturen und malte das Deckengemälde, das die Gründung Schäftlarns zeigt. Von je zwei Säulen und den Kirchenpatronen Dionysius und Juliana wird das Hochaltarbild gerahmt, auf dem die Himmelfahrt Mariens zu sehen ist.

Communität Christusbruderschaft in Selbitz

Wildenberg 23, 95152 Selbitz
Tel.: 09280/68-0,
www.christusbruderschaft.de

Pfarrer Walter Hümmer (1909–1972) und seine Frau Hanna lebten seit 1937 in dem oberfränkischen Industriestädtchen Schwarzenbach an der Saale. Jahre hindurch beteten sie täglich um einen geistlichen Aufbruch. Nach einigen Jahren begannen Menschen aus der Gemeinde, nach Gott zu fragen. Im Jahr 1948 kam es zur Gründung der Communität Christusbruderschaft. Doch die evangelisch-lutherische Ortsgemeinde hatte damit Probleme. Zwar versuchte der Bischof persönlich, die Wogen zu glätten, aber Ende 1949 musste Pfarrer Hümmer ins oberfränkische Selbitz wechseln. Hier ist die Gemeinschaft, zu der heute 120 Schwestern und 4 Brüder gehören, noch immer zu Hause. Etwa 80 Schwestern leben in Selbitz, die Brüder auf dem Petersberg bei Halle. Weitere Schwesternkonvente sind über ganz Deutschland verteilt.

Die Gemeinschaft lebt nach den evangelischen Räten Armut, Keuschheit und Gehorsam. Eine Priorin und ein Prior leiten die Bruderschaft. Auftrag und Ziel ist das hohepriesterliche Gebet Jesu, »auf dass alle eins seien«. Somit spielen die Beziehungen zu Orden und Kommunitäten anderer Konfessionen im Leben der Christusbruderschaft eine große Rolle.

Mariä-Schnee-Kapelle in Staufen

89428 Syrgenstein, OT Staufen
Tel.: 09077/292
www.pg-syrgenstein.de

In der Nähe von Staufen, Ortsteil von Syrgenstein im Landkreis Dillingen, steht eine kleine neogotische Kapelle. Wahrscheinlich schuf sie ein uns heute unbekannter Baumeister namens Steiff aus dem nahen Giengen an der Brenz. An das einjochige Kapellenschiff schließt sich im Osten eine Apsis an. Über dem Eingang im Westen ragt der kleine Dachreiter auf, der eine Glocke trägt. Spitzbogig sind Fenster, Tür und Mauerblenden. Errichtet wurde die Kapelle als Ort für Feldandachten und Statio bei Flurprozessionen. Somit gibt das Gebäude Zeugnis vom tief im Leben der Menschen verwurzelten Glauben am Ende des 19. Jahrhunderts.

Das Patrozinium der Kapelle geht auf das Maria-Schnee-Wunder im Rom des 4. Jahrhunderts zurück. Im Traum zeigte die Jungfrau Maria sowohl dem Papst als auch einem Stifter den Ort für einen beabsichtigten Kirchenbau: Am Morgen eines Augusttages lag Schnee auf dem römischen Hügel Esquilin. Dort errichtete man dann die Kirche Santa Maria Maggiore.

Ehemalige Stiftskirche St. Johannes Baptist in Steingaden **244**

Prämonstratenserstraße, 86989 Steingaden, Tel.: 08862/234
www.steingaden.de/8.0.html

Steingaden liegt im oberbayrischen Landkreis Weilheim-Schongau. Welf

VI. gründete hier 1147 ein Prämonstratenserkloster. Seit der Säkularisation des Stiftes im Jahre 1803 dient die Stiftskirche, eine der bedeutendsten Sehenswürdigkeiten des »Pfaffenwinkels«, als Pfarrkirche.

Herzog Welf VI. besiedelte das neue Kloster mit Chorherren aus dem Stift Rot an der Rot. Bereits 1176 konnte die romanische Stiftskirche St. Johannes Baptist geweiht werden. Ende des 15. Jahrhunderts ließ Abt Caspar Suiter die Kirche spätgotisch überformen und den Kreuzgang einwölben. Trotzdem blieben die romanischen Ursprünge erkennbar. Mitte des 18. Jahrhunderts gestaltete man die Kirche im Stil des Rokoko aus. Heute erkennt man die romanische Anlage der Stiftskirche besonders deutlich am Außenbau. Die beiden schlichten Westtürme erreichen eine Höhe von 35 Metern. In der Vorhalle blieb das romanische Hauptportal erhalten, das Tympanon freilich ist der Versuch einer Nachschöpfung (1964) des verlorenen Originals. Jörg Pfeiffer malte das Gemälde des Hauptaltares, die »Einkleidung des hl. Norbert«. Während die prächtige Kanzel aus der Zeit des Rokoko stammt (um 1745/48), überstand das Chorgestühl (1534) die Zerstörung der Kirche im Dreißigjährigen Krieg.

St. Jakob in Straubing

Pfarrplatz 1, 94315 Straubing
Tel.: 09421/12715
www.stjakob.idowa.net

Wahrzeichen der rund 35 Kilometer östlich von Regensburg an der Donau gelegenen Stadt Straubing ist die Basilika St. Jakob. Nach 1395 begann der Bau der gotischen Hallenkirche. Am dreischiffigen Langhaus wurde bis 1512 gearbeitet. Eine Höhe von 95 Metern erreicht der schlanke, Ende des 16. Jahrhunderts vollendete Kirchturm mit barocker Zwiebelhaube.

Den Innenraum umgibt ein Kranz von 20 Kapellen. Schlanke Säulen stützen das mächtige Tonnengewölbe des Mittelschiffs. Fließend geht das Langhaus in den Chor über. Der neugotische Hochaltar birgt einen wertvollen mittelalterlichen Schrein. Sechs der acht

Altargemälde schreibt man Michael Wolgemut zu. Berühmt sind die Glasmalereien aus dem 15. Jahrhundert. Das Fenster über der Josefskapelle zeigt die Übergabe der Gesetzestafeln an Mose. Prachtvollstes Ausstattungsstück aus der Rokokozeit ist die reichgeschmückte Kanzel mit einer Figur des Kirchenpatrons. Hervorzuheben sind auch das aus dem Fußboden bis in die Höhe des Gewölbes wachsende Sakramentshaus (Ende des 15. Jahrhunderts) und ein den ganzen Innenraum umlaufender Freskenzyklus mit Szenen aus den Leben Jesu und Mariens.

Wallfahrtskirche St. Maria im Weingarten in Volkach

Fahrerstraße, 97332 Volkach
Tel.: 09381/401-12 (Tourist-Information), www.volkach.de/tourismus_
sehenswertes_de,2101.htm

Nordöstlich von Würzburg liegt das im Jahr 906 erstmals erwähnte Volkach. Der im 13. Jahrhundert zur Stadt ausgebaute Ort liegt reizvoll in einem bekannten Wein- und Obstanbaugebiet an einer Mainschleife.

Auf dem Kirchberg außerhalb Volkachs steht die Wallfahrtskirche St. Maria im Weingarten, idyllisch von Weinbergen

umgeben. Der Unterbau des Chorturmes ist der letzte Rest der ältesten Pfarrkirche von Volkach. In der zweiten Hälfte des 15. Jahrhunderts errichtete man den einschiffigen Bau mit eingezogenem Chor.

Das hölzerne Gnadenbild ist eine Pietà aus der Zeit um 1380 bis 1400. Der Riemenschneider-Schule ist eine Anna Selbdritt (um 1520) zuzuordnen. Zur Ausstattung gehören Glasgemälde (1470/80), Epitaphe und eine große Kreuzigungsgruppe (1555). Tilman Riemenschneider schuf den wertvollsten Schatz der Kirche, die Madonna im Rosenkranz. Sie gehört zu den letzten und deshalb reifsten Werken des großen Künstlers (1521–1524). Im Jahre 1962 wurde die Madonna von Kunsträubern gestohlen und kehrte erst nach Zahlung von 100.000 DM Lösegeld zurück. Die Täter verrieten sich jedoch selbst und konnten gefasst werden.

Stiftsbibliothek Waldsassen 247

Basilikaplatz 2, 95652 Waldsassen
Tel.: 09632/92000
www.abtei-waldsassen.de

Waldsassen liegt im Oberpfälzer Stiftsland. Markgraf Diepold III. von Vohburg-Cham gründete hier 1131 eines der ersten deutschen Zisterzienserklöster. Im Dreißigjährigen Krieg zerstörten die Schweden das in der Reformationszeit aufgehobene Kloster. Nachdem die Oberpfalz an Bayern gefallen war, siedelten sich ab 1661 wieder Zisterzienser in Waldsassen an. In der 1803 säkularisierten Abtei leben seit 1863 Zisterzienserinnen. Die Stiftskirche erhielt ihr heutiges Aussehen zwischen 1682 und 1704 durch Abraham Leuthner und Georg Dientzenhofer.

Eine herausragende Stellung unter den Klosterbauten Waldsassens nimmt die Bibliothek ein. Sie zählt zu den großartigsten in Deutschland geschaffenen Barockräumen. Vollendet wurde der Bau 1726 schon im Übergangsstil vom Hochbarock zum Rokoko. Zehn lebensgroße Holzfiguren tragen die den Saal umlaufende Galerie. Deckenstuckaturen von Appiani geben dem Raum einen großartigen Rahmen. Prachtvolle Bildnismedaillons zeigen die vier lateinischen und die vier griechischen Kirchenlehrer. In der Mitte sieht man zwei mittelalterliche

Kirchenlehrer: den Scholastiker Thomas von Aquin und den Mystiker Bernhard von Clairvaux. Mehr als 2000 historische Bücher zählt die Klosterbibliothek. In den Sommermonaten finden in der Bibliothek Konzerte sowie Lesungen zum Thema »Religion und Literatur« mit namhaften Persönlichkeiten statt.

Kloster Weltenburg am Donaudurchbruch

Asamstraße 32, 93309 Kelheim/Donau
Tel.: 09441/204-0
www.kloster-weltenburg.de

Die berühmte und reizvoll gelegene Benediktinerabtei Weltenburg liegt rund 30 Kilometer südwestlich von Regensburg. Hier durchbricht die Donau die Fränkische Alb. Phantastische Felsgestalten und fast 100 Meter hohe Steilwände prägen die Landschaft. Mönche aus Luxeuil gründeten im Jahre 617 auf einer Landzunge der Donauschleife eine Missionsstation, aus der um 776 eine Benediktinerabtei hervorging. Das Kloster gilt heute als das

älteste in Bayern. Im 18. Jahrhundert entstanden neue Klostergebäude und die heute zu bewundernde Klosterkirche St. Martin und St. Georg. Zwar wurde das Kloster im Jahr 1803 säkularisiert, aber schon 1842 als Priorat neu errichtet. Im Jahr 1913 erhielt Weltenburg wieder den Status einer Abtei.

Die Kirche ist ein Werk von Cosmas Damian Asam, der einen langgestreckten ovalen Raum mit Kuppel schuf. Im Chor befindet sich das eindrucksvollste Kunstwerk: Eingerahmt von Säulen sieht man den hl. Georg zu Pferde, der den Drachen tötet und die erschrockene Jungfrau rettet. Links vom Geschehen steht der hl. Martin, dessen Gans den Drachen anzischt, rechts schaut der hl. Maurus zu Georg empor.

Benediktinerabtei Wessobrunn **249**

Klosterhof 4, 82405 Wessobrunn
Tel.: 08809/9211-0
www.kloster-wessobrunn.de

Wessobrunn liegt in Oberbayern südwestlich des Ammersees. Bayernherzog Tassilo III. musste hier im Jahre 753 während einer Jagd eine Nacht im Wald verbringen. Im Traum sah er drei Quellen, von denen eine Leiter zum Himmel führte. Sein Jäger entdeckte am nächsten Tag die Quellen und Tassilo ließ hier ein Kloster errichten. Im Jahre 1803 hob man das Benediktinerkloster Wessobrunn im Zuge der Säkularisation auf. Das hier gefundene und um 814 entstandene Wessobrunner Gebet ist das älteste deutsche Sprachdenkmal christlichen Inhalts.

Von der romanischen Klosterkirche blieb lediglich der heute einsam im Hof stehende Turm, der »Graue Herzog«, erhalten. Franz Johann und Josef Schmuzer begannen 1680 mit der barocken Umgestaltung der Klosteranlage. Der Großteil der Gebäude mitsamt der Klosterkirche wurde jedoch 1810 abgerissen. Erhalten blieben der Fürstentrakt und das Treppenhaus, ausgeschmückt mit prachtvollem Stuck von Johann Schmuzer aus der Wessobrunner Stuckaturenschule, und die 1757/58 neu errichtete Pfarrkirche mit schönen Deckenfresken und einem romanischen Kruzifix (um 1250) aus der alten Klosterkirche.

Neumünster in Würzburg 250

Kürschnerhof, 97070 Würzburg
Tel.: 0931/38662800
www.neumuenster-wuerzburg.de

Im Jahre 689 erlitt der hl. Kilian, ein aus Irland stammender Missionar, in Würzburg den Märtyrertod. Die auf der rechten Mainseite entstandene Grabkapelle des Heiligen gilt als Keimzelle der Stadt. Bischof Adalbero erweiterte die Kilianskapelle um 1060 zu einer großen Kirche, von der noch heute Teile der Langhausmauern und der Kreuzkrypta zeugen. Zwischen 1710 und 1720 baute man die Kirche grundlegend im Stil des Barock um. Dabei entstanden die aus rotem Sandstein erbaute Fassade und eine gewaltige Kuppel. Im

Straßenbild tritt die Fassade inmitten einer schlichten Häuserzeile besonders eindrucksvoll in Erscheinung. Eine Freitreppe, Säulen, Giebel und Figuren gliedern dieses großartige Werk des fränkischen Barock.

Dominikus Zimmermann schuf den Stuck, sein Bruder Johann Baptist die Deckengemälde. Gemeinsam arbeiteten sie am Hochaltar (1724). Zur reichen Ausstattung der Kirche gehören eine Marienstatue (um 1475), die Sandsteinmadonna von Tilman Riemenschneider (1493), der berühmte »Christus mit den gekreuzten Armen« (um 1370) und die Halbfiguren der Frankenapostel Kilian, Kolonat und Totnan. Bei der im Jahre 2009 beendeten grundlegenden Sanierung der Kirche bezog man auch moderne Kunstwerke in den Kirchenraum ein. Darunter auch das Christus darstellende Gemälde »Triumphator« des Leipziger Papst-Porträtisten Michael Triegel.

ÖSTERREICH & SÜDTIROL

Österreich | Südtirol

Österreich

251

Wallfahrtskirche Frauen-berg in Admont

Frauenberg 1, A-8904 Ardning
Tel.: +43 (0) 3612/7333
www.stiftadmont.at/deutsch/stift/seel-
sorge/frauenberg.php

Rund sechs Kilometer westlich von Admont in der Steiermark erhebt sich am linken Ufer der Enns auf einem bewaldeten Berg weithin sichtbar die Wallfahrtskirche Frauenberg. Bereits seit 1180 ist der Berg im Besitz der Benediktinerabtei Admont. Eine Legende berichtet über die Entstehung der Wallfahrt: Ein Hochwasser schwemmte 1402 eine Marienstatue am Fuß des Berges an. Zunächst brachte man die Statue nach Admont, diese verschwand aber immer wieder und wurde auf dem Berggipfel wiedergefunden. Zunächst baute man dort eine Kapelle und 1410 schließlich eine erste, gotische Kirche.

In der Zeit der Gegenreformation kam es zu einer neuen Belebung der Wallfahrt, die mit umfassenden Baumaßnahmen einherging. Das Langhaus wurde nach 1682 barock erweitert. Nach Art einer Basilika gestaltete man die Kirche in einen Saal mit vier Seitenkapellen um, den Fresken mit Szenen aus dem Marienleben schmücken. Josef Thaddäus Stammel schuf 1740 den neuen Gnadenaltar. Ein Kalvarienberg und Gartenanlagen umgeben die Kirche.

252

Wallfahrtskirche in Bad Dürrnberg

Rupertusplatz 4, A-5422 Bad Dürrnberg
Tel.: +43 (0) 6245/85194

Bad Dürrnberg, heute ein Stadtteil von Hallein, liegt an der Salzach oberhalb von Salzburg. Seinen Namen bekam der Ort von der Hochfläche »Dürrnberg« im Westen von Hallein, die zum Salzachtal steil abfällt. Bis zur Protestantenvertreibung im Jahr 1732 war

Dürrnberg ein Zentrum der reformatorischen Bewegung, die besonders unter den Bergknappen Anhänger fand.

Erstmals urkundlich erwähnt wurde die Pfarr- und Wallfahrtskirche Mariae Himmelfahrt im Jahr 1347. Unter Erzbischof Wolf Dietrich von Raitenau entstand von 1596 bis 1612 ein frühbarocker, an italienischen Vorbildern orientierter Neubau aus rotem Marmor. Im Inneren verdient der Hochaltar Aufmerksamkeit (1749–1751). Im Zentrum steht das Gnadenbild, eine thronende Mutter Gottes mit Kind aus dem Jahr 1612. Ein zum Tode verurteilter Sträfling soll die Statue im Gefängnis geschnitzt haben, nach Beendigung der Arbeit begnadigte man ihn. Eine Umfassungsmauer mit einem triumphbogenartigen, von Obelisken geschmückten Marmorportal (1618) umgibt die Kirche.

St. Barbarakirche Bärnbach 253

Piberstraße 15, A-8572 Bärnbach
Tel.: +43 (0) 3142/62581
www.kunsthauswien.com/deutsch/st-barbara.htm

Die Hauptattraktion der Stadt Bärnbach in der Steiermark ist die sogenannte »Hundertwasserkirche«. Pfarrer Friedrich Zeck konnte den berühmten Architekten Friedensreich Hundertwasser für die Neugestaltung der 1948 erbauten Stadtpfarrkirche St. Barbara gewinnen. Hundertwasser stellte allerdings die Bedingung, dass auch die Umgebung der Kirche in diese Umgestaltung mit einbezogen werden sollte. So umgeben heute 12 Tore das Gotteshaus. Sie stehen für die großen Religionen und Kulturen. Vor allem das Äußere des fröhlich und bunt wirkenden Gotteshauses – der Turm mit seiner goldenen Zwiebel, das Dach und die Fassaden –

tragen die Handschrift Hundertwassers. Einheimische Künstler gestalteten den Innenraum. Hundertwasser selbst schuf hierfür den Strahlenkranz hinter dem Altar, den Boden des Presbyteriums und die Spirale des Fensters hinter dem Taufbecken. Im September 1988 fand die Einweihung der umgestalteten Pfarrkirche statt.

St. Bartholomäus in Bartholomäberg 254

Dorf 8, A-6780 Bartholomäberg
Tel.: +43 (0) 5556/73994

Bartholomäberg liegt in Vorarlberg und ist die älteste nachweisbare Siedlung im Montafon, dem 39 Kilometer langen Tal der Ill. Der Ort liegt rund 300 Meter über der Talsohle, eingeschlossen von den Gebirgsgruppen Silvretta und Rätikon.

Die dem hl. Bartholomäus geweihte Kirche steht beherrschend an einem Berghang. Bereits um 1100 bestand in Bartholomäberg eine Pfarrkirche. Zu Beginn des 15. Jahrhunderts wurde eine gotische Kirche errichtet, die 300 Jahre später sowohl baufällig als auch zu klein war. Man brach das alte Gotteshaus ab und erbaute eine barocke Hallenkirche mit einem kleinen, von einer Zwiebelhaube bekrönten Nordturm.

Im Inneren überrascht den Besucher ein prunkvoller, braungold-getönter Raum. Georg Senn schuf den barocken, den Chor beherrschenden Hochaltar. Um 1525 entstand der spätgotische Knappenaltar mit Anna Selbdritt und Heiligen im Zentrum. Die Predella zeigt eine Anbetung der Könige, das Antependium den unter dem Kreuz fallenden Christus. Johann Michael Graß aus Vorarlberg erbaute die Orgel, die zu den klangschönsten einmanualigen Werken in ganz Österreich gehört. In der Kirche wird die Kopie eines um 1150 in Limoges geschaffenen romanischen Vortragekreuzes aufbewahrt.

Passionsspiele in Erl   255

Passionsspielverein Erl, Mühlgraben 56,
A-6343 Erl, Tel.: +43 (0) 5373/8139
www.passionsspiele.at

Der bekannte Tiroler Passionsspielort
Erl liegt im Tal des Inn zwischen Kuf-
stein und dem bayerischen Rosenheim,
direkt an der Grenze zu Deutschland.
Erl gehört zu den ältesten Dörfern des
Tales und war bereits in römischer Zeit
besiedelt.
Seit 1613 führen die Einwohner des
Dorfes religiöse Spiele auf. Ihre Wurzeln
hat die Erler Passion in einem Oster-
spiel des Augsburger Meistersingers
Sebastian Wild. Die bis heute alle sechs
Jahre stattfindenden Passionsspiele gehen vermutlich zurück auf ein während
einer Pestepidemie im Jahre 1633 ab-
gelegtes Gelübde.
Ab 1912 fanden die Spiele in einem
600 Besucher fassenden Passionsspielhaus statt. In den unsicheren Zeiten nach dem Ersten Weltkrieg kämpf-
te die Erler Passion ums Überleben.
Seit 1926 führte man in den Jahren
zwischen den Passionen sogenannte
»Zwischenspiele« auf. 1933 jedoch
behinderten die Nazis den Besuch aus
Deutschland massiv. Brandstiftung
tat ein Übriges – im selben Jahr noch
brannte das Passionsspielhaus ab.

Schließlich verboten die Nazis 1938
die Spiele.
Doch schon 1946 gründete sich der
Passionsspielverein neu und zwischen
1957 und 1959 wurde ein neues, hoch-
modernes Passionsspielhaus mit 1500
Sitzplätzen errichtet. Bis heute ziehen
die Passionsspiele Tausende Besucher
aus dem In- und Ausland an.

Pfarrkirche »Mariae Himmel-
fahrt« in Frohnleiten   256

Hauptplatz 1, A-8130 Frohnleiten
Tel.: +43 (0) 3126/2488
www.dekanat.at/dekanat/rein/frohn-
leiten

Frohnleiten, eine 6000 Einwohner zählende Kleinstadt, liegt rund 25 Kilometer nördlich von Graz im Tal der Mur.
Bereits 1306 wurde Frohnleiten als
Markt erwähnt. Die Stadt gilt als ein typisches Beispiel eines mittelalterlichen
Straßenmarktes, der sich an einem einzigen Hauptweg entwickelte.
Um 1306 erhielt Frohnleiten mit der
Katharinenkirche ein erstes Gotteshaus, von der heute noch der Turm
zeugt. Im Jahre 1687 wurde in der
Stadt ein Servitenkloster gegründet.
Josef Schmerlaib errichtete die 1701
geweihte Klosterkirche »Mariae Him-

melfahrt«. Ein Brand beschädigte das Kloster 1763 schwer. Kaum wiederaufgebaut, hob Kaiser Josef II. 1786 das Kloster und die Katharinenkirche auf. Die Katharinenkirche brach man ab und erhob die Klosterkirche zur neuen Pfarrkirche.

Eine schöne Ausstattung im Stil des Rokoko prägt das Innere des kleinen, einschiffigen Gotteshauses. Veit Königer schuf um 1760 die Hochaltarfiguren. Das Altarbild und die Deckenfresken malte Josef Adam Mölk (1764). Auf dem Altargemälde entschwebt die von Engeln getragene Maria in den Himmel. Überrascht und bestürzt blicken die Apostel um sich. Sie können das Wunder noch nicht fassen, das sich vor ihren Augen ereignet.

Maria-Hilf-Kirche und Minoritenkloster in Graz

Mariahilferplatz 3, A-8020 Graz
Tel.: +43 (0) 316/713169
www.kath-kirche-graz.org/cms/pfarren_seelsorgestellen/graz_mariahilf

Graz, die Hauptstadt der Steiermark, ist reich an bedeutenden Sakralbauten. Am rechten Ufer der Mur zieht die großzügig gestaltete Doppelturmfassade der Maria-Hilf-Kirche die Blicke auf sich. Giovanni Pietro de Pomis erbaute zwischen 1607 und 1611 die Kirche und das anschließende Kloster. Josef Hueber schuf 1742/44 die Doppelturmfassade. Die Türme rahmen den älteren Mittelteil der Fassade ein.

Heute präsentiert sich das Innere nicht mehr im Originalzustand. Ein reich gestalteter Silberrahmen (1769) fasst das 1611 von de Pomis gemalte Gnadenbild Maria-Hilf des Hochaltars ein. Rahmen und die das Bild umgebenden Engelsfiguren stammen von Philip Jakob Straub, der auch die den Fassadengiebel bekrönende St. Michaels-Gruppe schuf. Sehenswert sind auch der Altar »St. Michael als Patron der Sterbenden« im rechten Seitenschiff und der reiche Stuck in der Sakristei.

Die Gebäude des Minoritenklosters umschließen einen malerischen Innenhof. Im Westflügel des Klosters befindet sich die Schatzkammerkapelle, ausgemalt mit Fresken von Josef Adam Mölk. Heute feiert hier die russisch-orthodoxe Gemeinde ihre Gottesdienste.

Katharinenkirche und Mausoleum Kaiser Ferdinands II. in Graz

Burggasse 3, A-8010 Graz
Tel.: +43 (0) 316/821683
http://www.kath-kirche-graz.org/cms/
pfarren_seelsorgestellen/graz_dom/
mausoleum_katharinenkirche

Südlich des Grazer Doms steht die Katharinenkirche mit dem Mausoleum Kaiser Ferdinands II. Die Pläne des Mausoleums, mit dessen Bau man 1614 begann, gehen auf Giovanni Pietro de Pomis zurück. Der ovale Zentralbau zählt zu den bedeutendsten Bauten Österreichs, die in der Übergangsphase von der Renaissance zum Barock entstanden. Ein lateinisches Kreuz mit Vierungskuppel bildet den Grundriss der Kirche. An den südlichen Kreuzarm schließt sich das elliptisch angelegte Mausoleum an. Als Vorbild für die Gestaltung der Fassade diente die Jesuitenkirche »Il Gesù« in Rom. Eine riesige Statue der hl. Katharina, eingerahmt von zwei Siegeskränze tragenden Engeln, bekrönt die massige Schauseite der Kirche. Fischer von Erlach schuf die Entwürfe für die Stuckdekoration des Inneren. Fresken von Franz Steinpichler, darunter eine Darstellung der Rettung Wiens vor den Türken, schmücken die Decke. Auch der Hochaltar (1695-1697) hat ein römisches Vorbild, Berninis Tabernakelaltar im Petersdom.

Eine Kuppel überspannt das Mausoleum. Den Stuck schuf wiederum Fischer von Erlach. Am Kuppelkranz sind die Taten Kaiser Ferdinands II. zu sehen. Dargestellt wurden vor allem seine Verdienste als Unterstützer der Gegenreformation. Seit 1960 dient das Mausoleum als Grabkapelle der Bischöfe von Graz-Seckau. Das Kaisergrab befindet sich in der schlicht gehaltenen unteren Gruftkapelle.

Fastentuch in Gurk   259

Domplatz 11, A-9342 Gurk
Tel.: +43 (0) 4266/8236-0
www.dom-zu-gurk.at

Der romanische Dom liegt am Ostrand der Ortschaft Gurk in Kärnten. Die zwischen 1140 und 1200 erbaute Kirche gehört zu den wichtigsten romanischen Bauwerken Europas. Eine besondere Sehenswürdigkeit der alten Bischofskirche ist das Gurker Fastentuch, das älteste und größte Fastentuch Österreichs.

Schöpfer des Fastentuches ist der Maler Konrad von Friesach. Er bemalte das Tuch im Jahr 1458 und schuf damit ein bedeutendes Zeugnis der europäischen Malkunst des Mittelalters. Auf knapp 90 Quadratmetern Leinentuch sind 99 einzelne Bilder zu sehen. In zwei vertikal voneinander getrennten Teilen stehen sich Bilder mit Begebenheiten aus dem Alten und dem Neuen Testament gegenüber. Bei der Auswahl der Szenen orientierte sich Konrad von

Friesach sowohl an den im Spätmittelalter weitverbreiteten Heilsspiegeln als auch an der »Biblia Pauperum«. Außergewöhnlich ist die Einbeziehung von nichtbiblischen Personen. So kann man Alexander den Großen, Caesar oder Kaiser Augustus entdecken. Auch die Martyrien der Propheten Jesaja, Jeremia und Ezechiel wurden dargestellt. Bei der Vielzahl der Bilder wird die Mitte nicht aus dem Blick verloren: Christus als Erlöser der Welt.

St. Vinzenz in Heiligenblut am Großglockner

 260

A-9844 Heiligenblut
Tel. +43 (0) 4824/2255

Heiligenblut liegt in etwa 1300 Metern Höhe am Fuße des Großglockner im Bundesland Kärnten. Der Ort hat eine der bedeutendsten Kirchen des Landes aufzuweisen. Schon im 13. Jahrhundert bestand in Heiligenblut eine dem hl. Vincentius von Saragossa geweihte Kapelle und 1273 fand die Wallfahrt zum »Heiligen Bluet« ihre erste Erwähnung. Im späten 14. Jahrhundert begann der Bau der spätgotischen Kirche, die jedoch erst 1491 geweiht wurde. Steil ragen sowohl der Turmhelm als auch die Dächer von Kirchenschiff und Chor in den Himmel. Sie geben dem Gotteshaus sein charakteristisches Erscheinungsbild. An der äußeren Nordwand verdient das Christophorusfresko (spätes 15. Jahrhundert) Aufmerksamkeit.

Wertvollster Schatz der Kirche ist der um 1520 geschaffene doppelte Wandelaltar, der eine Höhe von fast elf Metern erreicht. Im Zentrum des Schreins steht eine Marienkrönung unter einem Maßwerkbaldachin. In den Flügeln zeigen Halbreliefs Szenen aus der Weihnachtsgeschichte sowie Jesu Auferstehung und Himmelfahrt. Weiterhin enthält der Altar noch zwölf Tafelgemälde. Auch das hohe spätgotische Sakramentshäuschen (1494), der Veronika-Altar im Nordseitenschiff

und die in der Unterkirche befindlichen Schnitzfiguren machen die Bedeutung der reichen Ausstattung deutlich.

Stift Wilten in Innsbruck 261

Klostergasse 7, A-6020 Innsbruck
Telefon: +43 (0) 512/583048
www.stift-wilten.at

Im Stadtteil Wilten der Tiroler Landeshauptstadt Innsbruck, am Fuße des Bergisel, befindet sich das Klosterstift Wilten. Noch vor 1138 lösten Prämonstratenser auf Wunsch von Bischof Reginbert von Brixen einen bereits bestehenden Konvent von Weltpriestern ab. Stift Wilten erlebte im 17. und 18. Jahrhundert seine größte Blüte. Mitte des

17. Jahrhunderts, unter Abt Dominikus Löhr, legte man den Grundstein für die 1665 geweihte barocke Kirche.

In der Vorhalle der Kirche erinnert eine fünf Meter hohe Statue des Riesen Haymon an die Gründungslegende des Klosters. Das einschiffige und langgestreckte Innere empfand man den süddeutschen Wandpfeilerkirchen nach. Fresken und Stuck geben dem Raum ein deutlich barockes Gepräge. Zu den bedeutendsten Stücken der Innenausstattung gehören ein spätgotisches Kruzifix mit echtem Haar (um 1510) sowie der Kreuzaltar.

Seit 2004 wird auf den Emporen des Presbyteriums eine kleine Ikonensammlung gezeigt. Zum Konvent von Stift Wilten zählen heute 28 Mitbrüder.

Kirchen in Kitzbühel

A-6370 Kitzbühel
Tel.: +43 (0) 5356/66659
www.pfarrekitzbuehel.at

Drei mittelalterliche Kirchen prägen die Silhouette des bekannten Fremdenverkehrsortes Kitzbühel. Die Stadtpfarrkirche St. Andreas wurde ab 1435 errichtet, doch erst 1506 konnte die Kirche gewölbt und geweiht werden. Vorgängerbauten aus dem 8., 12. und 13. Jahrhundert sind nachweisbar. Vom Bau des 13. Jahrhunderts blieb der Turm mit dem aufgesetzten gotischen Geschoss und dem barocken Abschluss erhalten. So präsentiert sich das Äußere der Kirche wehrhaft, während der Innenraum barocke Sinnenfreude ausstrahlt.

Die 1373 ersterwähnte Liebfrauenkirche geht auf eine Gruftkapelle zurück. Weil die 6374 kg schwere »Große« Glocke auf dem Turm von St. Andreas keinen Platz fand, baute man 1566 bis 1569 in die Kapelle den 48 Meter hohen Glockenturm hinein. Heute gilt die »Große« Glocke als klangschönste des Landes. Zwischen 1738 und 1740 wurde der Innenraum barockisiert.

Seit 1950 dient die um 1360 errichtete Katharinenkirche als Kriegergedächtniskirche. Die wenigen verbliebenen Ausstattungsstücke gehören der Spätgotik an.

Augustiner-Chorherrenstift Klosterneuburg

Stiftsplatz 1, A-3400 Klosterneuburg
Tel.: +43 (0) 2243/411255
www.stift-klosterneuburg.at

Markgraf Leopold III. von Österreich gründete im Jahre 1114 an seinem neuen Herrschersitz Klosterneuburg ein Kollegiatstift, das 1133 in ein Augustiner-Chorherrenstift umgewandelt wurde. Der später heiliggesprochene

Leopoldskapelle und der berühmte Verduner Altar. Nikolaus von Verdun vollendete das Emailkunstwerk, dem ein kompliziertes theologisches Programm zugrunde liegt, im Jahre 1181 nach zehnjähriger Arbeit. Zu den Chorherren des Stifts gehörte auch der 1944 hingerichtete Roman Scholz (1912–1944), Jugendseelsorger und Kämpfer gegen den Nationalsozialismus.

Leopold III. wurde in Klosterneuburg begraben. Sein Sohn verlegte seine Residenz nach Wien, doch Klosterneuburg blieb ein geistliches Zentrum des Landes. Heute liegt Klosterneuburg an der nördlichen Stadtgrenze Wiens.

Zurück bis in die Zeit der Romanik gehen die Ursprünge der Stiftskirche, deren Inneres im 17. und 18. Jahrhundert eine barocke Umgestaltung erfuhr. Matthias Steinl entwarf die Pläne für einen neuen Altarraum, Johann Michael Rottmayr malte die Kirche mit Fresken aus. Der Plan Kaiser Karls VI. (1711–1740), Klosterneuburg zu einer herrschaftlichen Klosterresidenz auszubauen, kam nur ansatzweise zur Verwirklichung. In den 1880er Jahren erhielt die Kirche ihre neogotischen Türme. Sehenswert sind der gotische Kreuzgang mit der

Stift Lilienfeld

Klosterrotte 1, A-3180 Lilienfeld
Tel.: +43 (0) 2762/52420
www.cisto.at/stift/

Herzog Leopold VI., der Glorreiche, stiftete im Jahre 1202 das Kloster Marienthal, wie Lilienfeld ursprünglich heißen sollte. Ort und Stift liegen in Niederösterreich, rund 60 Kilometer westlich von Wien.

Im Jahre 1217 brach Herzog Leopold VI. von Lilienfeld auf, sich einem Kreuzfahrerheer anzuschließen. Aus dem Heiligen Land brachte er die noch heute verehrte Kreuzreliquie mit. Burgundische Einflüsse zeigen sowohl die 1230 geweihte Stiftskirche Mariae Himmelfahrt als auch der um die Mitte des 13. Jahrhunderts erbaute Kreuzgang. Das Langhaus der kreuzförmigen Pfeilerbasilika wurde 1263 vollendet. Seit dem 18. Jahrhundert ersetzt ein großer Westturm den Dachreiter. Im Jahre 1745 kam der barocke Hochaltar aus schwarzem Türnitzer Marmor in das Gotteshaus, das Altarbild zeigt die Himmelfahrt Mariens. Kaiser Leopold hob das Stift 1789 auf, bereits ein Jahr später machte sein Nachfolger diese Entscheidung rückgängig. Ein Brand richtete 1810 schwere Schäden an, die Abt Ladislaus Pyrker beheben ließ. Sehenswert ist der barocke, 1716 fertiggestellte Bibliothekssaal.

Pöstlingberg-Kirche in Linz 265

Am Pöstlingberg 1, 4040 Linz
Tel.: +43 (0) 732/731228
www.pfarre-poestlingberg.at

Linz, die Hauptstadt Oberösterreichs, zählt rund 190.000 Einwohner und ist die drittgrößte Stadt Österreichs. Weithin sichtbar erhebt sich über dem linken Donauufer das Wahrzeichen der Stadt, die doppeltürmige Wallfahrtskirche »Zu den Sieben Schmerzen Mariens«.

Die Wallfahrt geht zurück auf Franz Obermayr. Ein Kapuziner empfahl dem tiefgläubigen Obermayr ein Meditationsbuch über das Leiden Jesu, das ihn sehr ergriff. Nach der Lektüre entschloss sich Obermayer, ein Vesperbild schnitzen zu lassen. Er stellte das Bild 1716 beim Wetterkreuz auf dem Pöstlingberg auf. Schon vier Jahre später setzte eine Wallfahrt ein, nachdem sich die Nachricht von der wunderbaren Heilung einer gehbehinderten Bäuerin verbreitet hatte. Bald entstand auf dem Berg eine Kapelle und ein Eremit

siedelte sich an. Schließlich erbaute Johann Matthias Krinner zwischen 1742 und 1747 die Wallfahrtskirche.

Dem barocken Zentralraum mit Hauptkuppel, kurzen Querarmen und tiefem Chorraum liegt ein lateinisches Kreuz zugrunde. Ein mächtiger Hochaltar birgt das zierliche, von goldenen Wolken umgebene Gnadenbild. Anstelle der Barockfresken entstanden um 1900 neue Deckenbilder. Im Chor ist der Prophet Ezechiel zu sehen, dem über Trümmern die Jungfrau Maria mit dem verheißenen Erlöser erscheint. Das Hauptkuppelfresko thematisiert das Kirchenpatrozinium, im Zentrum steht die Krönung Mariens durch die Hl. Dreifaltigkeit.

Wallfahrtskirche Maria Kirchental

Kirchental 1, 5092 St. Martin bei Lofer
Tel.: +43 (0) 6588/8528
www.maria-kirchental.at/maria-kirchental

Die kleine Wallfahrtskirche Maria Kirchental steht im gleichnamigen Ort in der Nähe von St. Martin bei Lofer. Ein unbekannter Künstler schuf um 1400 eine spätgotische Madonna mit dem Jesuskind für die Pfarrkirche von St. Martin. In seiner Linken hält das Jesuskind einen kleinen Stieglitz. Der Bauer Rupert Schmuck brachte die Statue um 1689 in das abgelegene Tal und stellte sie in einer Waldkapelle auf. Schon bald setzte eine Wallfahrt zu dem Gnadenbild ein.

Der Salzburger Erzbischof Johann Ernst Graf von Thun zeigte sich von den zahlreichen Gebetserhörungen, viele Votivtafeln zeugen davon, beeindruckt und ließ eine Wallfahrtskirche bauen. Johann Bernhard Fischer von Erlach, der berühmte kaiserliche Hofarchitekt, lieferte die Pläne für den schlichten Bau. Gelungen fügt sich die kleine Kirche

in die schroffe Berglandschaft ein. Die dreigeschossige Fassade der Kirche erinnert an die Salzburger Domfassade. Ein neubarocker Altar nahm das Gnadenbild auf. Auf den Bildern der Seitenaltäre sind Maria mit ihren Eltern sowie der Besuch Marias bei Elisabet zu sehen.

Seit 2004 zeigt das Wallfahrtsmuseum über 1000 Votivgaben, die von einer bis heute lebendigen Wallfahrtstradition erzählen.

tophorus-Fresko am Turm. Um 1470 erhielt der Innenraum seine gotische Gestalt. Im Untergeschoss des zum Chor ausgebauten Turmes erzählen Fresken des ausgehenden 13. Jahrhunderts die Geschichte von Adam und Eva. Dabei öffnet sich der Chor zum Langhaus in zwei übereinanderliegenden Räumen mit Kreuzgratgewölben. Sehenswert sind auch drei Holzskulpturen aus der ersten Hälfte des 15. Jahrhunderts: der hl. Nikolaus im oberen Chor, eine Madonna mit Kind im unteren Chor und der hl. Alban auf der Empore.

St. Nikolaus in Matrei in Osttirol   **267**

A-9971 Matrei in Osttirol, OT Ganz
Tel: +43 (0) 4875/6507
www.pfarre-matrei.at

Die Gemeinde Matrei in Osttirol liegt in knapp 1000 Metern Höhe im Tauern- und Iseltal. Im 13. Jahrhundert erhielt Matrei Marktrecht und das Erzbistum Salzburg errichtete hier eine Pfarrei.
Etwas abseits von Matrei steht im Ortsteil Ganz die im Jahre 1346 erstmals erwähnte romanische Kirche St. Nikolaus. Doch bereits im 7. Jahrhundert existierte hier ein bei Ausgrabungen entdeckter Vorgängerbau. Das Äußere beeindruckt durch die Fresken des 14. Jahrhunderts und das große Chris-

Wallfahrtskirche Pöllauberg 268

Oberneuberg 1, A-8225 Pöllauberg
Tel.: +43 (0) 3335/2381
www.poellau.net

Etwa 40 Kilometer nordöstlich von Graz liegt die Gemeinde Pöllauberg. Bis heute zählt Pöllauberg zu den bedeutendsten Wallfahrtsorten der Steiermark. Jedes Jahr pilgern rund 100.000 Gläubige nach Pöllauberg.
Die Wallfahrt begann Ende des 12. oder Anfang des 13. Jahrhunderts mit der Verehrung eines Marienbildes. Zunächst baute man eine kleine romanische Kapelle. Unterhalb der alten Kapelle begann um 1340 der Bau der gotischen Wallfahrtskirche Maria Pöllauberg. Die auf steilem Berg erbaute Kirche gehört zu den eigenwilligsten Werken der Gotik in der Steiermark: Während das Langhaus zweischiffig angelegt wurde, erweitern sich Chor und Vorhalle zu drei Schiffen. Am Außenbau fällt besonders die aufwendige Ausschmückung der Fassade mit mehrgeschossigem Maßwerk auf. Nach einem Brand im Jahre 1674 ersetzte man den zerstörten gotischen Turm durch einen Barockturm.
Heute präsentiert sich die Ausstattung der Kirche im Stil des Barock. An die Stelle des gotischen Altares trat 1705 der prächtige, für den feingliedrigen Innenraum viel zu große Hochaltar. Zu sehen ist die Familiengeschichte Jesu. Auch das um 1470/80 geschaffene gotische Gnadenbild fand im Hochaltar einen Platz.

Augustiner-Chorherrenstift Reichersberg 269

A-4981 Reichersberg am Inn 1
Tel.: +43 (0) 7758/23130
www.stift-reichersberg.at

Weithin sichtbar erhebt sich auf der Hochterrasse über dem rechten Ufer des Inn das Augustiner-Chorherrenstift Reichersberg, rund 70 Kilometer in nordöstlicher Richtung von Salzburg entfernt. Im 11. Jahrhundert wandelten der Adelige Wernher von Reichersberg und seine Frau Dietburg ihren Besitz in ein Kloster um. Ein schwerer Brand vernichtete 1624 fast das gesamte Kloster.

So sind Kirche und Stift Neubauten des frühen 17. Jahrhunderts.

Im Jahre 1644 konnte die Stiftskirche St. Michael geweiht werden. Der überwiegende Teil der Ausstattung stammt aus dem 18. Jahrhundert. Auf den Münchner Hofmaler Christian Wink gehen die Fresken zurück. Zu sehen sind die Erscheinung des Erzengels Michael auf dem Monte Gargano und die Ordensgründung durch den hl. Augustinus.

Um zwei Höfe gruppiert sich die Klosteranlage. Das erste Drittel des äußeren Hofes rahmen ebenerdige Wirtschaftsbauten, denen sich die eigentlichen Klosterflügel mit prunkvollen Festsälen anschließen. In der Mitte des gärtnerisch gestalteten Hofes steht ein Brunnen, bekrönt von einem mit Satan kämpfenden Michael. Nicht versäumen sollte man einen Besuch von Prälaten-Oratorium, Bibliothek und Stiftsmuseum.

Kollegienkirche Salzburg   **270**

Wiener-Philharmoniker-Gasse 2,
A-5020 Salzburg
Tel.: +43 (0)662/841327
www.kollegienkirche.at

Im Zentrum der Salzburger Altstadt erhebt sich auf dem linken Ufer der Salzach, nur einen Steinwurf weit vom Dom entfernt, die Kollegien- oder auch Universitätskirche. Erzbischof Johann Ernst Graf Thun beauftragte Johann Bernhard Fischer von Erlach mit der Errichtung der Kirche. Im Jahr 1696 begannen die Bauarbeiten, 1707 konnte das Gotteshaus geweiht werden.

Heute ist die Kollegienkirche neben dem Dom die bedeutendste Kirche Salzburgs. Geweiht ist die längsgestreckte Kreuzkuppelkirche »Unserer Lieben Frau«. Durch unzählige Details beeindruckt die nach Norden gerichtete Schauseite. Über dem abschließenden Giebelfeld erhebt sich neben Engelfiguren eine Mondsichelmadonna, eingerahmt von den Statuen der Evangelisten des linken Turmes und den Statuen der vier großen Kirchenväter des rechten Turmes.

Lichtdurchflutet zeigt sich das Innere. Auf den sieben im Halbkreis angeordneten roten Marmorsäulen thronen der Erzengel Michael und weitere Engel. Über den Engeln umgibt eine Stuckglorie aus Wolken, Strahlen und Putten die schwebende Gottesmutter. Die Nischen in den Seitenkapellen nahmen Skulpturen der Fakultätsheiligen

auf: Thomas von Aquin (Theologie), Ivo (Jura), Lukas (Medizin) und Katharina (Philosophie).

Passionsweg auf dem Kapuzinerberg in Salzburg

Kapuzinerberg 6, A-5020 Salzburg
Tel.: +43 (0)662/8735630 (Kapuzinerkloster)
www.kapuziner.org/oprov/niederlassungen/salzburg

Auf dem rechten Ufer der Salzach ragt der früher »Imberg« genannte, 636 Meter hohe Kapuzinerberg in den Himmel. Mit der vorgelagerten Bastion, dem hoch aufragenden Kreuz und dem Wald im Hintergrund, bietet der Kapuzinerberg einen imposanten Anblick. Im Mittelalter stand hier ein von den Erzbischöfen errichteter Wehrturm. Fürsterzbischof Wolf Dietrich von Raitenau überließ die Anlage 1594 den Kapuzinern, die hier ein Kloster errichteten. Wählt man den steilen Weg von der Linzer Gasse hinauf auf den Kapuzinerberg, so kommt man an sechs barocken Kreuzwegkapellen vorbei, die zwischen 1736 und 1744 errichtet wurden. Mit ihren plastischen Szenen und Figuren vergegenwärtigen die Passionskapellen Jesu Leidensgeschichte. Seinen Ab-

schluss findet der Passionsweg in einer mächtigen Kreuzigungsgruppe auf der Anhöhe. Etwa auf halbem Wege durchquert der Wanderer die »Felixpforte«, die eine phantastische Aussicht gewährt. Über die Imbergstiege, vorbei an der Kirche St. Johannes am Imberg, führt ein anderer Weg zum Kloster. An der »Kanzel«, die einen weiteren herrlichen Ausblick auf Salzburg bietet, treffen beide Anstiege zusammen. Das schlichte Kloster wurde zwischen 1599 und 1602 errichtet. Die vermutlich aus dem alten Salzburger Dom stammenden und um 1450 geschnitzten Eichentüren sind das wertvollste Ausstattungsstück der Kirche.

Seekirche »Zum Heiligen Kreuz« in Seefeld

272

A-6100 Seefeld in Tirol
Tel.: +43 (0) 5/08800 (Infobüro Seefeld)
www.seefeld.at

Die kleine Gemeinde Seefeld liegt rund 20 Kilometer westlich von Innsbruck, unweit der deutschen Grenze in Tirol, umgeben von Mieminger-, Wetterstein- und Karwendelgebirge. Erste urkundliche Erwähnung fand Seefeld im Jahre 1022. Seit 1348 ist Seefeld mit seiner Kirche St. Oswald auch Ziel von Wallfahrern. Diese Tradition geht zurück auf die Überlieferungen über Oswald Milser und eine blutende Hostie.

Seeprozession zu Fronleichnam in Traunkirchen

A-4801 Traunkirchen
Tel.: +43 (0) 7617/2214
www.dioezese-linz.at/pfarren/traun-
kirchen

Traunkirchen liegt direkt am Ufer des Traunsees im südlichen Oberösterreich, etwa 50 Kilometer östlich von Salzburg. Wie ein Schloss erhebt sich die Pfarrkirche dank ihrer einzigartigen Lage über dem See. Doch ihre Bekanntheit verdankt die kleine Gemeinde der Fronleichnamsprozession. Seit 1632, als ein Brand die Pfarrkirche des Ortes und das dazugehörige Jesuitenkloster zerstörte, findet die Fronleichnamsprozession auf dem Traunsee statt.

Der Festtag beginnt mit einem Hochamt. Dann verlässt die Prozession die Kirche und begibt sich zum Seetor des ehemaligen Klosters. Dem Traghimmel, einem rot bestickten Baldachin zum Schutz des Allerheiligsten, folgen die Fahnen der Zünfte und Bruderschaften der Kirche und Oberösterreichs. Frauen in Festtagstracht, Kinder und Erstkommunikanten sowie der Chor und eine Kapelle bilden den Festzug, dem sich die übrigen Teilnehmer anschließen. Dann geht man an Bord der Boote und fährt zur Winkelbucht. Hier liest der

Erzherzog Leopold V. ließ die Seekirche »Zum Heiligen Kreuz« im Jahre 1632 zur Aufnahme eines wundertätigen Kreuzes errichten. Noch heute steht das Anfang des 15. Jahrhunderts geschaffene Kreuz am Hochaltar. Im Inneren des kleinen Zentralbaus mit Kuppel, Renaissanceportal und Zwiebelturm verdienen u. a. die von Josef Anton Puellacher 1772 geschaffenen Fresken an den Chorpfeilern Beachtung. Diese erzählen die Legende des Seefelder Kreuzes. Hans Schnorr d. Ä. schuf die Engelgemälde der Kuppel.

Priester das Evangelium und segnet die Gemeinde. Noch drei weitere Stationen auf dem See werden angefahren, bevor sich die Prozession auf den Rückweg begibt. Mit einem Gottesdienst endet der Tag. Gäste können an der Prozession sowohl auf dem Landweg als auch auf einem Ausflugsdampfer teilnehmen.

Mariahilfer Kirche in Wien 274

Barnabitengasse 14, A-1060 Wien
Tel.: +43 (0) 1/5878753
www.pfarremariahilf.at

Nicht weit vom Stadtzentrum erhebt sich im 6. Bezirk der österreichischen Hauptstadt die Wallfahrtskirche »Mariä Himmelfahrt«. Ursprünglich stand hier eine kleine Holzkapelle, in der sich eine Kopie des Passauer Gnadenbildes vom Mariahilf-Berg befand. Zu diesem Bild strömten zahlreiche Wallfahrer, sodass in den Jahren 1668/69 ein Steinbau errichtet wurde. Bei der zweiten Belagerung Wiens durch die Türken 1683 zerstörten die Angreifer auch die Kirche. Doch dem Mesner gelang es, das Gnadenbild zu retten. Nach Plänen von Sebastiano Carlone entstand zwischen 1686 und 1689 ein barocker Neubau, der zu Beginn des 18. Jahrhunderts seine heutige Gestalt erhielt.

Zwei Türme rahmen die einachsige Fassade mit ihrem reichen plastischen Bildprogramm. Im Zentrum sieht man die Himmelfahrt Mariens und Engel, links und rechts davon Sonne und Mond. Auf dem Giebel darüber steht der Apostel Paulus. Die Deckenfresken, 1759/60 von Johann Hauzinger und Franz Xaver Starrmann gemalt, stellen das Leben und die Verherrlichung der Gottesmutter Maria dar. In den Hochaltar, der den gesamten Chor ausfüllt, integrierte man das Gnadenbild. Besondere Beachtung verdient das filigrane Orgelgehäuse, das zu den prächtigsten in Wien gehört.

Michaelerkirche in Wien 275

Michaelerplatz, A-1010 Wien
Tel.: +43 (0) 1/5338000
www.michaelerkirche.at

Die Michaelerkirche zählt zu den ältesten Kirchen Wiens. Mit einer gefälschten Urkunde datierte man die Gründung der Kirche in das Jahr 1221. Doch in dieser Zeit muss mit dem Bau der Kirche begonnen worden sein, was die stilistischen Eigenschaften des reich gegliederten Bogens des Westportals sowie das Nordportal im Querschiff beweisen.

Errichtet wurde die Michaelerkirche als dreischiffiger Bau im spätromanischen Stil. Aus dieser Zeit erhielten sich im Mittelschiff die z. B. mit Weinlaub besetzten Säulenkapitelle und die Arkaden. Den romanischen Chor ersetzte man im 15. Jahrhundert durch einen gotischen. Gleichzeitig wurden die Fenster dem Geschmack der Zeit entsprechend verändert. Im 18. Jahrhundert schließlich gestaltete man die Kirche im Stil des Barock um und errichtete die klas-

sizistische Westfassade. Der Hochaltar wurde 1781/82 nach Entwürfen von Jean Baptiste d'Avrange geschaffen und zählt zu den interessantesten Altären Wiens: Über der Mensa halten zwei Engel das Gnadenbild, eine Marienikone aus Kreta. Ein wenig tiefer sitzen die vier Evangelisten, weitere Heilige schließen sich an. Hinter dem Altar nimmt ein Stuckrelief den gesamten Raum bis zum Gewölbe ein. Zu sehen sind der Erzengel Michael mit den himmlischen Heerscharen und der Sturz der gefallenen Engel.

Peterskirche in Wien 276

Petersplatz, A-1010 Wien
Tel.: +43 (0) 1/5336433
www.peterskirche.at

Mitten im Zentrum Wiens, nur wenige Schritte vom Stephansdom entfernt, erhebt sich die Peterskirche. Eine Legende berichtet, dass Kaiser Karl der Große die Kirche gestiftet haben soll. Der heutige, hochbarocke Bau geht auf das frühe 18. Jahrhundert zurück. Gabriele Montani fertigte 1702 die Pläne und bereits 1708 stand der Rohbau. Noch bis 1733 wurde an den Türmen gearbeitet und 1751 errichtete Andrea Altomonte den Portalvorbau.

Gedrungen und sehr plastisch wirkt die geschwungene, zweigeschossige Fassade. Skulpturen der Apostel Petrus, Paulus, Simon und Judas Thaddäus beleben die Fassade. Am Vorbau stellen Plastiken den Glauben, die Hoffnung und die Liebe dar. Das Innere des Zentralraumes weist prächtigen Schmuck auf. Ein Fresko der »Himmelfahrt Mariens« von Johann Michael Rottmayr schmückt die Kuppel. In den Zwickeln zwischen den Fenstern sind die vier großen Kirchenväter und die Evangelisten zu sehen. Das Altarblatt des Hochaltars zeigt Altomontes Gemälde »Heilung des Lahmen durch den Apostel Petrus«. Reliefs zieren den Altartisch und erzählen aus dem Leben der Apostelfürsten. Vom Chorraum gelangt man in die Krypta, in der alljährlich im Advent eine große Krippenausstellung stattfindet.

Armenische Spuren in Wien

Wiener Mechitharisten-Kongregation, Mechitaristengasse 4, A-1070 Wien
Tel.: +43 (0) 1/5236417
www.mechitaristen.org
Armen.-Apostol. Kirchengemeinde Österreich, Kolonitzgasse 11, A-1030 Wien, Tel.: +43 (0) 1/7180965-20
www.armenia.at

In keiner anderen Stadt Mitteleuropas findet man so viele armenische Spuren wie in Wien. Einige Patres des 1701 von Mechithar von Sebaste in Konstantinopel gegründeten armenisch-katholischen Mechitharistenordens kamen 1810 über Venedig und Triest nach Wien. Kaiser Franz I. verlieh dem Orden ein Privileg für den Buchdruck in orientalischen Sprachen. Die Mechitharisten erhielten ein ehemaliges Franziskanerkloster, das nach einem Brand im Jahre 1835 umgebaut wurde. Erst 1871 kam der Neubau der Kirche Maria Schutz zustande. Heute umfasst die Klosterbibliothek rund 200.000 Bände, darunter auch etwa 1400, zum Teil prächtig illuminierte Handschriften.

Eine Armenierin aus London ermöglichte in den 1960er Jahren den Bau der armenisch-apostolischen Kirche St. Hripsime, die schon von außen als armenischer Sakralbau zu erkennen ist. Auf der Chorempore sind Kultgegenstände aus der Frühzeit der Gemeinde zu sehen. Beim Besuch des Katholikos Karekin II. im Jahre 2001 erhielt der Platz vor der Kirche den Namen »Armenierplatz«. Ein von der Gemeinde gestiftetes Kreuz erinnert an die Opfer des Genozids an den Armeniern im Osmanischen Reich im Jahr 1915. Diesen etwa 1,5 Millionen Todesopfern setzte Franz Werfel in seinem Roman »Die vierzig Tage des Musa Dagh« ein literarisches Denkmal. Der dem Katholizismus zuneigende jüdische Dichter liegt auf dem Wiener Zentralfriedhof (Ehrengräber – Gruppe 32c, Grab Nr. 39) begraben.

St. Hripsime

Zisterzienserstift Wilhering 278

Linzer Str. 4, A-4073 Wilhering
Tel.: +43 (0) 7226/2311
www.stiftwilhering.at

Wilhering liegt 8 Kilometer westlich von Linz am südlichen Donauufer. Als die Herren von Wilhering ihren Wohnsitz verlegten, stifteten sie 1146 ihre aufgelassene Burg dem Zisterzienserkloster Rein für eine Tochtergründung. Teile der spätromanischen Anlage aus der Gründungszeit blieben erhalten, so das schlichte Portal der Kirche. Dahinter verbirgt sich die ganze überschäu-

mende Pracht des Ro-
koko. Nach einem Brand
im Jahre 1733 gestaltete
man Kirche und Kloster
neu. Von der geplanten
großen Anlage, in deren
Mittelpunkt die Kirche
stehen sollte, wurden nur
Teile errichtet. Verschwen-
derische Farbigkeit und
Fülle kennzeichnen den
Innenraum der Kirche.
Ein Spruchband im De-
ckenfresko benennt das
theologische Programm:
»Assumpta est Maria in
caelum, gaudent angeli«
(Aufgenommen ist Maria
in den Himmel, darüber
jubeln die Engel). Martino
Altomonte schuf die Altarbilder, sein
Sohn Bartolomeo malte die Deckenfresken. Für die Stuckarbeiten berief der
Abt mit Michael Feichtmayr und Johann
Georg Üblherr zwei Künstler, die alle
dekorativen Möglichkeiten des Rokoko
ausschöpften. Mehr an Ausstattung,
an Farbe, an Skulptur, an Malerei und
Stuckatur scheint nicht möglich zu sein.
Cornelius Gurlitt (1850–1938) sah in
der Wilheringer Stiftskirche die glän-
zendste Leistung des Rokoko im deutschen Sprachraum.

Zisterzienserstift Zwettl

Stift Zwettl 1, A-3910 Zwettl
Tel.: +43 (0) 2822/2020217
www.stift-zwettl.at

Stift Zwettl liegt rund 40 Kilometer
entfernt von Krems, unweit der gleichnamigen Stadt. Mönche aus dem Kloster Heiligenkreuz bei Wien gründeten
1138 an den Ufern des Flusses Kamp
ein Zisterzienserstift, die erste Tochtergründung von Heiligenkreuz. Bereits
1159 konnte die Kirche geweiht wer-

Stifter. Im Giebelgeschoss stehen die Erzengel Michael und Raphael als Beschützer des Stifts. Den Turm bekrönt eine vergoldete Christusstatue, die ein Kreuz hält. Die dreischiffige gotische Hallenkirche weist heute eine weitgehend barocke Ausstattung auf.

Um den südlich an die Kirche anschließenden Kreuzgang ordnen sich die Wohn- und Wirtschaftsgebäude an. Bemerkenswert sind der älteste Mönchsschlafsaal im deutschen Sprachraum, der schlichte Kapitelsaal, die barocke Bibliothek und der reiche Stiftsschatz.

Südtirol

den, zwischen 1180 und 1240 entstanden Kreuzgang und Kloster. Mehrere Brände, Hussiteneinfälle und die Reformationen bedrohten die Existenz von Zwettl, 1651 lebten nur noch drei Mönche im Stift. Mit der erfolgreichen Gegenreformation blühte Zwettl wieder auf und erfuhr im frühen 18. Jahrhundert barocke Veränderungen.

Prachtvoll erhebt sich die eintürmige, von Figuren belebte barocke Westfassade der Stiftskirche »Mariä Himmelfahrt«. Über dem Portalgesims sieht man Bernhard von Clairvaux und die

Kirchturm von Altgraun

I-39027 Graun im Vinschgau
Tel.: +39 (0) 473/737090 (Ferienregion Reschenpass/Graun)
www.gemeinde.graun.bz.it

Nahe dem Reschenpass, an der Grenze zwischen Österreich und Italien gelegen, breitet sich der 1949 aufgestaute Reschensee aus. Über einen 12 Kilometer langen Stollen speist der See die Turbinen eines Kraftwerkes in Schlundern. Beim Aufstauen des Sees versanken 163 Häuser der Dörfer Graun, St.

Valentin und Reschen in den Fluten und 523 Hektar Kulturland konnten nicht mehr genutzt werden.

Heute erinnert nur noch der aus dem See ragende Kirchturm von Altgraun aus dem 14. Jahrhundert an das alte Dorf. Wie ein Mahnmal erinnert der Turm an die Zerstörung der Umwelt. Mit dem technischen Fortschritt einher ging der Verlust von Heimat und Kulturgütern.

Graun wurde am Rande des Stausees neu aufgebaut, die ehemaligen Bewohner dorthin zwangsweise umgesiedelt. In der neuen, 1950 erbauten Pfarrkirche erinnern die aus der alten Kirche übernommenen Altarbilder an die Geschichte dieses Gotteshauses.

Benediktinerstift Marienberg in Mals

Benediktinerabtei Marienberg, Schlinig 1, I-39024 Mals,
Tel.:+39 (0) 473/831306
www.marienberg.it

Das Benediktinerstift Marienberg liegt in Mals im Vinschgau, rund 50 Kilometer westlich von Meran und nahe der Grenze zu Österreich und der Schweiz. Die edlen Herren von Tarasp stifteten die Abtei im 12. Jahrhundert. Ende des 16. Jahrhunderts stand das Kloster noch kurz vor der Auflösung, erlebte aber Anfang des 17. Jahrhunderts eine neue Blüte. Als Tirol 1807 an Bayern fiel, wurde das Kloster aufgelöst. Auf Wunsch von Kaiser Franz I. zog schon 1816 neues Leben in das Stift ein. Heute leben 14 Mönche im Konvent, die sich u. a. der religiösen Erwachsenenbildung widmen. Durch ein romanisches Rundbogenportal betritt man die Klosterkirche des

St. Prokulus in Naturns   282

St. Prokulusstraße, I-39025 Naturns
Tel.: +39 (0) 473/673139 (Prokulus-
Museum), www.prokulus.org

Naturns liegt rund 15 Kilometer westlich von Meran. Die bekannte Kirche St.
Prokulus gehört zu den ältesten früh-
christlichen Kirchen in Südtirol. Das im
deutschen Sprachraum ungewöhnliche
Patrozinium geht auf den hl. Prokulus
zurück, der im 4. Jahrhundert Bischof
von Verona war.

Um 650 wurde die Kirche St. Prokulus
errichtet. Noch heute erinnern an diesen Bau das im Originalzustand erhaltene rechteckige Kirchenschiff und der
eingezogene Chor. Einzigartig sind die
frühmittelalterlichen Malereien, über
deren Entstehungszeit man sich im
Unklaren ist. Sie liegt wahrscheinlich
zwischen dem 7. und dem 9. Jahrhundert. Zu sehen ist z. B. der hl. Prokulus
auf der Schaukel, eine Darstellung der
Flucht des Bischofs über die Stadtmauern von Verona. Zu größeren Umbauten
kam es im Spätmittelalter. Die Kirche
erhielt einen Turm und der Chorraum
ein Gewölbe. Wandmalereien im gotischen Stil kamen hinzu, so das Kreuzi-
gungsbild im Altarraum.

Das im Jahre 2006 eröffnete Prokulus-
Museum zeigt archäologische Funde

12. Jahrhunderts. Im Tympanon brachte
man eine spätgotische Madonna an.
Zwischen 1643 und 1648 erhielt das Innere der Kirche sein barockes Aussehen.
Die Krypta, lange Zeit Begräbnisort der
Mönche, hat wertvolle romanische Fresken aufzuweisen. Um diese zu schützen,
ist die Krypta nur für Beter zugänglich.

Im Wirtschaftstrakt zeigt ein 2007 er-
öffnetes Museum Gegenstände, die
einen Einblick ins Klosterleben ermöglichen. Eine archäologische Ausstellung macht die römische Geschichte
des Vinschgaus lebendig. Schließlich
lädt der Klosterladen dazu ein, Souve-
nirs wie lokale Produkte, Bücher oder
Kunsthandwerk zu erwerben.

eine der landschaftlich schönsten und eindrucksvollsten Szenerien ganz Südtirols.

Vom verstreuten Hauptort St. Peter, vorbei an St. Magdalena, dem letzten Dorf des Tales, führt die immer schmaler werdende Straße zum landschaftlichen Höhepunkt des Villnößtales. Im Jahre 1744 baute dort Joseph Anton Jenner einen alten, schon 1370 erwähnten Hof aus. Zugleich stiftete er in den Wiesen daneben

aus der Kirche und vom Friedhof, auf dem im 17. Jahrhundert zahlreiche Pestopfer ihre letzte Ruhe fanden.

die Kapelle St. Johann in Ranui. Die verspielte, dekorative Außenbemalung mit einer Darstellung des Kirchenpatrons Johannes Nepomuk steht in reizvollem Kontrast zu den Grüntönen der Wiesen und Wälder und dem Grau der alles überragenden Dolomiten. Franz Unterberger aus Cavalese im Trentino schuf die Altarbilder. Barockes Gepräge hat der Hauptaltar mit Säulen und Statuen, das Altarbild zeigt Johannes Nepomuk, Jesus und die Gottesmutter. Das Tonnengewölbe trägt ein Fresko des Kirchenpatrons, an den Seitenwänden erzählen neun Bilder aus seinem Leben.

St. Johann in Ranui im Villnößtal

St. Magdalena 39, I-39040 Villnöss (BZ)
Tel.: +39 (0) 472/840506 oder
+39 (0) 339/6044685
www.ranuihof.com/kirche.html

Südlich von Brixen liegt das kaum bekannte Villnößtal, geprägt von einer noch weitgehend intakten Bergbauernstruktur. In dieser Region findet man

SCHWEIZ & LIECHTENSTEIN

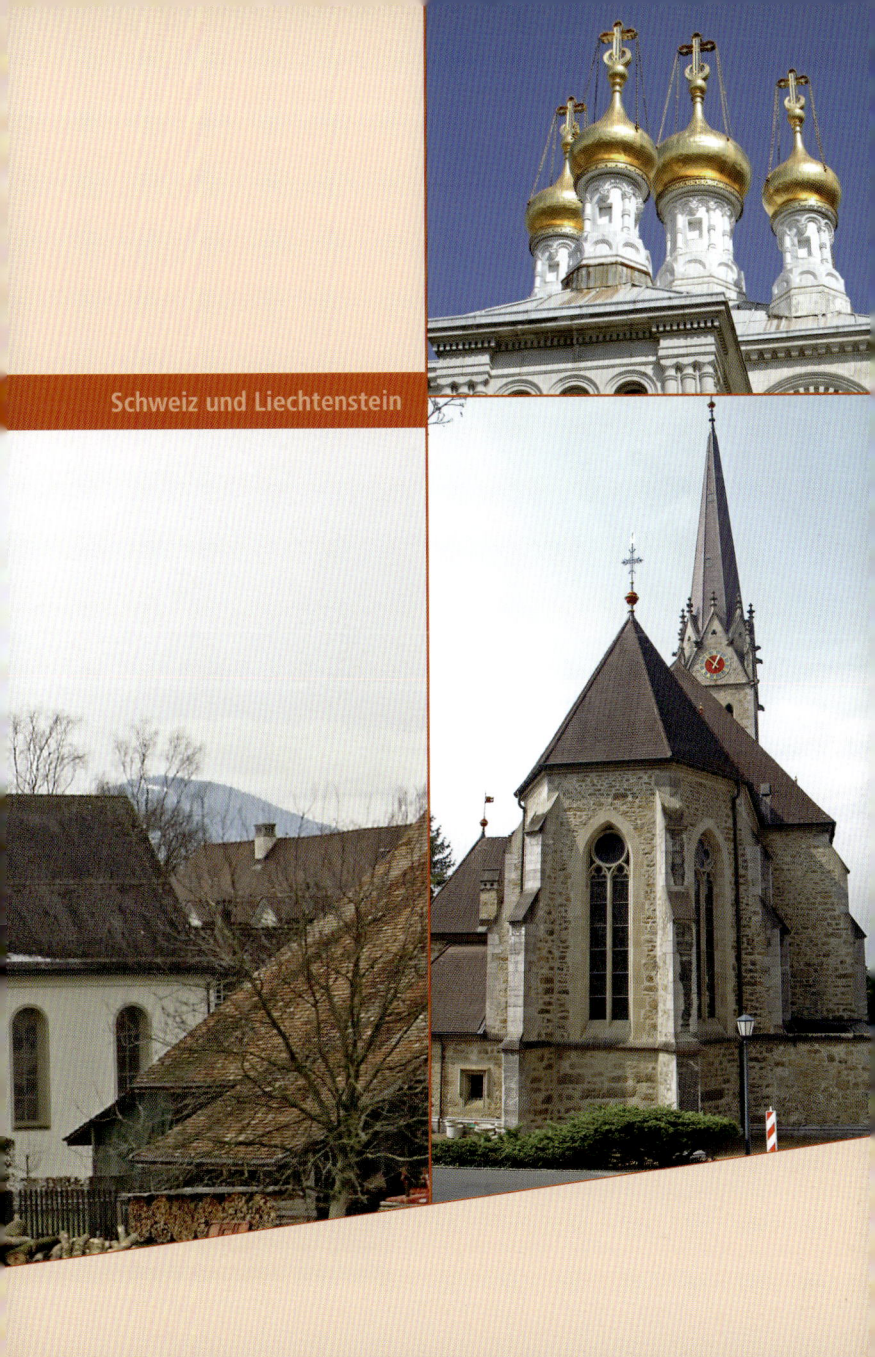

Schweiz und Liechtenstein

St. Mauritius in Appenzell **284**

Hauptgasse, CH-9050 Appenzell (AI)
Tel.: +41 (0) 71/7871491
www.kath-appenzell.ch

Das Dorf Appenzell ist der Hauptort des nur 15.000 Einwohner zählenden, überwiegend römisch-katholischen Kantons Appenzell-Innerrhoden und liegt in einer Höhe von 780 Metern am Fuße des Alpsteinmassivs. Erstmals erwähnt wurde Appenzell 1071 als »Abbacella«.

Die stattliche Pfarrkirche St. Mauritius, von den Einheimischen schlicht auch »de Moritz« genannt, lässt mit ihrem Stilreichtum auf eine lange Geschichte schließen. Eine erste Kirche wurde bereits 1071 mit der Gründung der Pfarrei erwähnt. Es folgten zahlreiche Um- und Ausbauten. Von dem um 1500 errichteten spätgotischen Gotteshaus blieben nach einer Feuersbrunst nur die Krypta sowie Teile von Chor und Turm erhalten. Anfang des 19. Jahrhunderts, die Kirche war zu klein und sanierungsbedürftig geworden, erbaute man das klassizistische Kirchenschiff.

Chor und Krypta gehören zu den schmuckvollsten schweizerischen Bau-

ten aus spätgotischer Zeit. Den barocken Hochaltar ziert ein Gemälde der »Verkündigung an Maria« von Dietrich Meuss (1622). Vom Ende des 19. Jahrhunderts stammen die neobarocken Seitenaltäre. Erhalten blieben das spätgotische Sakramentshaus, einige Fresken im Chor, der Taufstein (17. Jahrhundert) und die heute in der Krypta befindlichen Figuren einer Triumphkreuzgruppe (1580/1608).

Kollegiatskirche dei SS. Pietro e Stefano in Bellinzona

Piazza Collegiata, CH-6500 Bellinzona
(TI), Tel.: +41 (0) 91/8252131 (Tourist-
Information)
www.bellinzonaturismo.ch

Bellinzona, die Hauptstadt des italie-
nischsprachigen Kantons
Tessin, wurde im Jahre
590 erstmals erwähnt. Da
Bellinzona den Zugang zu
den Pässen St. Gotthard,
St. Bernhard und Lukma-
nier sicherte, war die Stadt
von großer strategischer
Bedeutung.

An der Piazza Collegiata
im Zentrum Bellinzonas
erhebt sich die Kolle-
giatskirche dei SS. Pietro
e Stefano mit ihrer klar
gegliederten Fassade. Der einschiffige
Renaissancebau (1517) wurde im 18.
Jahrhundert und noch einmal zu Beginn des 19. Jahrhunderts durch die
Rosenkranzkapelle erweitert. Stuckaturen von Barberini und Gemälde der
lombardischen Schule des 17. Jahrhunderts schmücken das Kirchenschiff. Die
Bilder in den Lünetten des Gewölbes
stellen Sibyllen und Propheten dar und

orientieren sich an den Gemälden der
Sixtinischen Kapelle in Rom. Giuseppe
Baroffio malte das Gemälde des Hochaltars, eine Kreuzigung (1763). Sehenswert sind auch die Fresken an den
Ostwänden des Querschiffs, die stuck-
verzierte Kanzel, die Schnitzarbeiten an
den Seitenaltären und ein Weihwasser-
kessel aus dem 15. Jahrhundert.

Heilsarmeemuseum in Bern

Laupenstrasse 5 (im Hinterhof),
CH-3008 Bern (BE),
Tel.: +41 (0) 31/3880591
www.heilsarmee.ch/museum

Catherine Booth (1855–1939), Tochter des Heilsarmee-Gründers William
Booth, begann 1882 in der Schweiz mit
der Arbeit für die Heilsarmee. In Frank-

reich schon hatte sie sich durch ihr engagiertes Auftreten einen Namen als »die Marschallin« gemacht. Ihre erste Predigt hielt sie in Genf. Auflagen der Behörden erschwerten die Tätigkeit der Heilsarmee, doch Catherine Booth blieb beharrlich. Schließlich tolerierte man die Arbeit der Heilsarmee zunächst in Zürich und Basel, während andernorts die Salutisten bedroht, verletzt oder sogar eingesperrt wurden. Erst 1889 erkannte das Bundesgericht die Heilsarmee als religiöse Institution an. In Bern wurde 1901 ein eigenes Hauptquartier für die Schweiz eingerichtet.

Fotos, Dokumente, Filme, Zeitschriften oder Tonträger lassen die Geschichte der Heilsarmee im 1999 eröffneten Heilsarmee-Museum lebendig werden. Der Besucher erfährt mehr über diese kleine Freikirche, deren Mitglieder in der Weihnachtszeit in den Straßen musizieren und Geld für soziale Zwecke sammeln. Regelmäßig stellen Wechselausstellungen einzelne Aspekte der Heilsarmee gesondert vor. Ein dem Museum angeschlossenes Archiv bewahrt Zeitschriften und Literatur zur Geschichte der Heilsarmee auf.

San Gian in Celerina

CH-7505 Celerina (GR)
Tel.: +41 (0) 81/8333110
www.stiegenzumhimmel.it/kulturstaetten-detail.php?id=47

Celerina liegt im Oberengadin im Kanton Graubünden. Der knapp 1500 Einwohner zählende Ort fand in den »Gamertinger Verträgen« des Jahres 1139 seine erste Erwähnung. Damals erwarb der Bischof von Chur verschiedene Güter im Oberengadin. Noch in der Mitte des 19. Jahrhunderts war Celerina ein Bauerndorf. Mit dem Aufkommen des Tourismus entwickelte sich die Gemeinde zu einem bekannten Tourismusort.

Wahrzeichen von Celerina ist die einen markanten Felsrücken bekrönende Kirche San Gian. Ihr Name ist die lokale rätoromanische Variante für »Sankt Johannes«. Von einer ersten romanischen Kirche finden sich noch heute Mauerreste in dem kleineren Nordturm. Ein Blitzschlag zerstörte 1682 den markanten spätgotischen Kirchturm, der sich heute ohne Dach präsentiert. Im Chor finden sich bedeutende Wandgemälde, um 1480/90 von einer oberitalienischen Werkstatt gefertigt. Zu sehen sind ein Apostelzyklus, Szenen aus dem Leben Johannes des Täufers, Evangelistensymbole, Kirchenväter, die Propheten des alten Bundes, Mariä Verkündigung sowie verschiedene Heilige. Heute ist die Kirche San Gian eine beliebte Hochzeitskirche.

Flüeli-Ranft – Bruder Nikolaus von Flüe

Wallfahrtssekretariat, Pilatusstrasse 2, CH-6072 Sachseln (OW)
Tel.: +41 (0) 41/660 44 18
www.bruderklaus.com

Im Kanton Obwalden liegt der Wallfahrtsort Flüeli-Ranft, Heimat und Wirkungsstätte des Schweizer Nationalheiligen Nikolaus von Flüe (1417–1487).

Der als Bruder Klaus bekannte Eremit wurde hier geboren. Das Geburtshaus und das Wohnhaus können besichtigt werden. Nach gründlicher Restaurierung vermittelt das Wohnhaus heute einen Eindruck vom mittelalterlichen Leben einer Bauernfamilie. Der Ehemann und zehnfache Vater, der auch Ratsherr war, gab im Alter von 48 Jahren sein bisheriges Leben auf, verließ seine Familie, um fortan als Einsiedler zu leben. Während der 19 Jahre seines Einsiedlerlebens nahm er außer der heiligen Kommunion keine feste Nahrung zu sich. In der Ranftschlucht ist neben zwei Pilgerkapellen seine Zelle erhalten, in die er sich 1467 zurückzog. Hier widmete sich »Bruder Klaus« vor allem der Betrachtung des Leidens Christi.

Mehrere Pilgerwege, unter anderem der Visionenweg, der den Geburtsort mit dem Grab von Bruder Klaus in Sachseln verbindet, führen nach Flüeli-Ranft. Das »Museum Bruder Klaus« thematisiert das Leben des Heiligen und bringt seine Vision in künstlerisch-meditativer Weise zur Darstellung.

Internationales Museum der Reformation in Genf

Rue du Cloître 4, Cour Saint-Pierre, CH-1204 Genf (GE)
Tel.: +41 (0) 22/3102431
www.musee-reforme.ch/deutsch

Wer sich mit der Geschichte der Reformation und besonders ihrer Schweizer Variante vertraut machen möchte, der ist im »Internationalen Museum der Reformation« an der richtigen Stelle. Überaus spannend wird der Besucher über 500 Jahre Reformationsgeschichte informiert. Nicht umsonst erhielt das Museum im Jahre 2007 den Museumspreis des Europarates.

Traditionelle Ausstellungsobjekte wie Bücher, Bilder und Manuskripte, aber auch moderne audiovisuelle Techniken machen die Geschichte der Reformation lebendig, die in Genf und anderen europäischen Städten ihren Anfang nahm. Folgerichtig beginnt die Ausstellung mit der Bibel und widmet sich hier besonders Martin Luther und seiner Bibelübersetzung. Weitere Themen der Ausstellung sind die Polemik zwischen Katholiken und Protestanten, die Reformation in Frankreich und ihre blutige Unterdrückung in der Bartholomäusnacht und den Religionskriegen. Ein eigener Saal widmet sich Jean Calvin und seinem Wirken in Genf. Aber auch die Musik als bevorzugte Kunst der Reformation, die Geschichte der Waldenser, die Reaktion des Protestantismus auf die sozialen Fragen des 19. Jahrhunderts bis hin zu aktuellen Entwicklungen ermöglichen einen umfassenden Einblick in Geschichte und Gegenwart der aus der Reformation hervorgegangenen Kirchen.

Russische Kathedrale in Genf

Rue Toepffer 9, CH-1206 Genf (GE)
Tel.: +41 (0) 22/3464709
www.diocesedegeneve.net

Die russisch-orthodoxe Gemeinde in der Schweiz kann auf eine lange Geschichte zurückblicken. Bereits seit 1816 bestand eine Botschaftskirche in Bern. Allerdings befürchtete der russische Zar, seine Landsleute könnten sich von der revolutionären Stimmung in der Schweiz anstecken lassen. So ließ er 1850 Botschaft und Kirche schließen. Gräfin Anna Feodorovna machte den Vorschlag, eine russische Kirche in Genf zu eröffnen. Die Stadt stellte den verschiedenen Konfessionen kostenlos Bauland zur Verfügung. Nachdem auch die Synode der russisch-orthodoxen Kirche zustimmte, begann der Bau der von Gräfin Anna Feodorovna finanzierten Kirche im Jahre 1863.

Errichtet wurde das Gotteshaus auf den Ruinen eines Benediktinerpriorates. Der Bau der im byzantinischen Stil errichteten »Kreuzerhöhungskirche«

konnte 1866 abgeschlossen werden. Fünf goldene Kuppeln bekrönen den kleinen Bau. Sie symbolisieren Christus, umgeben von den vier Evangelisten. Eine weitere kleinere Kuppel bekrönt die stattliche Vorhalle. Im Inneren sind Ikonen des 16. bis 20. Jahrhunderts zu sehen. Große Teile der Ausstattung stiftete die Familie des russischen Zaren.

Chiesa di San Giovanni Battista in Mogno

CH-6696 Fusio (TI), Ortsteil Mogno
Tel.: +41 (0) 91/9133232 (Tourist-Information Lugano)
www.myswitzerland.com/de/erlebnisse/ausfluege/kloster-kirchen/die-bergkirche-von-mario-botta.html

Eine Lawine zerstörte im April 1986 zusammen mit einigen Häusern auch die alte, 1629 erbaute Kirche des kleinen Dorfes Mogno im Tessin. Der Schweizer Stararchitekt Mario Botta entwarf die weithin bekannte und 1997 fertiggestellte elliptische Chiesa di San Giovanni Battista (Kirche des hl. Johannes des Täufers).

Bottas Entwurf fand nicht nur Zustimmung. Sogar eine Unterschriftensammlung wurde gegen die Baupläne gestartet. Heute ist die etwa 15 Personen

Platz bietende Kirche ein Wahrzeichen des Ortes und zieht zahlreiche Besucher an. Marmor aus Valle di Peccia und Granit aus dem Valle Maggia fanden als Baumaterial Verwendung. Altar und Taufstein wurden aus Cristallina-Marmor gefertigt. Kreise, Rechtecke, Quader und Zylinder prägen zusammen mit geraden Linien und ebenmäßigen Böden die Architektur dieses modernen Gotteshauses. Das Innere der fensterlosen Kirche wird durch ein Glasdach erhellt. Ein sinnestrübendes Schachbrettmuster gibt dem Altarraum sein besonderes Gepräge. Besonders auffallend ist das die Kirche sowohl innen als auch außen bestimmende hell-dunkle Streifenmuster.

Kollegiatskirche Notre-Dame in Neuchâtel

Rue de la Collégiale 5, CH-2000 Neuchâtel (NE)
Tel.: +41 (0) 32/7177500 (Französisch erforderlich), www.collegiale.ch

Neuchâtel ist der Hauptort des gleichnamigen Kantons in der französischsprachigen Westschweiz. Seine erste Erwähnung fand Neuchâtel im Jahre 1011, als der Burgunderkönig Rudolph III. das »neue Schloss« (»novum castellum«) seiner Frau Irmengarde schenkte. Im Jahre 1530 führte Guillaume Farel die Reformation in Neuchâtel ein.
Ulrich II. († 1191/92) und Bertha von Neuenburg stifteten die Kollegiatskirche in Neuchâtel. Noch zu Lebzeiten Ulrichs begann man mit der Errichtung des Chorraumes, der zu Beginn des 13. Jahrhunderts vollendet wurde. Um 1225/30 setzte man die Bauarbeiten in Vierung und Schiff fort und 1276 konnte die Kirche geweiht werden. Seit der Reformation nutzt die reformierte Gemeinde das Gotteshaus.

Die dreischiffige Basilika mit nicht ausladendem Querhaus und dreischiffigem Staffelchor weist im Inneren noch deutliche Bezüge zur Romanik auf. Hier fallen besonders der Stützenwechsel im östlichen Doppeljoch des Langhauses und der sich erst langsam abzeichnende Übergang vom Rundbogen zum Spitzbogen auf. Über der Vierung erhebt sich eine Laterne mit Pyramidendach.

Im schlichten Inneren beeindrucken die Buntglasfenster, die Stifterfiguren im Chor und das blaue, mit goldenen Sternen bemalte Gewölbe.

St. Maria in Pontresina   293

Röntgenweg, CH-7504 Pontresina (GR)
Tel.: +41 (0) 81/8426428
www.pontresina-reformiert.ch

Pontresina liegt nördlich des Bernina-Passes im Kreis Oberengadin des Kantons Graubünden. Seine Bedeutung verdankt Pontresina der Lage am Bernina-Pass und dem Fremdenverkehr. Seit Mitte des 19. Jahrhunderts gewann der Tourismus stetig an Bedeutung. Mit der Eröffnung der berühmten Bernina-

Bahn im Jahre 1908 erhielt Pontresina neuen Auftrieb.

Die Friedhofskirche St. Maria zählt zu den wertvollsten Kirchen Graubündens. Spätestens im 12. Jahrhundert gab es hier einen romanischen Vorgängerbau, von dem vor allem der Turm erhalten blieb. Kostbare mittelalterliche Wandmalereien mit romanischen Fragmenten von hoher Qualität (13. Jahrhundert) und ein erzählfreudiger Bildzyklus aus dem Jahre 1495 erwarten den Besucher im Inneren. Nach einer Erweiterung wurde die Kirche 1495 vollständig neu ausgemalt. Zu sehen sind über dem Südportal eine thronende Gottesmutter mit Heiligen (1495), Szenen aus dem Leben Jesu (um 1230) an der Westwand, Apostel, Schmerzensmann, Majestas

Wahrscheinlichkeit geht die 962/66 erstmals erwähnte Pfarrkirche San Vitale auf die Zeit der beginnenden Christianisierung des südlichen Alpenvorlandes zurück.

Aus dem 5. Jahrhundert stammt das frühchristliche Baptisterium San Giovanni, das älteste erhaltene christliche Bauwerk der Schweiz. Die kleine Taufkirche wurde auf den Grundmauern einer römischen Villa oder einer Therme errichtet. Ein Quadrat bildet den Grundriss, doch in einer bestimmten Höhe geht der Baukörper in ein Achteck über. Erhalten blieb der ursprüngliche Mosaikfußboden. Hingegen ging der die Kirche umgebende überdachte Rundgang, der für Prozessionen genutzt wurde,

Domini und Kirchenväter, Prophetenbüsten, Mariä Verkündigung und Heilige (1495). In den unteren Zonen der Westwand überrascht ein mit 18 Bildern ungewöhnlich ausführlicher Zyklus der Legende von Maria Magdalena. Heute ist die Friedhofskirche St. Maria zudem eine beliebte Heiratskirche.

Baptisterium in Riva San Vitale ●294

CH-6826 Riva San Vitale (TI)
Tel.: +41 (0) 91/6481306 (Gemeindeinformation; Italienisch erforderlich)
www.rivasanvitale.ch

Die kleine Gemeinde Riva San Vitale liegt am Südufer eines Armes des Luganer Sees im Kanton Tessin. Mit großer

verloren. Das monolithische Taufbecken wurde um 1200 geschaffen. Darunter befindet sich das originale, 60 Zentimeter tiefe Taufbecken, das über einen aus Backsteinen gemauerten Abfluss verfügt. Man betrat es über zwei Stufen. Im 12. Jahrhundert kamen die zahlreichen Fresken hinzu. Zu sehen sind das Jüngste Gericht und eine in byzantinischem Stil gemalte Geburt Christi.

Kathedrale Notre-Dame-du-Glarier in Sion

Rue de la Cathédrale 13, CH-1950 Sion (VS), Tel.: 41 (0) 27/3228066 (Französisch erforderlich)
www.cath-vs.ch/sous-sites/chapitre-sion/kathedrale.html

Um das Jahr 15 v. Chr. eroberten die Römer das bis dahin keltische Wallis. Sie legten die Siedlung Sedunum an, vermutlich gab es hier schon eine Ortschaft. Bereits um 381 ist ein Bischof von Sion bezeugt. Im 6. Jahrhundert wurde Sion zur politischen Hauptstadt des Wallis und blieb es bis heute. Seit dem Jahr 999 amtierte der Bischof auch als Landesherr. Sion, das den deutschen Namen »Sitten« trägt, war noch Mitte des 19. Jahrhunderts eine zweisprachige Stadt. Heute dominiert das Französische.

Im 12. Jahrhundert entstand neben der Kathedrale Notre-Dame-de-Valère auf dem Burghügel eine zweite Bischofskirche in der Stadt. Von dem ehemals romanischen Gotteshaus blieb lediglich der Glockenturm erhalten. Mehrfach wurde die Kirche zerstört, aber immer wieder aufgebaut. In der zweiten Hälfte des 15. Jahrhunderts entstand der heutige Bau, etwas länger zog sich die Errichtung des Chores hin.

Beachtung verdienen das Turmportal mit einem Gemälde der Jungfrau Maria mit dem Jesuskind, der spätgotische Schnitzaltar mit einer Darstellung der Wurzel Jesse, die Barbara-Kapelle, Glasmalereien und das Grab des Bischofs André de Gualdo.

Stiftskirche Notre-Dame-de-Valère in Sion

Château de Valere, CH-1950 Sion (VS) Tel.: +41 (0) 27/3277727 (Tourist-Information), www.cath-vs.ch/sous-sites/chapitre-sion/valeria.html

Auf einem die Stadt beherrschenden Burghügel erhebt sich die Festung Valeria mit der im 12. und 13. Jahrhundert errichteten Stiftskirche Notre-Dame-de-Valère. Die Kirche und das befestigte Schloss dienten dem Domkapitel von Sion als Residenz. Seit einigen Jahren wird im Schloss die Ausstellung des Kantonalen Historischen Museums aufgebaut.

Um 1100 begann der Bau der Burgkirche im hochromanischen Stil. Den Glockenturm nutzte man gleichzeitig als Bergfried. Im Inneren der Kirche trennt ein Lettner das Schiff vom Chor und markiert die Grenze zwischen dem romanischen und dem gotischen Teil. Der romanische Chor wurde im gotischen Stil umgebaut und eingewölbt. In der Apsis blieben Wandmalereien des 15. Jahrhunderts erhalten, die Propheten, Apostel und Landesheilige zeigen. Sehenswert sind die skulptierten Kapitelle aus dem 12. Jahrhundert. Eine schöne Madonna (frühes 15. Jahrhundert) aus Marmor steht auf dem Hochaltar. Im

Südquerschiff befindet sich eine reiche Sammlung byzantinischer und orientalischer Stoffe. Die sich an der Westwand befindende Schwalbennestorgel aus dem 14. Jahrhundert gilt als älteste spielbare Orgel der Welt.

Kathedrale St. Florin in Vaduz (Liechtenstein)

St. Florins-Gasse, FL-9490 Vaduz
Tel.: +423/2323616
www.erzbistum-vaduz.li/Vaduz.htm

Nur etwa 36.000 Einwohner zählt das kleine, zwischen Österreich und der Schweiz gelegene Fürstentum Liechtenstein. Trotzdem bildet das Staatsgebiet seit 1997 ein eigenes Erzbistum mit einer Kathedrale. Etwa drei Viertel der Liechtensteiner sind katholisch.

Von alters her gehörte Vaduz, der Hauptort des Fürstentums, zur Pfarrei Schaan mit ihrer auf den Grundmauern eines römischen Kastells errichteten St. Peterskirche. Bereits im Mittelalter bestand in Vaduz eine Kapelle, die jedoch im 19. Jahrhundert nicht mehr ausreichte. So errichtete man zwischen 1863 und 1873 nach Plänen des Wiener Architekten Friedrich von Schmidt die neogotische St. Florinskirche. Im Jahre 1873 wurde Vaduz selbstständige Pfarrei.

Die dreischiffige Kirche mit dem von einem spitzen Helm bekrönten Westturm beherbergt einige ältere Ausstattungsstücke. Um 1520 entstand das Büstenreliquiar des hl. Florin. Wohl aus der alten Kapelle übernahm man die barocken Wandfiguren der Apostel Petrus und Paulus, den Evangelisten Johannes, Christus als Weltenherrscher und Maria unter dem Kreuz. Aus der Erbauungszeit der Kirche stammt der Hochaltar mit den Statuen der Evangelisten.

Rechts neben der Kathedrale befindet sich die Fürstengruft, die im Jahre 1960 vollendet wurde. Bisher fanden hier 23 Angehörige der fürstlichen Familie ihre letzte Ruhe.

Zisterzienserinnenabtei Wurmsbach

Kloster Wurmsbach, CH-8715 Bollingen (SG), Tel.: +41 (0) 55/2254900
www.wurmsbach.ch

Die Zisterzienserinnenabtei Wurmsbach liegt im Ortsteil Bollingen, das seit 2007 zur Stadt Jona-Rapperswil gehört. Heute leben in dem landschaftlich reizvoll am oberen Zürichsee gelegenen Kloster 15 Schwestern des Zisterzienserordens. Seit seiner Gründung im Jahre 1259 durch Graf Rudolf IV. von Rapperswil dient das Kloster ununterbrochen seiner Bestimmung.

Über die erste, 1281 geweihte Kirche ist wenig bekannt. Um 1600 begann ein Umbau des Gotteshauses im spätgotischen Stil. Kurze Zeit später entstand der Renaissance-Kreuzgang. Heute präsentiert sich das Innere der Klosterkirche im barocken Gewand. Im Jahre 2003 wurde die unansehnlich gewordene Kirche restauriert und umgebaut. Im verglasten Kreuzgang verdient der zwischen 1985 und 1995 vom Luzerner Glaskünstler Edy Renggli geschaffene Bernhard-Zyklus besondere Beachtung. Die 38 Scheiben zeigen Szenen aus dem Leben des hl. Bernhard von Clairvaux, des wichtigsten Ordensheiligen.

Eine schon 1843 von den Nonnen gegründete Mädchenschule existiert bis heute. Heute lernen in der »Impulsschule Wurmsbach« über 100 Mädchen aus der ganzen Schweiz. Besonderen Wert legt man in Wurmsbach auf die Vermittlung sozialer Kompetenzen.

Reformierte Kirche St. Martin in Zillis

Hauptstrasse (am Postplatz), CH-7432
Zillis-Reischen (GR)
Tel.: +41 (0) 81/6611953
www.zillis-st-martin.ch

Das kleine Dorf Zillis im Kanton Graubünden, rund 25 Kilometer südlich von Chur gelegen, hat mit seiner Kirche St. Martin einen ganz besonderen Schatz aufzuweisen: die älteste erhaltene, vollständig bemalte Holzdecke des Abendlandes. Dendrochronologische Untersuchungen konnten an den Brettern der Decke einen letzten Jahresring für 1114 nachweisen.

Die romanische Saalkirche mit einem im Jahr 1509 angefügten spätgotischen Chor gehört heute der evangelisch-reformierten Gemeinde. Ein monumentaler, um 1320/40 geschaffener Christophorus erwartet den Besucher an der Eingangsfassade. Im Inneren überraschen die 153 bemalten Einzelfelder der Decke. An den Randfeldern sieht man Meeresfabelwesen und Fischer. In den Ecken personifizieren die Engel des Jüngsten Gerichts die Winde. Die einzelnen Szenen sind von Osten nach Westen und zeilenmäßig von Süden nach Norden zu lesen. Nach den Königen des Alten Testaments zeigt der

Bilderzyklus das Leben Christi, das jedoch mit der Dornenkrönung abbricht. Auf den sieben letzten Tafeln sind Szenen aus dem Leben des hl. Martin von Tours zu sehen. Die Anfang des 12. Jahrhunderts gemalten Bilder zeigen eine große Nähe zur Buchmalerei in Bayern und Oberitalien.

ÜBERNACHTUNGSMÖGLICHKEITEN

Deutschland

Tagungsstätte Kreuzbergbaude
Am Kreuzberg 25
02829 Markersdorf
OT Jauernick-Buschbach
Tel.: 035829/63860
Fax: 035829/63888
E-Mail:
Kreuzbergbaude@kkvsol.net
Internet: Kreuzbergbaude.kkvsol.de
28 Zimmer, 1 Ferienwohnung,
58 Betten

Internationales Begegnungs-zentrum St. Marienthal
St. Marienthal 10
02899 Ostritz
Tel.: 035823/77-0
Fax: 035823/77-250
E-Mail: info@ibz-marienthal.de
Internet: www.ibz-marienthal.de

Gästezentrum Ernst Jäschke im Leipziger Missionswerk
Paul-List-Str. 19
04103 Leipzig
Tel.: 0341/9940-632
Fax: 0341/9940-690
Internet: www.lmw-mission.de

Evangelisches Zentrum Ländlicher Raum
Heimvolkshochschule Kohren-Sahlis e. V.
Pestalozzistr. 60a
04655 Kohren-Sahlis
Tel.: 034344/61861
Internet:
www.hvhs-kohren-sahlis.de
33 Zimmer, 96 Betten

Kloster Helfta
Bildungs- und Exerzitienhaus
Lindenstr. 36
06295 Lutherstadt Eisleben
Tel.: 03475/711-400
Fax: 03475/711-444
E-Mail:
gaestehaus@kloster-helfta.de
Internet: www.kloster-helfta.de
20 Einzelzimmer, 15 Doppelzimmer

Konrad-Martin-Haus
Heimvolkshochschule
Am Rechenberg 3
06628 Bad Kösen
Tel.: 034463/6296
Fax: 034463/62975
E-Mail:
info@caritas-konradmartinhaus.de
Internet:
www.caritas-konradmartinhaus.de

Evangelisches Allianzhaus Bad Blankenburg gGmbH
Esplanade 5-10a
07422 Bad Blankenburg
Tel.: 036741/21-0
Fax: 036741/21-200
E-Mail: info@allianzhaus.de
Internet: www.allianzhaus.de
26 Einzelzimmer, 34 Doppelzimmer,
100 Betten mit Dusche/WC

Christliches Gästehaus Bibelheim
Am Eimberg 2-4
08223 Kottengrün
Tel.: 037463/88338
Fax: 037463/88399
E-Mail:
info@
erholungsheim-kottengruen.de
Internet: www.erholungsheim-
kottengruen.de
5 Einzelzimmer, 3 Appartments (bis
zu 6 Personen), 32 Doppelzimmer,
85 Betten

Sächsisches Gemeinschafts-Dia-konissenhaus „ZION" e. V.
Schneeberger Str. 98
08280 Aue
Tel.: 03771/274-0
Fax: 03771/274-100
E-Mail: info@zion.de
Internet: www.zion.de

Gästehaus am Karmelitenklos-ter St. Teresa
Schützenstr. 12
16547 Birkenwerder (S-Bahn-Bereich Berlin)
Tel.: 03303/503419
Fax: 03303/402574
E-Mail:
kloster@karmel-birkenwerder.de
Internet: www.karmel-birkenwer-der.de
38 Zimmer, 55 Betten

Edith-Stein-Haus
Invalidenstr. 20
19370 Parchim
Tel.: 03871/6251-11
Fax: 03871/6251-10
E-Mail: info@esh-parchim.de
Internet: www.esh-parchim.de
28 Zimmer, 55 Betten

Kloster Nütschau
Haus St. Ansgar
Schloßstr. 26
23843 Travenbrück
Tel.: 04531/5004-0
Fax: 04531/5004-100
E-Mail: empfang@haus-sankt-ansgar.de
Internet: www.kloster-nuetschau.de
45 Doppelzimmer, 15 Einzelzimmer,
105 Betten

**Ferien- und Tagungszentrum
Bethanien im VCH**
Barkhausenstr. 31-33
26465 Langeoog
Tel.: 04972/691-0
Fax: 04972/691-109
E-Mail:
langeoog@diakonie-bethanien.de
Internet: www.langeoog-bethanien.de

Ludwig-Harms-Haus GmbH
Harmsstr. 2
29320 Hermannsburg
Tel.: 05052/69270
E-Mail:
info@ludwig-harms-haus.de
Internet:
www.ludwig-harms-haus.de
4 Einzelzimmer, 1 behindertengerechtes Einzelzimmer, 2 Doppelzimmer, 9 Zweibettzimmer, 2 Dreibettzimmer

**Exerzitien- und Gästehaus
Kloster Marienrode**
Auf dem Gutshof
31139 Hildesheim
Tel.: 05121/9304140
Fax: 05121/9304141
E-Mail: exerzitienhaus@kloster-marienrode.de
Internet:
www.kloster-marienrode.de
22 Einzelzimmer, 22 Betten

**Benediktinerinnen-Abtei
Varensell
Gästehaus St. Benedikt**
Hauptstr. 53
33397 Rietberg
Tel.: 05244/5297-130
Fax: 05244/1876
E-Mail: gaestehaus@abtei-varensell.de
Internet: www.abtei-varensell.de

**Gästehaus
Abtei zur Hl. Maria**
Nonnengasse 16
36037 Fulda
Tel.: 0661/9024516
Fax: 0661/9024545

**St. Bonifatiuskloster
Geistliches Zentrum, Tagungs-
und Exerzitienhaus**
Klosterstr. 5
36088 Hünfeld
Tel.: 06652/94-537 (Gästebüro)
Fax: 06652/94-538
E-Mail: gz@bonifatiuskloster.de
Internet: www.bonifatiuskloster.de
80 Zimmer (Einzel- und Doppelzimmer)

**Schönstatt-Zentrum
„Kleines Paradies"**
Pater-Kentenich-Weg 3
37308 Heilbad Heiligenstadt
Tel.: 03606/619790
Internet: www.kleines-paradies-hig.de

Bergkloster Heiligenstadt Schwestern der hl. Maria Magdalena Postel

Friedensplatz 6
37308 Heilbad Heiligenstadt
Tel.: 03606/673-104
E-Mail: sr.konstantia@heiligen-stadt.smmp.de
Internet: www.smmp.de
6 Gästezimmer, Ferienwohnung mit 7 Betten

Klosterhotel Wöltingerode

Wöltingerode 3
38690 Vienenburg
Tel.: 05324/77 46 60
Fax: 05324/77 46 61
E-Mail: hotel@woeltingerode.de
Website:
www.klosterhotel-woeltingerode.de
5 Einzelzimmer, 3 Appartements
(bis zu 6 Personen) 32 Doppel-zimmer, 85 Betten

Ekkehard-Haus - Huysburg

Huysburg 2
38838 Huy-Dingelstedt
Tel.: 039425/961300
Fax: 039425/96195
E-Mail:
gastanmeldung@huysburg.de
Internet: www.huysburg.de
40 Einzel- und Doppelzimmer, 60 Betten

Evangelisches Zentrum Kloster Drübeck

Klostergarten 6
38871 Drübeck
Tel.: 039452/94300
Fax: 039452/94345
E-Mail: reservierung@kloster-druebeck.de
Internet: www.kloster-druebeck.de
76 Zimmer, 106 Betten

Bildungshaus Mariengrund

Nünningweg 133
48161 Münster-Gievenbeck
Tel.: 0251/87112-0
Fax: 0251/87112-60
E-Mail:
info@haus-mariengrund.de
Internet:
www.haus-mariengrund.de
50 Einzel- und Doppelzimmer, teilwei-se mit Dusche und WC, 88 Betten

Abtei Mariawald

E-Mail:
oekonomie@kloster-mariawald.de
Internet: www.kloster-mariawald.de

**Schönstatt-Zentrum
Puffendorf
Haus der Begegnung**
Schönstattstr. 19
52499 Baesweiler
Tel.: 02401/51181
Fax: 02401/5667
E-Mail:
info@schoenstatt-aachen.de
Internet:
www.schoenstatt-aachen.de
*12 Einzelzimmer mit Dusche und
WC (Doppelbelegung möglich), 5
Doppelzimmer mit Behinderten-WC
und -dusche auf der Etage*

St. Josefsstift
Franz-Ludwig-Str. 7
54290 Trier
Tel.: 0651/9769-0
Fax: 0651/9769-333
E-Mail: exerzitienhaus@js-trier.de

**Exerzitienhaus Carmel
Springiersbach**
Karmelitenstr. 2
54538 Bengel
Tel.: 06532/93950
Fax: 06532/939580
E-Mail: exerzitienhaus.springiers-
bach@karmeliten.de
Internet: www.karmelitenorden.de/
klosterspringiersbach.html
*32 Einzelzimmer, davon 7 als Doppel-
zimmer möglich*

**Aloysia Löwenfels Haus
Haus der Begegnung und Stille**
Marienweg 1
56428 Dernbach
Tel.: 02602/68360
Fax: 02602/6836194
E-Mail: aloysialoewenfelshaus@
dernbacher.de

**Bergkloster Bestwig
Schwestern der hl. Maria
Magdalena Postel**
Bergkloster 1
59909 Bestwig
Tel.: 02904/808-0
Fax: 02904/808-255
E-Mail: rz-buero@smmp.de
Internet: www.smmp.de
*11 Appartements (4 Doppel-, 7
Einzelzimmer), 32 Einzelzimmer (auf
Wunsch als Doppelzimmer nutzbar),
4 Sechsbettzimmer*

Gästehaus
Benediktinerinnenabtei
Kloster Engelthal
Klosterstr. 2
63674 Altenstadt/Hessen
E-Mail:
gaestehaus@kloster-engelthal.de
Internet:
www.abtei-kloster-engelthal.de

**Schönstattzentrum
Marienfried**
Bellensteinstr. 25
77704 Oberkirch
Tel.: 07802/9285-0
Fax: 07802/9285-24
E-Mail: marienfried@t-online.de
Internet:
www.schoenstatt-oberkirch.de
*13 Einzelzimmer, 17 Doppelzimmer, 6
Familienzimmer mit WC/Dusche
3 Doppelzimmer mit Etagenbad
1 Jugendbereich mit 2 Schlafsälen
insgesamt 81 Betten*

Exerzitienhaus St. Ottilien
86941 St. Ottilien
Tel.: 08193/71-600
Fax: 08193/71-609
E-Mail: exhaus@ottilien.de
Internet: www.erzabtei.de/exhaus

**Exerzitien- und Bildungshaus
Maximilian Kolbe**
Klostergasse 6
88339 Bad Waldsee-Reute
Tel.: 07524/708-211
Fax: 07524/708-233
E-Mail: bildungshaus@kloster-reute.de
Internet: www.kloster-reute.de

Gebetsstätte Marienfried
Marienfriedstr. 62
89284 Pfaffenhofen a. d. Roth
Tel.: 07302/9227-0
Fax: 07302/9227-150
E-Mail: mail@marienfried.de
Internet: www.marienfried.de
32 Zimmer, 59 Betten

**Benediktinerinnenabtei
St. Gertrud**
Hauptstr. 2
94167 Tettenweis
Tel.: 08534/9709-123
Fax: 08534/9709-100
E-Mail: kontakt@sankt-gertrud.de
Internet: www.sankt-gertrud.de

**Gäste- und Tagungshaus St.
Pirmin der Abtei Niederaltaich**
94557 Niederalteich
Tel.: 09901/208-6 (Haupttelefonzeiten:
Mo.–Fr. 9–12 Uhr)
Fax: 09901/208-250
E-Mail:
st.pirmin@abtei-niederaltaich.de
Internet: www.abtei-niederaltaich.de

Geistlich-gastliches Gästehaus St. Joseph
Betriebs GmbH & Co.KG
Basilikaplatz 2
95652 Waldsassen
Tel.: 09632/923880
Fax: 09632/92388-50
E-Mail:
info@haus-sankt-joseph.de
Internet:
www.haus-sankt-joseph.de
15 Einzelzimmer, 9 Doppelzimmer, 4 Maisonetten
Ansprechpartnerin: Sr. M. Sophia

Pilgerherberge
Basilikaplatz 2
95652 Waldsassen
Tel.: 09632/9200-70
Fax: 09632/9200-33
E-Mail:
pilgerweg@abtei-waldsassen.de
Internet: www.viaporta.de
2 Dreibettzimmer mit Etagendusche
Ansprechpartnerin: Sr. M. Sophia

Schönstattzentrum Marien-höhe
Josef-Kentenich-Weg 1
97074 Würzburg
Tel.: 0931/705670
Fax: 0931/7056727
E-Mail:
info@schoenstatt-wuerzburg.de
Internet:
www.schoenstatt-wuerzburg.de
31 Zimmer mit Dusche und WC, wahlweise als Einzel- oder Zweibett-zimmer belegbar, 3 Mehrbettzimmer mit Dusche und WC auf der Etage, insgesamt 73 Betten

Österreich

Kardinal-König-Haus Bildungszentrum der Jesuiten und der Caritas
Kardinal-König-Platz 3
A-1130 Wien
Tel.: +43(0)1/8047593
Fax: +43(0)1/8049743
E-Mail: office@kardinal-koenig-haus.at
Internet: www.kardinal-koenig-haus.at

Pallottihaus
Auhofstr. 10
A-1130 Wien
Tel.: +43(0)1/8771072
Fax: +43(0)1/877107229
E-Mail: pallottihaus@utanet.at
Internet: www.pallottihaus-wien.at

Bildungs- und Exerzitienhaus St. Hippolyt
Eybnerstr. 5
A-3100 St. Pölten
Tel.: +43(0)2742/352104-900
Fax: +43(0)2742/313352
Internet: www.hiphaus.at

Zisterzienserstift Lilienfeld
Klosterrotte 1
A-3180 Stift Lilienfeld
Tel.: +43(0)2762/52420
Fax: +43(0)2762/52420-37
Internet: www.stift-lilienfeld.at

Bildungshaus Stift Zwettl
Zisterzienserstift Zwettl
A-3910 Zwettl
Tel.: +43(0)2822/20202-25 oder -26
Fax: +43(0)2822/20202-30
E-Mail: bildungshaus@stift-zwettl.at;
leopold.wieseneder@stift-zwettl.at
Internet: www.stift-zwettl.at

Kneipp Traditionshaus der Marienschwestern vom Karmel
A- 4362 Bad Kreuzen 106
Tel.: +43(0)5/9922 (österreichweit zum Ortstarif)
E-Mail: info@marienschwestern.at
Internet: www.badkreuzen.gesund-kneippen.at; www.kneippen.at
54 Einzelzimmer, 9 Studios, 11 Doppelzimmer, 5 Appartements; insgesamt 109 Betten

Seminarzentrum / Gast im Kloster
Schlägl 1
A-4160 Schlägl
Tel.: +43(0)7281/8801-400
Fax: +43(0)7281/8801-405
E-Mail: seminar@stift-schlaegl.at
Internet: www.stift-schlaegl.at

Haus der Begegnung Gosau
E-Mail: hausderbegegnung@speed.at
Internet: www.hausderbegegnung.at

Benediktinerstift St. Georgenberg-Fiecht
A-6134 Vomp-Fiecht
Tel.: +43(0)5242/63276-0
Fax: +43(0)5242/63276-7
E-Mail: info@st-georgenberg.at
Internet: www.st-georgenberg.at

Jugend- und Bildungshaus St. Arbogast
Montfortstr. 88
A-6840 Götzis
Tel.: +43(0)5523/62501-0
Fax: +43(0)5523/62501-32
E-Mail: arbogast@kath-kirche-vorarlberg.at
Internet: www.arbogast.at
113 Betten

Haus der Stille
Rosental 50
A-8081 Heiligenkreuz a.W.
Tel.: +43(0)3135/82625
Fax: +43(0)3135/82625-6
E-Mail: info@haus-der-stille.at
Internet: www.haus-der-stille.at

Haus der Frauen
Erholungs- und Bildungszentrum
A-8222 St. Johann bei Herberstein
Tel.: +43(0)3113/2207
Fax: +43(0)3113/2207-24
E-Mail: kontakt@hausderfrauen.at
Internet: www.hausderfrauen.at

Pension Missionskloster
Klosterweg 2
A-9241 Wernberg
Tel.: +43(0)4252/2216
Fax: +43(0)4252/2216-119
E-Mail:
pension@klosterwernberg.at
Internet: www.klosterwernberg.at
23 Zimmer mit 46 Betten

Schweiz

Backpackers Villa Sonnenhof
Alpenstr. 16
CH-3800 Interlaken
Tel.: +41(0)33/8267171
E-Mail: mail@villa.ch
Internet: www.villa.ch
Die pilgerfreundliche Herberge im Herzen
von Interlaken. Betten ab 27 € inklusive
Frühstück.

Bibelheim Männedorf
Hofenstr. 41
CH-8708 Männedorf
Tel.: +41(0)44/9216311
Fax: +41(0)44/9216310
E-Mail: info@bibelheim.ch
Internet: www.bibelheim.ch

KARTEN

Nordwest- und Westdeutschland

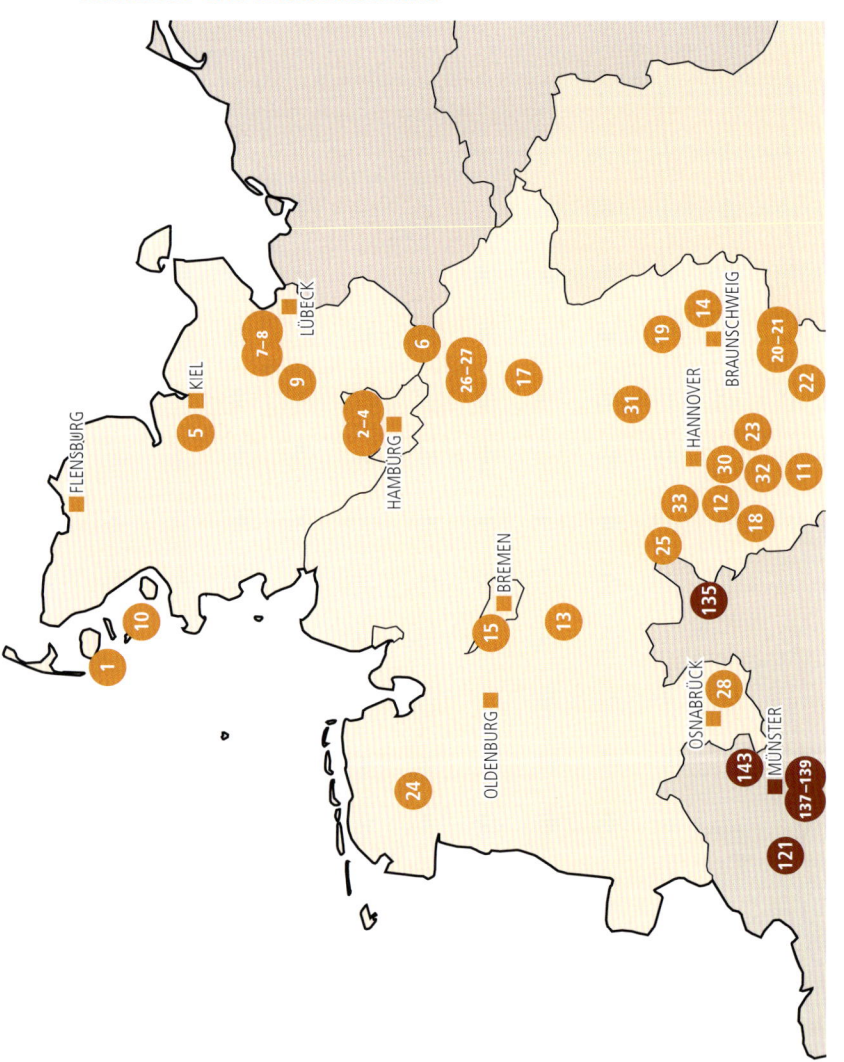

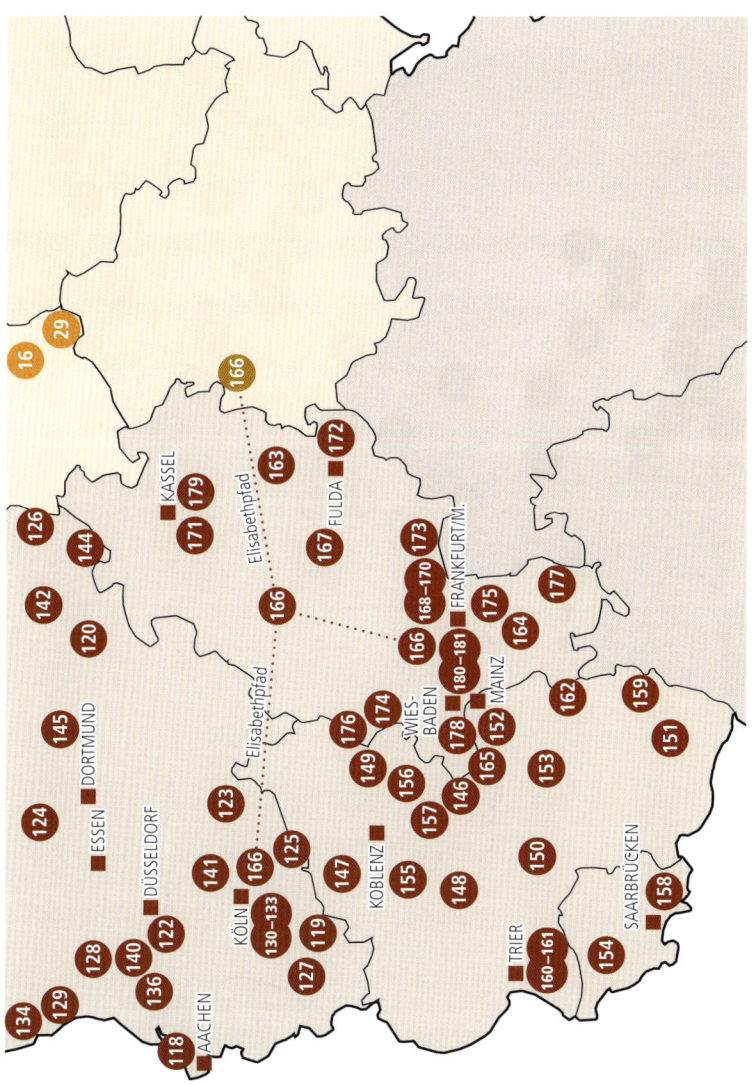

Nordost- und Mitteldeutschland

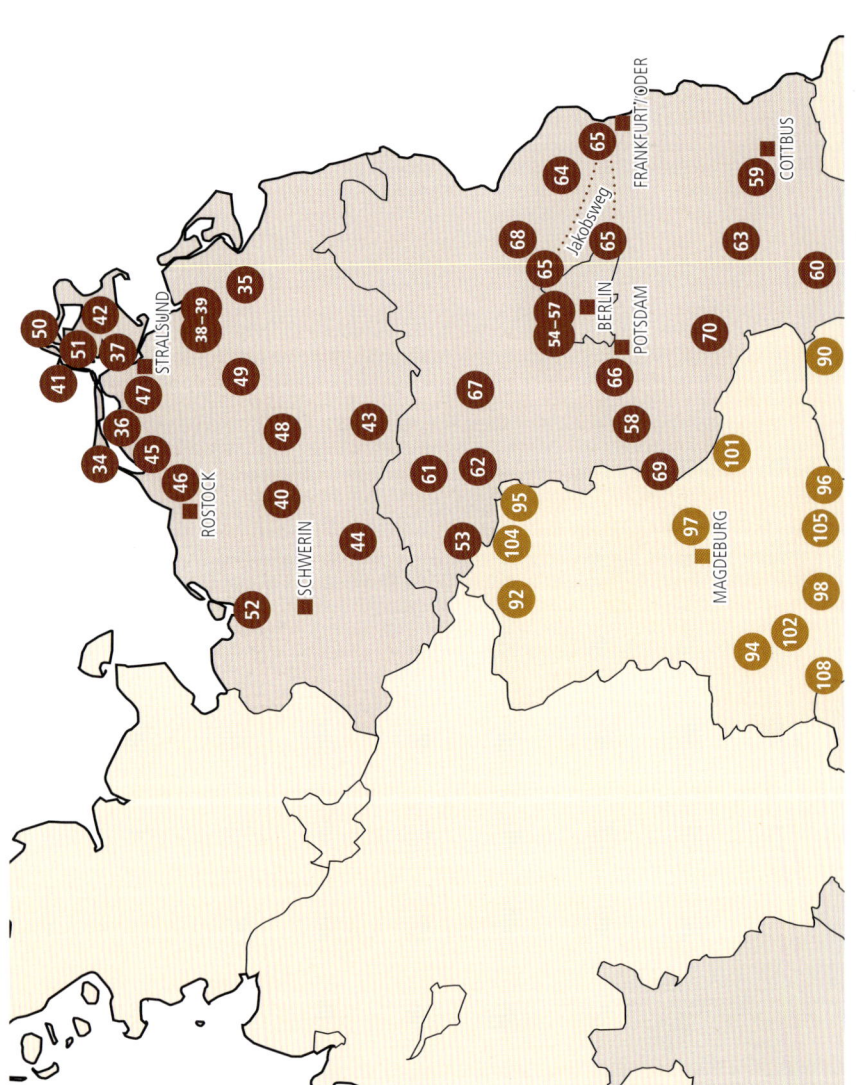

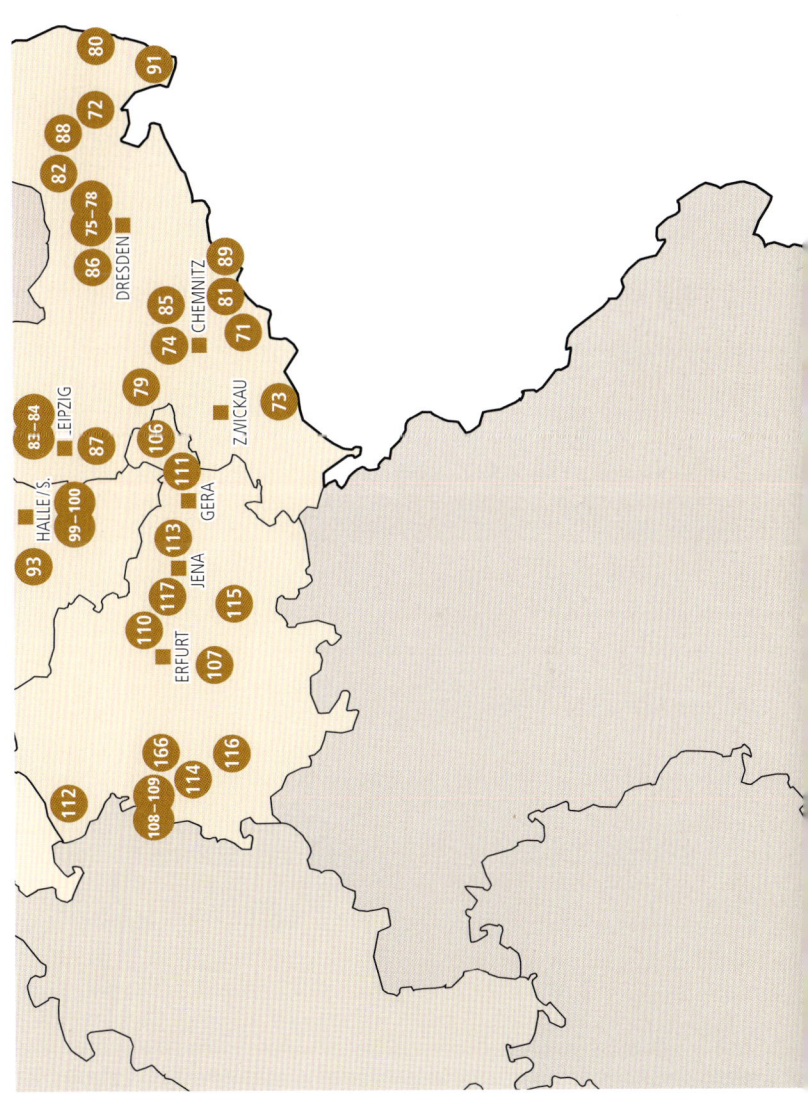

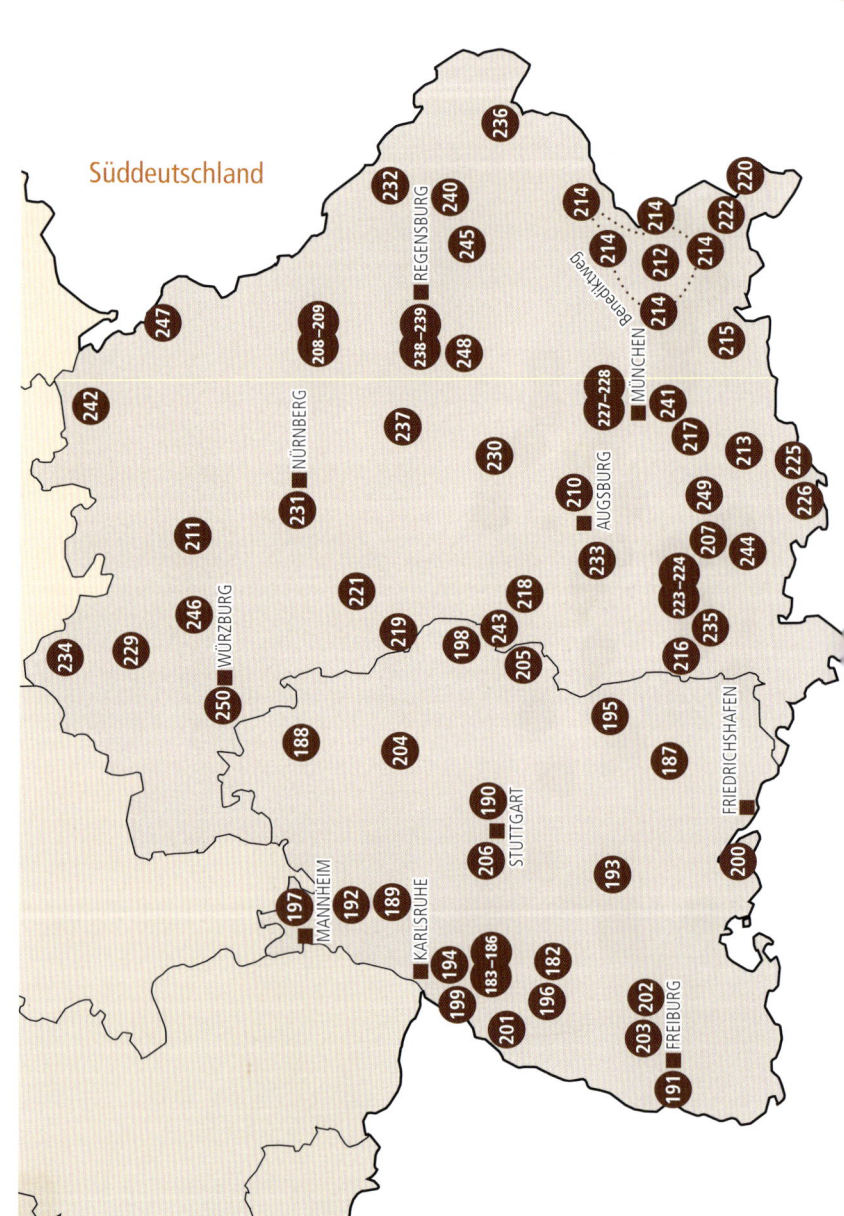

Süddeutschland

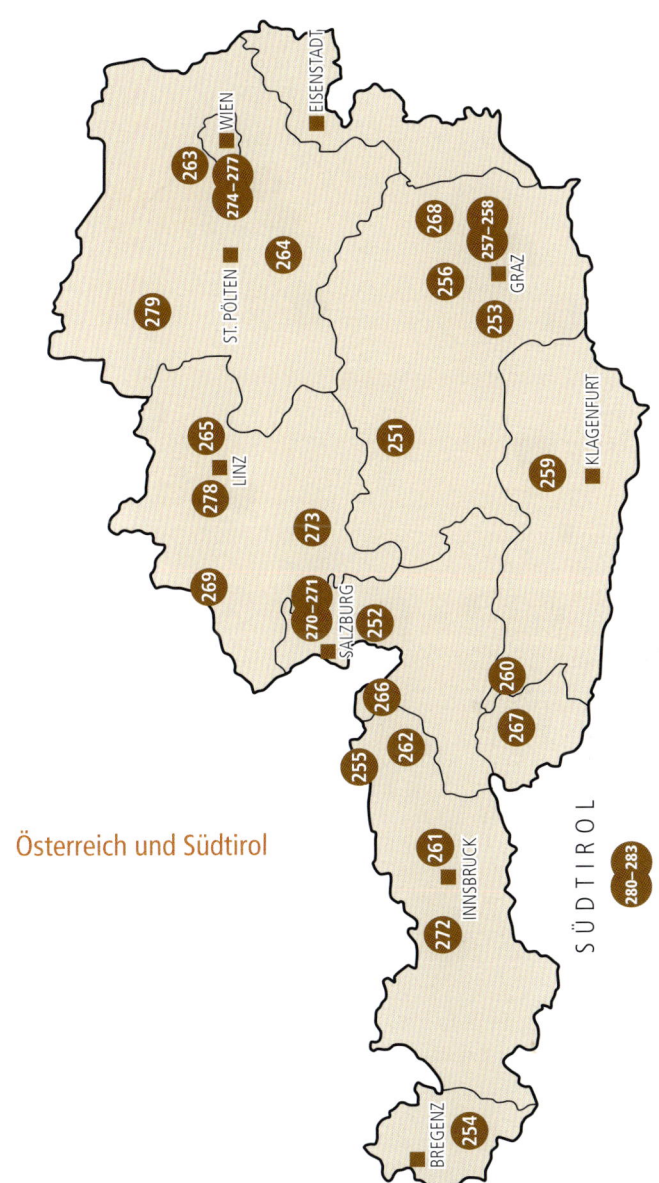

Österreich und Südtirol

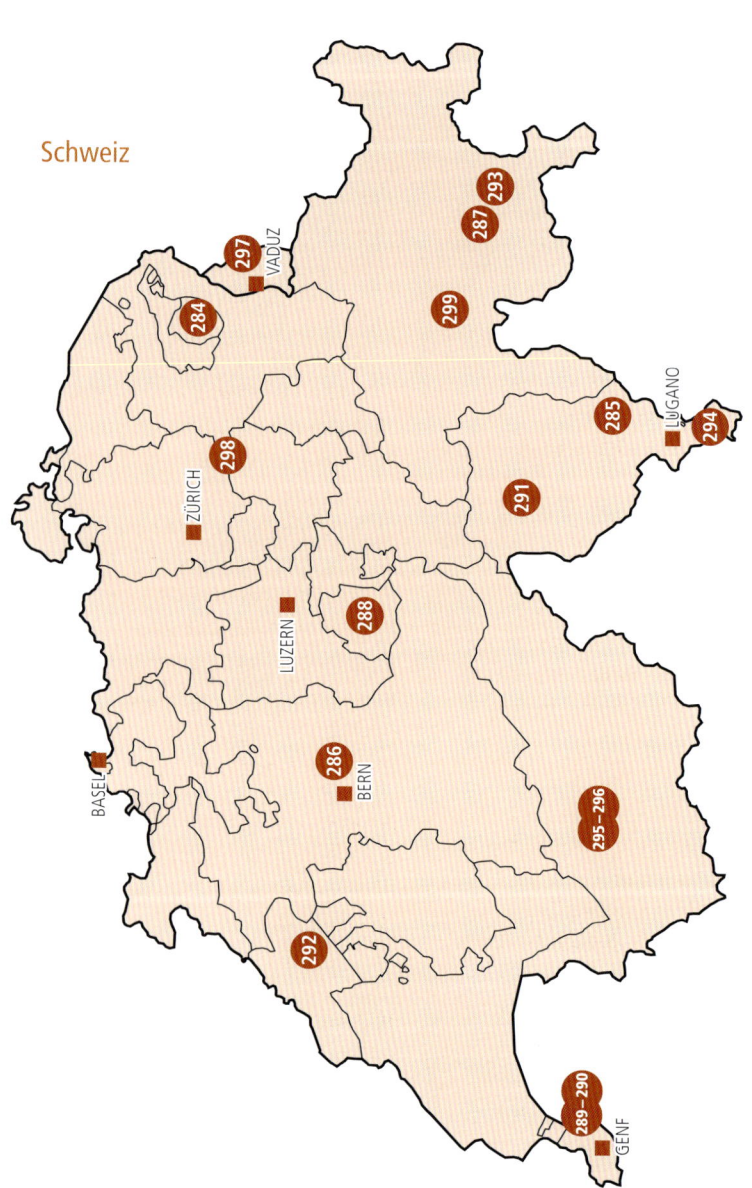

Schweiz

ABBILDUNGSNACHWEIS

6 o, 10 u: © HerrFreak/fotolia.de

6 u, 12: © Ralf Gosch/fotolia.de

7 o, 10 o: © poldy/pixelio.de

7 u, 17: © BildPix.de/fotolia.de

8: © oriwo/fotolia.de

9: © Bernd Sterzl/pixelio.de

11: © dedi/fotolia.de

13: © duckie66/fotolia.de

14: © gabriele Planthaber/pixelio.de

15: © Haselmann/fotolia.de

16, 29, 58 o, 58 u, 65, 66 u, 87, 104, 115: © Udo Kruse/fotolia.de

18: © steffenw/fotolia.de

20: © André Reichardt/fotolia.de

21, 105, 130, 144: © Martina Berg/fotolia.de

22: © christian-colista/fotolia.de

23: © Templermeister/pixelio.de

24: © dieter76/fotolia.de

25, 173: © Barbara Klingner, Leipzig

26: © Jeger/pixelio.de

27: © thorabeti/fotolia.de

28: © M.E.A./fotolia.de

30, 33: © AK-Photo Hannover/fotolia.de

31: © fotobeam/fotolia.de

34 o, 44 u: © crimson/fotolia.de

34 u, 55: © Ingo Arndt/pixelio.de

35 o, 64: © Ralf Roletschek/Wikipedia

35 u, 52: © Rolf Handke/pixelio.de

36: © Schiwago/Wikipedia

37, 38, 48, 75: © Sven Klingner, Leipzig

39: © Kustodie/Universität Greifswald

40: © Henner Damke/fotolia.de

41: © Uta-Katharina Gau/Wikipedia

42, 46: © Karl-Heinz Gottschalk (goka)/pixelio.de

43, 44 o: © Niteshift/Wikipedia

45: © ArTo/fotolia.de

47: © Peter Schmelzle/Wikipedia

49: © Karl-Heinz Meurer (--Charlie 1965nrw)/Wikipedia

50: © sailer/fotolia.de

51: © MrsMyerDE/Wikipedia

53, 81 o: © picture-alliance/akg-images

54: © schubalu/pixelio.de

56: © ich selbst derwolf/pixelio.de

57, 107 o, 146: © LianeM/fotolia.de

59: © Clemensfranz/Wikipedia

60: © Rudolf Ullrich/fotolia.de

61: © Peter Kretschmer/pixelio.de

62, 69, 158: © Bernd Kröger/fotolia.de

63: © Doris Antony, Berlin/Wikipedia

66 o, 79: © AnitaE/fotolia.de

67 o, 96: © Ulrike Haberkorn/fotolia.de

67 u, 71, 73, 236: © Marco Barnebeck(Telemarco)/pixelio.de

68: © epd-Bild/Marius Zippe

70: © Miebner/Wikipedia

72: © Frank/fotolia.de

74: © digi_dresden/fotolia.de

76: © t.s./pixelio.de

78: © Ellie Nator/fotolia.de

81 u: © j.budissin (Julian Nitzsche)/Wikipedia

82: © Neppomuk/fotolia.de

83: © tomm/fotolia.de

85: © Eberhard Bürger, Arendsee

86: © Concord/Wikipedia

89: © pics/fotolia.de

90: © Franzfoto/Wikipedia

91: © Axel Gutjahr/fotolia.de

93: © Matthias Holländer/Wikipedia

94: © Erik Schumann/fotolia.de

95: © M_H.DE/Wikipedia

97: © Lianem/fotolia.de

98, 132: © Norbert Leipold/pixelio.de

99 o: © MaiKai/fotolia.de

99 u: © Daniel Bleyenberg/pixelio.de

100: © j.a.w.a.n.d.o/fotolia.de

101 o, 151: © St. Sorek/pixelio.de

101 u: © Volker Lissner/fotolia.de

102: © alephnull/fotolia.de

103: © Val Thoermer/fotolia.de

106 o, 120: © Daniel Tribote/fotolia.de

106 u, 135: © Monja Schnider/pixelio.de

107 u, 136 o: © beatuerk/fotolia.de

108: © ann triling/fotolia.de

109, 121, 137: © Anne Bermüller/pixelio.de

110: © bredehorn.j/pixelio.de

111: © Immo Schiller/fotolia.de

112: © Frank Vincentz/Wikipedia

113: © Torsten Born/pixelio.de

114: © Cioran/pixelio.de

117: © Thomas Blenkers/pixelio.de

118 o: © Peter38/fotolia.de

118 u: © LaLuca/pixelio.de

119: © lool/fotolia.de

122: © TUBS/Wikipedia

123 o: © Heinz dahlmanns/pixelio.de

123 u: © STBR/Wikipedia

124: © artwork/Wikipedia

125: © Maq/fotolia.de

126: © Thomas Max Müller/pixelio.de

127: © Karl-Michael Soemer/pixelio.de

128: © Thomas W. Fiege/Wikipedia

129: © Sandra Krumme/pixelio.de

131: © Dieter Schütz/pixelio.de

133: © Frank Bikar/fotolia.de

134: © Willi Wilhelm/fotolia.de

136 u: © Noir013/fotolia.de

138: © Eve/fotolia.de

139: © Gerhard Rolinger/pixelio.de

141: © neurobite/fotolia.de

142: © Stefan Richter/fotolia.de

143: © foto-genial.de/fotolia.de

145: © ReSeandra/fotolia.de

147: © Michael Kügler/fotolia.de

149: © Jorg Hackemann/shutterstock

150: © Wilfried Sickora/pixelio.de

153: © Jesus-Bruderschaft Gnadenthal

154: © Nedjo/fotolia.de

156: © Manfredo/pixelio.de

157: © Freundeskreis Basilika St. Ägidius

160 o, 197: © Alta.C/fotolia.de

160 u, 203, 209, 210: © Otto Durst/fotolia.de

161 o, 176: © clearlens/fotolia.de

161 u, 192: © Oliver Raupach/fotolia.de

162: © Hans Felkel/pixelio.de

164: © blende40/fotolia.de

165: © Frank C. Müller/Wikipedia

166: © H.D.Volz/fotolia.de

167: © Johannes Lüthi/fotolia.de

168, 181, 233: © WernerHilpert/fotolia.de

169: © petergoli/fotolia.de

170: © Gerhard Dangel/Wikipedia